Ein Kaleidoskop aus mythischen Fragmenten, poetischen Auslegungen, mystischen Spekulationen, Zeichen magischen Glaubens und Aberglaubens und zugleich ein Gleichnis des Rätsels Mensch, immer wieder neu gestellt wie auch zu lösen versucht von einer Gemeinschaft, die jahrhundertelang ihr nationales Eigenwesen allein in der Sphäre des Geistlichen – und des Geistigen – bekannte, lebte und vererbte.

Die Erschaffung der Welten und das Geschick der ersten Erdbewohner; das Ringen zwischen Gut und Böse und Gottes Sieg über den Satan; der Himmelsgesang der Engel und die kreatürliche Sprache der Tiere; die Völker und Reiche der irdischen Welt und das Volk Israel mit seinen Erzvätern, dem Gesetzgeber, den Richtern, Königen und Propheten; das Heiligtum in der Wüste und der Tempel zu Jerusalem: an alledem hat die Sage ihren Anteil und ist ihm Spiegelbild wie Deutung. Und immer wiederkehrend die Berufung auf die *Lehre*, als die verpflichtende Norm, und auf die *Schrift*, die da von Anbeginn gilt bis in alle Ewigkeit.

Es ist die hebräische Volksliteratur der nachbiblischen Zeit, die sich immer von neuem an der Bibel orientierte und die in den Sagen *zur* Bibel jene besondere Spezies hervorgebracht und gepflegt hat, die wir hier belegen.

Alle diese Texte – Weltliteratur im eigentlichen Sinne des Wortes – wurden von einem hebräischen Dichter und Denker unserer Tage aufgefunden und aneinandergereiht: von Micha Josef bin Gorion, dem ›jüdischen Atlas‹, wie Moritz Heimann ihn genannt hat. Die – schon klassische – Übertragung ins Deutsche stammt von der Meisterhand seiner Frau, Rahel bin Gorion.

insel taschenbuch 420
bin Gorion
Sagen der Juden

Micha Josef bin Gorion
SAGEN DER JUDEN ZUR BIBEL

*Die ersten Menschen und Tiere
Abraham, Isaak und Jakob / Joseph und
seine Brüder / Mose, der Mann Gottes
Juda und Israel*

*Aus dem Hebräischen von Rahel bin Gorion
Auswahl und Nachbemerkung von
Emanuel bin Gorion*

Insel Verlag

insel taschenbuch 420
Erste Auflage 1980
© Insel Verlag Frankfurt am Main 1980
Alle Rechte vorbehalten
Vertrieb durch den Suhrkamp Taschenbuch Verlag
Umschlag nach Entwürfen von Willy Fleckhaus
Satz: LibroSatz, Kriftel
Druck: Nomos Verlagsgesellschaft, Baden-Baden
Printed in Germany

3 4 5 6 7 – 87 86

SAGEN DER JUDEN
ZUR BIBEL

DIE ERSTEN MENSCHEN UND TIERE

Von der Urzeit

WAR ES der Himmel, der zuerst ist erschaffen worden, oder war es die Erde?

Die Weisen sind sich darin nicht einig. Die einen sprechen: Der Himmel ist zuerst erschaffen worden und danach die Erde; daher heißt es auch: ›Am Anfang schuf Gott den Himmel und die Erde.‹ Die anderen aber meinen, erst sei die Erde, danach der Himmel erschaffen worden, wie es auch heißt: ›Du hast vormals die Erde gegründet, und die Himmel sind deiner Hände Werk.‹

Also brach darüber ein Streit unter den Weisen aus, bis dann über sie eine göttliche Eingebung kam, und sie wurden inne, daß beide, der Himmel und die Erde, in der gleichen Stunde und in einem Augenblick erschaffen worden sind. Wie aber stellte es der Herr an? Ja, er reckte seine Rechte und spannte den Himmel aus, er reckte die Linke und gründete den Erdboden. Auf einmal waren sie beide da, der Himmel und die Erde.

GOTT SCHUF den Himmel und die Erde, und es waren ihm beide gleich lieb. Aber die Himmel sangen und rühmten die Ehre Gottes, und die Erde war betrübt und weinte und sprach vor dem Herrn: O Herr der Welt! Die Himmel weilen in deiner Nähe und ergötzen sich an dem Glanz deiner Herrlichkeit; auch werden sie von deinem Tische gespeist, und nimmer kommt der Tod in ihr Reich, daher singen sie; mich aber hältst du fern von dir, meine Speise gabst du in des Himmels Hand, und was auf mir ist, ist dem Tode geweiht; wie sollte ich da nicht weinen?

Da sprach der Herr: Es soll dir nicht bange sein, du Erde,

dereinst wirst auch du unter den Singenden sein, und Lobgesänge werden von deinem Ende erschallen.

DER HERR schuf am Anfang den Himmel und die Erde. Woraus machte er aber den Himmel? Ja, aus dem Licht seines Kleides; Gott nahm seinen Mantel und breitete ihn aus, denn so heißt es: ›Licht ist das Kleid des Herrn, er spannt den Himmel aus wie einen Teppich.‹ Aber die Himmel dehnten und streckten sich weiter und weiter, bis der Herr rief: halt! dann blieben die Himmel stehen; und hätte er ihnen nicht zugerufen, sie dehnten sich noch heute. Woraus entstand aber die Erde? Ja, Gott nahm den Schnee, der unter seinem Throne lag, und streute ihn auf das Wasser; da erstarrte das Wasser, und daraus wurde das feste Land. Gott sprach zum Schnee: werde zu Erde! Und auch von der Erde heißt es, daß sie sich streckte und dehnte und nach allen Seiten lief, den Willen des Herrn zu erfüllen, bis er auch ihr ihre Grenzen zuwies.

AM ZWEITEN TAGE schuf Gott das Himmelsgewölbe und die Engel, das irdische Feuer und das Feuer der Unterwelt. Die Engel sind Feuer, wenn sie vor dem Herrn ihren Dienst tun, und werden zu Winden, wenn sie seine Botschaften verrichten. ›Gott macht seine Boten zu Winden und seine Diener zu Feuerflammen.‹ Dann sprach Gott: Es werde eine Feste! und er schied die oberen Wasser von den unteren Wassern. Wäre keine Feste da, die Welt wäre von den Wassern verschlungen worden, von denen darüber und von denen darunter.

Am dritten Tage glich die Erde noch einer glatten Ebene, und die Wasser bedeckten ihr Angesicht. Als aber das Wort erscholl aus dem Munde des Allmächtigen: ›es sammle sich das Wasser!‹ da wuchsen aus den Enden der Erde Höhen empor, und Berge brachen durch, dazwischen aber entstanden Täler; die Wasser rollten und sammelten sich zu Tiefen, wie es auch heißt: ›die Sammlung der Wasser ward Meer genannt.‹ Aber bald wurden die Wasser übermütig und wollten wie zuvor das Erdreich bedecken, jedoch der Herr schalt sie und zwang sie unter seinen Fuß; er maß sie mit seiner Spanne, und nicht durften sie weitergehen. Er setzte ihnen eine Grenze aus Sand, gleichwie der Mensch um seinen Weingarten einen Zaun macht; steigen die Wasser in die Höhe und sehen den Sand vor sich, so prallen sie zurück. Wollt ihr mich nicht fürchten, spricht der Herr, und vor meinem Angesicht nicht erzittern? Der ich den Sand zum Ufer dem Meere setzte; ein ewig Gesetz ist dies, und nicht darf es das Wasser übertreten; und ob es schon stürmt, es vermag doch nichts, und ob seine Wellen schon brausen, sie dürfen nicht drüber fahren.

Aber ehe noch die Wasser sich sammelten, waren die Abgründe und die Tiefen geschaffen, und die Erde schaukelte und wiegte sich auf den Abgründen, gleichwie ein Schiff auf dem Meere sich wiegt.

Die Wasser steigen aus den Tiefen empor, alle Kreatur zu tränken. Die Wolken tun es durch ihre Rohre den Meeren kund, die Meere tun es den Abgründen kund, und ein Abgrund ruft's dem andern zu, er solle das Wasser für die Wolken hergeben. Also schöpfen die Wolken das Wasser aus den Abgründen, aber nur an dem Orte, den der Herr ihnen bestimmt, dürfen sie den Regen fallen lassen. Nun wird die Erde schwanger, doch ist es wie die Schwangerschaft einer Witwe, die keinen Mann mehr hat und Hurerei treibt. Wenn aber der Herr die Erde mit Früchten segnen und seinen Geschöpfen Nahrung geben will, so öffnet er des Himmels gute Kammern und tränkt die Erde mit dem besten Wasser, welches Manneswasser ist; die Erde wird dann schwanger gleich einer Braut, welche den ersten Mann erkannt hat, und was aus ihr sprießt, ist von Segen.

Desselbigen dritten Tages öffnete Gott die Pforte des Gartens Eden und nahm von dort den Samen zu allerlei Bäumen, die sollten Frucht tragen nach ihrer Art, so auch zu den Gräsern und Kräutern, und streute den Samen auf die Erde; also deckte er den Geschöpfen den Tisch, noch ehe sie da waren.

Des Lichtes, das er am ersten Tage erschuf, bediente sich der Herr die ersten drei Tage, bevor er die Gestirne entstehen ließ. Am vierten Tage aber, als die Himmelslichter da waren, verbarg der Herr das erste Licht. Warum tat er das? Weil er die Völker der Erde im voraus schaute und wußte, daß sie ihn erzürnen würden. Er sprach bei sich: Die Bösewichter verdienen es nicht, daß dieses Licht auf sie strahle; sie müssen an der Sonne und dem Mond Genüge haben, welche Lichter einst verschwinden werden. Das erste Licht aber, das von ewiger Zeitdauer ist, soll der Gerechten, die da kommen werden, Licht sein.

Sonne und Mond waren beide gleich groß, wie es auch heißt: ›Gott machte zwei große Lichter.‹ Und ihrer beider Größe blieb so lange gleich, bis der Mond kam und sich darüber beklagte. Er sprach vor dem Herrn: Herr der Welt, warum hast du die Schöpfung mit Bet*, dem zwei-

---

* Die Schöpfungsurkunde in der Schrift beginnt mit dem Worte ›Bereschit‹ (= Im Anfang).

ten Schriftzeichen, angefangen? Der Herr antwortete: Auf daß allen meinen Geschöpfen kundgetan werde, daß ich die Zwei an den Anfang gesetzt habe, denn auch zwei Welten schuf ich, und so soll auch nur zweier Zeugen Rede gehört werden. Der Mond sprach: Aber welche von den Welten ist größer als die andere? ist's das Diesseits oder ist's das Jenseits? Der Herr erwiderte: Das Jenseits ist größer als das Diesseits. Da sprach der Mond: Siehe, du schufest zwei Welten, ein Jenseits und ein Diesseits; das Jenseits ist groß, das Diesseits ist klein; du schufst einen Himmel und schufst eine Erde; der Himmel ist größer als die Erde; du schufst das Feuer und schufst das Wasser, und das Wasser verlöscht das Feuer. Nun schufst du Sonne und Mond; muß da nicht das eine größer sein als das andere? Da sprach der Herr: Offen und klar ist es vor mir, du denkst, ich werde dich groß machen und die Sonne verkleinern. Weil du aber mit der Sonne Übles im Sinne hattest, sollst du der kleinere werden, und es soll dein Schein sechzigmal minder sein als der ihrige. Da sprach der Mond vor dem Herrn: O Herr der Welt! es war nur ein einziges Wort, das ich gesagt habe, und hierfür soll ich so schwer bestraft werden? Da sprach der Herr: Dereinst wirst du wieder wie die Sonne groß sein; ›und des Mondes Schein wird sein wie der Sonne Schein‹.

Von dem Reiche der Tiere

AM FÜNFTEN TAGE erregte sich das Wasser mit lebendigen Fischen, Männlein und Weiblein, rein und unrein. Und allerlei Gevögel kam aus dem Wasser, Männlein und Weiblein, rein und unrein, und zweierlei von ihnen, als welche da sind: die Taube und die Turteltaube, waren für Brandopfer ausersehen. Auch allerlei Heuschrecken kamen aus dem Wasser, Männlein und Weiblein, rein und unrein. Desselbigen Tages ließ Gott den Leviathan im Meere aufkommen, den gewaltigen Drachen. Im unteren Wasser ist seine Wohnstätte. Alle großen Tiere im Meere sind des Leviathans Speise; der Leviathan tut sein Maul auf, und der große Walfisch, des Tag gekommen ist, daß er verzehrt werde, flieht davon und flüchtet sich doch nur in Leviathans Maul.

Welche Tiere von der Erde gekommen sind, die paaren und vermehren sich auf der Erde; welche aber im Wasser entstanden sind, die paaren und vermehren sich im Wasser; allein das Gevögel ist davon auszunehmen: vom Wasser ist es gekommen, dennoch vermehrt es sich auf der Erde. Welche Tiere vom Wasser gekommen sind, vermehren sich durch Eierlegen, welche aber von der Erde gekommen sind, die werfen Junge.

Am sechsten Tage ließ Gott aus der Erde hervorgehen allerlei Vieh, Männlein und Weiblein, rein und unrein; von denen sind dreierlei zu Brandopfern auf dem Altar ausersehen: der Ochse, das Schaf und die Ziege. Dann schuf er die sieben reinen Tiere, welche sind: der Widder, der Hirsch, das Reh, der Steinbock, die Gemse, die Gazelle und das Elen. Danach ließ Gott allerlei Gewürm und Geziefer aus der Erde hervorgehen, welches alles unrein ist. Es ist alles Lebende aus der Erde hervorgekommen; Erde ist sein Leib, Erde ist seine Seele, und wenn es vergeht, so wird es zu Staub.

Desselbigen Tages schuf Gott auch den großen Stier, der den Gerechten zum Schmause aufgespart ist. Der tausend Berge Gras ist seine Speise; er pflückt es täglich ab, aber über Nacht sproßt es aufs neue aus der Erde, und die Berge sehen aus, als hätte er sie nicht angerührt. Des Jordans Wasser ist sein Trank; er schluckt den Strom aus und achtet's nicht groß.

ALLES, WAS DER HERR in seiner Welt geschaffen hat, hat er Männlein und Weiblein geschaffen; auch den Leviathan, den Riesendrachen, den gewundenen Drachen, hat Gott erst Männlein und Weiblein geschaffen, und so auch den großen Stier; aber täten sich von ihnen Männlein und Weiblein zusammen und zeugten Junge, sie würden die Welt zerstören. Was tat der Herr? Er verschnitt die Männlein und schlachtete die Weiblein; aber das Fleisch salzte er ein, und es wird bis zum großen Mahle frisch bleiben.

GELOBT UND GEPRIESEN sei der Name des Königs aller Könige, und verherrlicht sei sein Angedenken, der er die ganze Welt ernährt und erhält von den Hörnern des Wildochsen bis zu den Eiern der Laus.
Der Wildochse ist ein reines Tier, und nur zwei davon sind in der Welt, ein Männlein und ein Weiblein; das eine ist im Morgenland und das andre im Abendland, und nur einmal in siebzig Jahren kommen die beiden zueinander und tun sich zusammen; dann aber dreht das Weiblein den Kopf und beißt das Männlein und schlägt es tot. Und das Weiblein wird schwanger und geht zwölf Jahre mit der Leibesfrucht umher. Bis zum zwölften Jahre bewegt es sich noch auf den Füßen und frißt das Gras und trinkt das Wasser. Aber zu Anfang des zwölften Jahres fällt es auf die Seite, denn die Füße tragen es nicht mehr. Doch der Herr ernährt es in seiner Barmherzigkeit; er läßt aus dem Munde des Tieres einen Saft fließen, der sprudelt wie ein

Quell, und von diesem Wasser sproßt aufs neue Gras aus der Erde, und es hat sein Futter noch zwölf Monate lang; es legt sich bald auf die eine, bald auf die andere Seite und pflückt das Gras.

Und am Ende des zwölften Monats wird der Leib des Tieres aufgerissen, und zwei Junge gehen heraus, ein Männlein und ein Weiblein, und eines geht nach Morgen, das andere nach Abend, und es werden ihrer nicht mehr, bis wiederum siebzig Jahre um sind, sonst würde die Welt durch sie zerstört werden.

Es GIBT GESCHÖPFE, die nur im Wasser wachsen können, und es gibt Geschöpfe, die allein auf dem Lande groß werden. Die im Wasser wachsen – wenn sie an Land steigen, kommen da alsbald um; die aber auf dem trockenen Lande wachsen – wenn sie ins Meer geraten, sind bald tot. Es gibt Geschöpfe, die allein im Feuer gedeihen, und wiederum welche, die können nur in der Luft leben. Die Feuertiere, sobald sie in der Luft ohne Feuer sind, sind sie gleich dahin, und die sonst in der Luft leben, wenn sie ins Feuer kommen, verbrennen und werden zunichte. Du siehst, was dem einen ein Ort des Gedeihens ist, ist dem andern ein Ort des Verderbens, und wiederum, wo das eine verdirbt, gedeiht das andere.

Was ist das aber für ein Tier, das im Feuer lebt? Das ist der Salamander. Die Glasbläser, die das Glas bereiten, die heizen ihren Ofen sieben Tage und sieben Nächte. In dieser Glut entsteht dann ein Geschöpf, das einer Eidechse ähnlich ist, und dies Tier wird Salamander genannt. Wenn der Mensch seine Hand oder sonst eines der Glieder mit dessen Blute bestreicht, so kann er's im Feuer halten, und es verbrennt nicht.

Da ist die Hindin, deren Leib zu eng ist. Wenn sie sich zum Gebären beugt, schickt der Herr zu ihr eine Schlange, und die Schlange beißt die Hindin in den Bauch, und dieser Biß erlöst sie von ihren Qualen. Dann weist ihr der Herr ein Kräutlein zu, und sie frißt davon, und ihre Wunde wird heil. Der Herr tut große Dinge, und wir wissen's nicht.

Und da ist die Gemse, die grausam ist gegen ihre Jungen. Wenn sie zum Gebären sich beugen soll, geht sie zuvor auf den Gipfel eines Berges, damit das Junge, wenn es ihrem Leib entfällt, gleich zerschmettert werde. Aber der Herr schickt einen Adler, und der Adler fängt mit seinen Flügeln das Junge auf. Und käme der Adler nur ein Weilchen zu früh oder ein Weilchen zu spät, das Kleine würde sterben.

Aber anderswo steht's so geschrieben:
Schwer ist der Gemse ihr Gebären, und sie läßt zu Anfang nur ein halbes Junges aus, und das Junge, halb draußen, halb noch im Mutterleibe, grast schon auf der Weide hinter der Mutter, bis es kräftig geworden ist; doch dann zwingen die Wehen das Muttertier, sich aufs neue zu beugen, und die Hinterbeine des Jungen kommen heraus. Danach läuft das Junge fort von seiner Mutter, damit sie es vor wütigem Schmerz nicht davonstoße und töte.

Drei seltsame Geschöpfe schuf noch der Herr, welche unterschiedlich sind von den übrigen Geschöpfen, die der Herr machte. Dies sind der Maulwurf, die Schlange und der Frosch.

Da ist der Maulwurf; wenn er das Tageslicht erblickt, so kann kein Wesen vor ihm bestehen. Da ist die Schlange; hätte sie Füße, sie täte dem Rosse nachrennen und würde es töten. Da ist der Frosch; hätte er Zähne, kein Tier im Wasser könnte vor ihm am Leben bleiben.

Ein Reisender in den Zeiten des Talmuds sah einen Frosch, der war so groß, wie eine Stadt von sechzig Häusern groß ist; da kam eine Schlange und verschlang den Frosch; dann kam eine Krähe und verschlang die Schlange und setzte sich auf den Ast eines Baumes nach der Vögel Art. Wie groß und stark muß da der Baum gewesen sein!
Derselbe Reisende sah einen Vogel, der stand im Wasser bis zu den Knöcheln, sein Kopf aber reichte bis zum Himmel. Da sprachen der Reisende und seine Begleiter: Nicht tief wird hier das Wasser sein, und sie wollten drin baden, denn der Tag war heiß. Aber eine Stimme rief: Steigt nicht ins Wasser, denn hier ist vor sieben Jahren einem Zimmermann die Axt versunken, und bis jetzt hat sie den Grund nicht erreicht!
Der Vogel aber, das war der große Adler des Herrn!

Ein Tier lebt in den Bergen, das dem Menschen in allem gleicht; an Gesicht, an Gestalt, an der Hände und Füße Bau ist es mitnichten vom Menschen zu unterscheiden; auch spricht es eine Sprache ähnlich wie der Mensch; wohl sind die Worte schwer zu verstehen, aber man hört, es sind menschliche Laute. Nur hängt an seinem Nabel eine Schnur, und diese Schnur geht von einer Wurzel aus, welche tief in der Erde steckt und daher ihre Kraft hat. So lang die Schnur ist, bewegt sich das Tier und geht auf der Weide im Grase, das umher wächst; kein Geschöpf wagt ihm zu nahen und in den Kreis zu kommen, welchen die Schnur durchmißt, denn es würde alsbald zerfleischt werden. Wenn aber die Jäger das Tier erlegen wollen, richten sie ihre Pfeile auf die Schnur und suchen die zu zerreißen; dann stößt das Tier einen bitteren Schrei aus und sinkt tot zu Boden.

Die vier Weltwächter

DURCH WEISHEIT hat der Herr die Welt gegründet. Es schuf der Herr die Menschenkinder, und ihnen gegenüber schuf er die Geister und die Dämonen, und er ließ die Furcht vor den Geistern auf die Geschöpfe fallen. Und wäre nicht seine große Barmherzigkeit, und hätte er nicht gleich seine Anstalten getroffen, auch nicht eine Stunde hätten die Geschöpfe sich halten können vor der Übermacht der Bösen. Was war denn aber die Abhilfe, die der Herr geschaffen hat? Ja, alljährlich in der Sonnenwende des Nissan gibt Gott den Seraphim eine neue Kraft ein, und sie recken sich und erheben ihr Haupt höher denn je und jagen einen Schreck ein den Geistern und den Teufeln und den Dämonen und beschützen mit ihren Fittichen die Menschenkinder vor ihnen, wie es auch geschrieben steht: ›Er wird dich mit seinen Fittichen decken, daß du nicht erschrecken müssest vor dem Grauen der Nacht.‹

Es schuf der Herr das Vieh und die Haustiere, und ihnen gegenüber schuf er die Löwen, die Panther und die Bären. Und wäre nicht seine große Barmherzigkeit, und hätte er nicht gleich seine Anstalten getroffen, wie könnte da das Vieh vor den Löwen, Panthern und Bären bestehen? Was war denn die Abhilfe, die der Herr geschaffen hat? Ja, er schuf ihnen zum Schutz den Stier der tausend Berge, und alljährlich in der Sonnenwende des Tammus verleiht der

Herr dem großen Stier ungestüme Kraft, und der reckt sich und erhebt sein Haupt und läßt ein einzig Brüllen ertönen, aber dies Brüllen dröhnt durch die ganze Welt, und die wilden Tiere hören das Gedröhn, und ein Schrecken befällt die Löwen, die Panther, die Bären und alle Raubtiere, und die Angst lähmt sie das ganze Jahr. Und wäre dem nicht so, wie könnte da das Vieh vor den Raubtieren bestehen?

Es schuf der Herr allerlei Vögel rein und unrein; welche von ihnen sind in bewohnten Ländern, welche sind in den unbewohnten Ländern; ihnen gegenüber schuf er den Lämmergeier und den Seeadler. Und wäre nicht seine große Barmherzigkeit, und hätte er nicht gleich seine Anstalten getroffen, wie könnten sich da die Vögel des Lämmergeiers und des Seeadlers erwehren? Welche Abhilfe hat aber der Herr geschaffen? Ja, alljährlich in der Sonnenwende des Tischri gibt der Herr seinem großen Adler übergroße Kraft, und der erhebt sein Haupt und schlägt mächtig mit den Flügeln um sich und erhebt seine Stimme und schreit laut, daß es alle Vögel hören, und Schrecken fällt auf den Seeadler und auf den Lämmergeier für ein ganzes Jahr.

Es schuf der Herr allerlei Fische im Meere, groß und klein. Wie groß ist denn die Größe der Großen? Ja, welche von ihnen sind hundert Meilen lang, und welche zweihundert, aber es gibt auch welche, die sind dreihundert und vierhundert Meilen lang. Und wäre nicht seine große Barmherzigkeit, und hätte er nicht gleich seine Anstalten getroffen, würden da nicht die großen Fische die kleinen verschlingen? Was ist aber die Maßregel, die der Herr getroffen hat? Ja, er schuf den Leviathan, seinen größten Fisch; und alljährlich in der Sonnenwende des Tewet erhebt Leviathan sein Haupt und sammelt seine Kraft und schnauft im Wasser, daß es siedet und wallt, und Angst befällt die Raubfische im Meere. Wäre dem nicht so, wie könnten da die kleinen vor den großen bestehen? – Oh, wie trefflich ist der Spruch: ›Der Herr hat durch Weisheit die Erde gegründet.‹

Und meinst du etwa, die viere hier, sie tun sich selber etwas zugut darauf, daß sie solches vollbringen? Nein, ihrem Herrn wollen sie dadurch danken und wollen loben und preisen und rühmen den Namen des Einzigen, welcher sprach: Es komme die Welt! Denn auch ihre Bestimmung ist es, am Ende zu Staub zu werden, wie es auch geschrieben steht: ›Es fähret alles nach einem Ort.‹ Und nur er allein, der Einzige, bleibt bestehen in Ewigkeit, wie es auch heißt: ›Der Herr allein wird hoch sein zu der Zeit.‹

Das vollendete Werk

EHE NOCH DIE WELT erschaffen war, war der Herr allein mit seinem großen Namen. Da stieg es ihm in Gedanken auf, eine Welt zu erschaffen. Und er ritzte vor sich eine Welt hin.

Ein König auf Erden, wenn er ein Schloß bauen will, er fängt nicht eher an mit dem Bau, als bis er sich einen Plan vorgezeichnet hat und weiß, wo das Fundament zu legen sei, wo die Eingänge und Ausgänge zu machen. So auch der Herr. Aber die Welt konnte nicht bestehen, bevor er die Buße erschuf.

ES HATTE EIN KÖNIG viele Weingläser, und er sprach zu sich selber: wenn ich Heißes in die Gläser gieße, zersplittern sie, und Scherben werden daraus, gieße ich aber

Kaltes hinein, so bekommen sie Risse und Sprünge. Was tat der König? Er vermengte Kaltes mit Heißem und gab es in die Gläser, und sie blieben ganz. So auch der Herr. Er sprach: baue ich die Welt allein auf Barmherzigkeit auf, die Sünde nimmt überhand; lasse ich aber die Härte des Gesetzes allein walten, wie wird da die Welt bestehen? Ich will sie nun auf Milde und Strenge zugleich begründen, und, ach, daß sie dann bestehe.

Nicht mit Mühe und nicht mit Anstrengung schuf der Herr seine Welt, sondern durch des Herrn Wort ist der Himmel geworden.
Ein König auf Erden, wenn er einen Palast macht, fängt er den Bau von unten an, dann macht er die obersten Stockwerke, aber der Herr macht das unterste und das oberste, alles auf einmal.
Ein König auf Erden, wenn er ein Schiff baut, bringt erst die Balken zusammen und das Zedernholz und die Anker, und erst dann ernennt er seine Steuermänner. Aber des Herrn Werke sind gleich mit ihrem Leiter da. Wie es auch heißt: ›So spricht der Herr, der den Himmel schafft und die, so ihn ausbreiten.‹
Fest, wie ein gegossener Spiegel, ist der Himmel. Gießt der Mensch ein Gerät und bleibt es stehen, alsbald benagt es der Rost, aber die Werke des Herrn sind allezeit blank und sehen immer so aus, als kämen sie eben aus des Meisters Hand.
Ein Tag vergeht, ein neuer Tag entsteht, ein Sabbat vergeht, ein neuer Sabbat kommt, ein Mond vergeht, ein neuer Mond entsteht, ein Jahr vergeht, ein neues Jahr kommt, und Himmel und Erde stehen da, wie an der Schöpfung erstem Tage.

Die Zweiheit und die Einheit

IN SEINER WEISHEIT und in seiner Allmacht schuf der Herr in der ganzen Welt alles zu zweit, und allenthalben ist das eine das Gegenstück des andern oder eine Ergänzung des andern, und wäre das eine nicht da, so könnte auch das andere nicht bestehen.

Wäre kein Tod, so wäre kein Leben, aber wäre kein Leben, so wäre kein Tod. Ohne Frieden gäb's keinen Krieg, ohne Krieg gäb's keinen Frieden; der Herr schuf arm und reich, klug und töricht, Leben und Tod. Sonst sähe man nicht den Unterschied zwischen Ordnung und Verwüstung. Er schuf die Anmut und schuf den Abscheu; er schuf Mann und Weib, Feuer und Wasser; er schuf Eisen und Holz, Licht und Finsternis, Wärme und Kälte, Meer und Land, Speise und Hunger, Trank und Durst; er schuf das Gehen und das Hinken, das Sehen und das Blindsein, das Hören und das Taubsein, das Reden und das Stummsein; er schuf die Arbeit und das Nichtstun, den Kummer und die Lust, das Lachen und das Weinen, die Krankheit und das Heilsein – all dies, um die Allmacht des Herrn kundzutun.

Hätte es der Herr nicht anstellen können, daß Kinder geboren würden, ohne daß Mann und Weib zusammenkämen? Aber nein, alles entsteht nur durch Vereinigung und durch Gegensatz; der Mann kann ohne Weib nicht zeugen, das Weib ohne Mann nicht gebären.

Wäre keine Axt, so wäre auch kein Zimmermann, gäb's keinen Meister, so gäb's auch keine Axt.

Ohne Reinheit wäre keine Unreinheit möglich, ohne Unreinheit keine Reinheit. Es spricht das Schwein und alles unreine Vieh zu dem reinen Vieh: Ihr seid uns Dank schuldig, denn wären wir nicht da, die wir unrein sind, woher wüßtet ihr da, daß ihr rein seid? Gäb's keine Gerechten, so gäb's auch keine Bösen, gäb's keine Bösen, so gäb's auch keine Gerechten. Der Böse spricht zum Gerechten: Du bist mir Dank schuldig, denn wäre ich nicht da, der ich böse bin, wie würde man dich erkennen? und wären alle Menschen gerecht, was wäre da dein Vorzug?

Wie wir schon sagten, es hat alles sein Gegenstück auf der Welt; aber nur einer ist allein, und dies sollen alle wissen: der Herr ist allein, und es gibt keinen zweiten neben ihm!

Und weiter lesen wir:

Zwei Dinge sind da, welche nicht erschaffen worden sind: der Wind und das Wasser; die waren von Anfang da, wie es auch heißt: ›Der Wind des Herrn schwebte über den Gewässern.‹

Gott ist einig, und es ist kein zweites neben ihm da, und so ist auch der Wind; es ist kein Gegenstück zu ihm da, und er hat auch nicht seinesgleichen. Du kannst ihn nicht fassen und kannst ihn nicht schlagen, noch verbrennen, noch wegwerfen. Sagst du vielleicht: Aber der Schlauch, der hält den Wind. Doch nein! denn siehe, du trägst den Schlauch, und kommt nun einer und fragt: Was ist da drinnen? Sagst du ihm: Da drin ist Wind. Spricht er zu dir: Was ist das für ein Ding? ist's schwarz oder rot, ist's weiß oder grün? ist's auf dem Markt zu erstehen? du vermagst ihm keine Antwort zu geben. Tust du den Mund des Schlauches auf, so geht der Wind heraus, du aber kannst ihn nicht sehen. Noch mehr, er trägt den Menschen und bewegt den Himmel und die Erde. Wie weißt du es denn? Deine Augen sehen's selber: du bist in einem Hause, oder du bist in einer Höhle, ganz im Innern der Höhle, auf einmal bewegst du dich, deine Rockschöße heben sich, und ein Wind ist da, du weißt nicht, woher er kam. Nun siehst du wohl, die ganze Welt ist des Windes voll, der Wind allein trägt die Welt, er ist das Höchste, er war am Anfang aller Dinge, wie es auch heißt: ›Der Wind Gottes blies über dem Wasser.‹

Von der Erschaffung Adams

ALS DER HERR den Menschen erschaffen wollte, ließ er vorerst eine Schar von Engeln entstehen und sprach zu ihnen: Wir wollen einen Menschen nach unserem Bilde schaffen. Da sprachen die Engel: O Herr der Welt! was soll des Menschen Tun auf Erden sein? Der Herr antwortete: Dies und dies wird sein Tun sein. Da sprachen die Engel vor dem Herrn: O Herr der Welt, ›was ist der Mensch, daß du sein gedenkest, und des Menschen Kind, daß du dich sein annimmst?‹ Da reckte der Herr seinen kleinen Finger und verbrannte die Unbotmäßigen.

Darauf schuf Gott eine zweite Engelschar und sprach zu ihnen gleichfalls: Wir wollen einen Menschen machen nach unserem Bilde; und auch diese Engel sagten wie die ersten: ›Was ist der Mensch, daß du sein gedenkest, und des Menschen Kind, daß du dich sein annimmst?‹ Da reckte der Herr abermals seinen Finger und verbrannte auch sie.

Nun schuf Gott eine dritte Engelschar und sprach zu ihnen: Wir wollen einen Menschen machen. Da erwiderten die Engel: O Herr der Welt, die ersten, die dir zu widersprechen gewagt haben, was haben sie ausgerichtet? Dein ist die ganze Welt, tu also in ihr, was dein Wille ist.

Und Gott fing an, die Erde zu sammeln für Adams Leib, und nahm sie von allen vier Enden der Welt. Warum suchte er sie von allen vier Enden zusammen? Er sprach bei sich: Ob der Mensch von Morgen gegen Abend kommt oder von Abend gegen Morgen, wo er nur hinkommt und wo ihn sein Ende ereilt, allenthalben ist der Acker seines Leibes Acker, dahin er zurückkehrt, und die Erde kann immer ihre Stimme erheben und rufen: von Erde bist du genommen, und zu Erde sollst du werden.

Komm her und sage, warum war Adam das letzte Werk des Schöpfers? Dies ist die Antwort auf die Frage: Tag um Tag verrichtete der Herr seine Arbeit, und er schuf die ganze Welt mit all ihrem Heer, am sechsten Tage aber, welcher der letzte Tag seiner Arbeit war, an diesem bildete er den Menschen, und er sprach zu ihm: Bisher habe ich mich gemüht, von nun an mühe dich du. Wenn nun die Schrift sagt: am Anfang schuf der Herr, so meint sie damit: anfangs, ehe noch der Mensch da war, da arbeitete Gott an der Welt.

Warum ist aber der Mensch als Ebenbild Gottes geschaffen worden? Ein Gleiches könnte man von einem König erzählen: Ein König herrschte über sein Land, baute Festungen und sorgte für das Wohl des Volkes. Eines Tages rief er die Bewohner zusammen und setzte über sie einen seiner Fürsten; er sprach: Bisher habe ich mich um das Land bekümmert, von nun an ist dieser hier an meiner Statt. Alsdann sprach er zu dem Fürsten: Siehe, dies und dies habe ich den Leuten befohlen; wie ich bisher regiert und nach meinem Willen gewaltet habe, so sollst du fortan regieren und walten. Von nun an soll alles in deine Hand gegeben sein, und das Volk wird dich fürchten, wie es mich gefürchtet hat.

So heißt es auch: ›Eure Furcht und Schrecken sei über alle Tiere auf Erden und über alle Vögel des Himmels.‹ Daher hat Gott Adam nach seinem Bild geschaffen, denn der Mensch sollte an der Welt bauen und in ihr die Arbeit verrichten, die vor ihm Gott verrichtet hatte.

Einer war der Mensch, viele kommen von ihm

VON DEN MENSCHLICHEN Wesen ist nur eines erschaffen worden. Warum nur eines? Damit die Gerechten nicht sagen sollten: Wir sind Kinder eines Gerechten; und damit die Gottlosen nicht sagen sollten: Wir sind Kinder eines Gottlosen; damit nicht einer dem andern sage: Mein Vater war größer als deiner, und damit die Stämme einander nicht befehden sollten: denn siehe, wo sie alle von einem abstammen, befehden sie einander, wie wäre es gar, sie stammten von zweien ab? und siehe, wo sie alle von einem abstammen, berauben sie und bedrücken einander, wie wäre es gar, sie stammten von zweien ab?

Und noch darum ist nur *ein* Mensch zu Anfang erschaffen worden, damit verkündigt werde die Größe des Königs aller Könige, des Heiligen, gelobt sei er, welcher *einen* Stempel der ganzen Welt aufgedrückt hat; aber von dem einen Stempel kamen viele Siegel. Ein Mensch prägt viele Münzen mit einem Stempel, doch sind sie alle einander gleich, aber der König aller Könige, der Heilige, gelobt sei er, der prägt die Menschen alle nach dem Bilde Adams, des ersten Menschen, und doch gleicht keiner dem andern.

Warum aber gleichen die Gesichter nicht einander? Damit die Menschen einander nicht betrügen, daß nicht einer das

Feld seines Nachbarn unerkannt betrete, daß nicht einer zu dem Weib seines Nächsten ungestraft eingehe.

Der Mensch ist als letztes Wesen erschaffen worden. Warum? Auf daß die Ungläubigen nicht sagen sollten: Der Mensch war Mitarbeiter des Herrn an seinen Werken. Und noch dies ist ein Grund, warum der Mensch zuletzt erschaffen worden ist. Damit er sich nicht überhebe, denn man kann ihm sagen: die Fliege ging dir voran in der Schöpfung. Und zum dritten ist der Mensch der letzte in der Schöpfung gewesen, damit er sich sofort zum Mahl hinsetzen könnte. Wer wüßte ein Gleiches dazu? Ein König auf Erden stellt es auch nicht anders an: erst baut er einen Palast, dann schmückt er ihn aus und bereitet ein Mahl; zuletzt aber lädt er seine Gäste ein.

Der Lehrmeister

ALS DER HERR den Menschen geschaffen hatte, sprachen die Engel vor dem Herrn: Der Mensch, den du gemacht hast, was ist das für einer? Der Herr erwiderte ihnen: Seine Weisheit ist größer als eure. Und Gott brachte vor die Engel das Vieh, die Tiere und die Vögel und fragte von jedem einzelnen: Dies hier, wie ist sein Name? Aber die Engel wußten nichts zu sagen. Da ließ der Herr die Tiere an dem Menschen vorüberziehen und fragte ihn nach dem Namen eines jeden. Da sagte der Mensch: Dies ist der Ochse, dies das Pferd, dies der Esel, dies das Kamel, dies der Adler, dies der Löwe, und er fuhr fort und nannte alle Tiere bei ihren Namen. Und du selbst, fragte ihn der Herr, wie heißest du mit deinem Namen? Da erwiderte der Mensch: Mir würde es geziemen, *Adam* zu heißen, denn von der Erde bin ich genommen.* Und Gott fuhr fort und fragte weiter: Und ich, wie sollte ich mit meinem Namen heißen? Da erwiderte Adam und sprach: Dir gebührt es, HERR zu heißen, denn du bist der Herr aller Geschöpfe.

ALS DIE WELT erschaffen wurde, wurden auch alle Tiere erschaffen und auch der erste Mensch. Alsbald kamen die Tiere vor den Herrn und sprachen: O Herr der Welt, nenne uns unsere Namen und weise uns die Werke, die wir zu verrichten haben. Der Herr sprach: Alles habe ich in des Menschen Hand gelegt; aber zwei Dinge sollt auch ihr besitzen dürfen: die Tugend und die Bosheit. Denn seid ihr gerecht, so bleibt euch das Verdienst; seid ihr aber böse, so ist es euer Fehl. Nehmt es also zu Herzen und sucht es zu begreifen. Nun aber geht zum Menschen; ihm habe ich's eingegeben, wie ihr zu benennen seid, wie auch die Werke, die ihr zu verrichten habt.

Da erwiderten die Tiere allesamt und sprachen: O Herr der Welt! wenn einer Kinder hat und sie in ein Lehrhaus oder zu einem Meister bringen will, damit sie ein Handwerk lernen, macht er sich da nicht selber auf und führt sie hin? Da sagte der Herr: Ihr habt recht gesprochen. Die Tiere sprachen: So komm und bringe uns zum Menschen.

Alsbald schrie der Herr laut mit seiner Stimme, und es versammelten sich alle Tiere. Der Herr faßte sie alle mit seinem Fingernagel und brachte sie vor den Menschen. Hier setzte der Herr sie vor ihm nieder, gleichwie man Zöglinge vor ihren Lehrmeister setzt.

So blieb die Welt in Reinheit bestehen bis zu den Tagen der Sintflut.

* Adam, von Adama, Erde.

Der Schlaf

DER HERR schuf den Menschen, daß er seinen Garten baue und bewahre; er wollte ihm eine Gehilfin geben, damit er sich vermehre und die Erde erfülle.
Als aber die Erde Gottes Rede vernahm, erzitterte sie und sprach vor ihrem Schöpfer: O Herr aller Welten! nicht wird meine Kraft dazu reichen, die Menschenherde zu speisen. Da sprach der Herr: Ich und du, wir wollen beide die Menschenherde ernähren. Und sie teilten ihre Arbeit untereinander, der Herr nahm auf sich die Nacht und gab der Erde den Tag. Was tat der Herr? er schuf den Schlaf; der Mensch liegt da und schläft die Nacht über, und der Schlaf ist ihm Speise und Heil, Leben und Erquickung. Die Seele, so heißt es, füllt den Leib des Menschen aus, aber in der Stunde, da der Mensch schläft, steigt sie zum Himmel empor und schöpft ihr Leben von oben.
Der Erde aber steht der Herr bei und tränkt sie mit Regen; sie trägt Frucht und gibt Speise allen Geschöpfen.

Adam und Eva

GOTT DER HERR ließ einen tiefen Schlaf auf Adam fallen, nahm seiner Rippen eine und baute die Rippe, die er von dem Manne genommen hatte, zu einem Weibe aus.
Eine hohe Frau fragte einmal darum einen Weisen: War es nicht ein Hintergehen, was der Herr tat? Der Weise erwiderte: Ich will dir ein Gleichnis geben: wenn dir einer eine Unze Silbers in die Hand gibt, und du gibst ihm dafür ein Pfund Goldes, heißt dies ein Hintergehen?

DER HERR baute das Weib aus der Rippe; erst sann er nach, aus welchem Gliede Adams das Weib zu schaffen wäre. Er sprach: Ich will sie nicht aus dem Kopfe machen, daß sie ihren Kopf nicht zu sehr erhebe; nicht aus dem Auge, daß sie nicht überall hinspähe; nicht aus dem Ohr, daß sie nicht jedem Gehör schenke; nicht aus dem Mund, daß sie nicht allzuviel rede; nicht aus dem Herzen, daß sie nicht auffahrend werde; nicht aus der Hand, daß sie nicht überall hingreife; nicht aus dem Fuß, daß sie nicht überall hinschreite; sondern aus einem keuschen Glied, aus einem Glied, das auch zur Stunde, da der Mensch nackend dasteht, zugedeckt ist. Und bei jedem Glied, das der Herr dem Weibe formte, sprach er zu ihr: Sei ein frommes Weib, sei ein züchtiges Weib!

Wie heißt es aber nachher? Wie hat doch das Weib all mein Vorhaben vereitelt!*

UND DER HERR brachte Adam in seinen Palast und setzte ihn in den Garten Eden. Und Adam lustwandelte im Garten wie der Engel Gottes einer. Da sprach der Herr: Ich bin einzig in der Welt, ich vermehre mich nicht, und auch er vermehrt sich nicht, und so werden die Geschöpfe von ihm sprechen: Siehe, der hier vermehrt sich nicht, er ist es, der uns erschaffen hat. Ich will ihm eine Helferin geben.

Aber der Herr schonte Adam und wollte ihm nicht weh tun; so ließ er einen tiefen Schlaf auf ihn fallen. Da nahm er ein Bein von seinen Beinen und das Fleisch von seinem Herzen und machte ein anderes Wesen und stellte es vor ihn hin. Als nun Adam von seinem Schlaf erwachte und das Weib erblickte, das vor ihm stand, umhalste und küßte er es und sprach: Gesegnet bist du dem Herrn, du

* Die Sage bedient sich hier des Verses Sprüche 1,25.

bist Bein von meinem Bein und Fleisch von meinem Fleisch; dir geziemt es, Männin zu heißen, darum, daß du vom Manne genommen bist.

Der Sündenfall

AN DEM TAGE, da Adam seinen Geist erhielt, sprach der Herr zu den himmlischen Heerscharen: Fallt nieder vor ihm! Die Heerscharen kamen dem Willen des Herrn nach. Aber der Satan, der war größer als alle Engel des Himmels, und er sprach vor dem Herrn: Herr der Welt! du hast uns erschaffen aus dem Glanz deiner Herrlichkeit und sagst uns, wir sollen niederfallen vor einem, den du aus dem Staub der Erde gemacht hast. Der Herr sagte: Der Erdenstaub ist, er hat Weisheit und Verstand, was du nicht hast. Und es geschah, als der Satan sich weigerte, vor dem Menschen niederzufallen, und auf die Stimme des Herrn nicht hören wollte, da vertrieb der Herr ihn aus dem Himmel, und er ward zum Satan. Von ihm spricht der Prophet: ›Wie bist du vom Himmel gefallen, du leuchtender Morgenstern!‹

DIE ENGEL WAREN voll Eifersucht auf den Menschen und sprachen vor dem Herrn: O Herr aller Welten! was ist der Mensch, daß du sein gedenkest? Und der Herr sprach zu ihnen: Wie ihr mich im Himmel preiset, so rühmt er mich auf Erden als den Einzigen.
Als die Engel dieses vernahmen, sprachen sie zueinander: Solange wir kein Mittel gefunden haben, das den Menschen zum Straucheln brächte, werden wir gegen ihn nichts ausrichten. Aber Semael war der größte Fürst im Himmel unter ihnen, denn die heiligen Tiere und die

Seraphim hatten ein jedes nur sechs Paar Flügel, er aber besaß ihrer zwölf. Und Semael ging und verband sich mit den obersten Heerscharen gegen seinen Herrn; er versammelte sein Heer und stieg hinab und begann nach einem Genossen Umschau zu halten. Er sah sich die Geschöpfe an, die der Herr erschaffen hatte, aber unter ihnen war keines, dessen Klugheit so auf das Böse gerichtet gewesen wäre, wie die Schlange. Die Schlange war listiger als alle Tiere des Feldes und glich von Gestalt einem Kamel. Da bestieg Semael die Schlange und ritt auf ihr. Aber die Schrift schrie ihn an und sprach zu ihm: Semael, eben erst ist die Welt erschaffen worden, und schon stiftest du Aufruhr. Wider den Himmel willst du dich auflehnen; der Herr wird beide verlachen, das Roß und den Reiter.

Und die Schlange sann nach und rechtete mit sich selber: Werde ich mit dem Manne sprechen, so weiß ich, daß er auf mich nicht hören wird; es ist schwer, des Mannes Sinn zu bewegen; ich spreche lieber vorerst mit dem Weibe, welches leichten Sinnes ist; ich weiß, sie wird auf mich hören, denn das Weib schenkt einem jeden Gehör. Also ging die Schlange hin und sprach zu dem Weibe: Ist's wahr, daß die Früchte dieses Baumes euch verboten sind? Das Weib sprach: Ja, es ist wahr; der Herr hat zu uns gesprochen: Von der Frucht des Baumes mitten im Garten sollt ihr nicht essen.

Doch nun fand die Schlange eine Tür, um mit ihrer Rede einzufallen, und sie sprach: Nicht ein Befehl ist dieser Satz, sondern Mißgunst ist er. Denn in der Stunde, da ihr davon essen werdet, werdet ihr selber wie Gott sein. Was tut denn Gott? Er schafft Welten und zerstört Welten, und auch ihr werdet imstande sein, Welten zu schaffen und zu zerstören; er macht Geschöpfe lebendig und tot, und auch ihr werdet lebendig und tot machen können; Gott weiß nämlich, daß, sobald ihr davon esset, eure Augen sich auftun werden. Und die Schlange ging und schüttelte den Baum, da schrie der Baum und rief: Frevler, rühr mich nicht an! Aber die Schlange sprach zu dem Weibe: Sieh, ich habe den Baum berührt und bin nicht tot; auch du befühle ihn nur, du wirst nicht sterben. Da ging das Weib und berührte den Baum, aber da erblickte sie den Todesengel, der ihr entgegenschritt. Sie sprach in ihrem Herzen: Vielleicht ist's wahr, und ich sterbe nun, und der Herr wird Adam ein anderes Weib schaffen; ich will es nun anstellen, daß auch er mit mir von dem Baume esse; sind wir des Todes, so sterben wir beide; bleiben wir am Leben, so leben wir beide. Da nahm sie von den Früchten des Baumes und aß und gab auch ihrem Manne davon, und er aß.

Wie aber Adam von den Früchten des Baumes genossen hatte, sah er sich nackend dastehen, seine Augen wurden aufgetan, und seine Zähne wurden stumpf. Und er sprach zu Eva: Was ist das nur, das du mir zu essen gegeben hast? Meine Augen sind aufgetan, und meine Zähne sind stumpf geworden; wie nun meine Zähne stumpf geworden sind, so werden aller Menschen Zähne nach mir stumpf werden.

Was war Adams Bekleidung? Eine Hornhaut bedeckte seinen Körper, und die Wolke des Herrn umhüllte ihn stets. Wie er aber von den Früchten des Baumes gegessen hatte, wurde die Hornhaut ihm abgezogen, des Herrn Wolke wich von ihm, und er sah sich nackend und bloß dastehen. Er versteckte sich vor dem Angesicht des Herrn, aber er hörte die Stimme Gottes, der im Garten ging.

Da setzte sich der gerechte und wahrhaftige Richter über

ihn zu Gericht; er rief dem Menschen und sprach: Warum bist du vor meinem Angesicht geflohen? Der Mensch antwortete: Dein Rufen habe ich gehört, und da erzitterten meine Glieder, denn ich sah, daß ich nackend war, und versteckte mich; ich versteckte mich vor dem, der mich geschaffen hat, denn ich fürchtete um meine Tat. Da sprach der Herr zu ihm: Wer hat dir's gesagt, daß du nackend bist? Hast du nicht gegessen von dem Baum, von dem du nicht essen solltest? Adam sprach: O Herr der Welten! solange ich allein war, habe ich da Sünde getan? Aber das Weib, das du mir zugesellt hast, hat mich deinen Worten ungehorsam gemacht; sie gab mir von dem Baume zu essen, und ich aß. Da sprach der Herr zu Eva: Ist's nicht genug, daß du selber gesündigt hast, mußtest du auch deinen Mann zur Sünde verführen? Das Weib antwortete dem Herrn: Die Schlange überredete mich, und ich kostete die Frucht.

Da brachte der Herr alle drei vor sein Gericht und verhängte über sie die Strafe: er verfluchte ein jedes mit neun Flüchen und mit dem Tode. Er stürzte den Semael und seine Schar von dem Orte der Heiligkeit und warf sie vom Himmel auf die Erde; er hackte der Schlange die Füße ab und verfluchte sie, daß alle sieben Jahre ihr die Haut abgezogen würde unter großen Schmerzen, und daß sie auf dem Bauche kriechen sollte; ihre Speise sollte sich im Bauche zu Erde verwandeln, Otterngalle und Gift sollte ihr Mund bergen; und der Herr säte Feindschaft zwischen ihr und dem Weibe, und es sollten die Menschen ihr den Kopf mit dem Fuße zertreten. Dann verhängte er über die Schlange den Tod.

Das Weib verfluchte er ebenfalls mit neun Flüchen und mit dem Tode; er verhängte über sie die Pein des Blutes

und die Last der Schwangerschaft, die Wehen der Geburt und die Mühsal und Sorge um das Großziehen der Kinder. Wie eine Trauernde sollte sie ihren Kopf stets bedecken, und er sollte ihr nur entblößt werden, wenn sie gehurt hätte zum Zeichen der Schande; wie die Ohren eines Knechtes, so sollten auch ihre Ohren durchbohrt werden; wie eine Magd sollte sie ihrem Manne sein, und ihrem Zeugnis und ihrer Aussage sollte man keinen Glauben schenken. Darauf verhängte er über sie den Tod.
Und auch den Mann verfluchte er mit neun Flüchen und mit dem Tode; er schwächte seine Kraft und verkleinerte seinen Wuchs; Weizen sollte er säen, und Dornen sollte er ernten und sollte das Kraut des Feldes wie das Vieh essen; mit Kummer sollte er sich nähren und im Schweiße des Angesichts sein Brot essen, und nach allem sollte über ihn der Tod kommen.

DER HERR verfluchte das Weib und die Schlange. Und zu Adam sprach er: Dieweil du hast gehorcht der Stimme deines Weibes und hast gegessen von dem Baum, davon ich dir gebot und sprach: du sollst nicht davon essen, – verflucht sei der Acker um deinetwillen, Dornen und Disteln soll er dir tragen, und sollst das Kraut auf dem Felde essen.
Wie aber Adam das Wort des Herrn hörte: du sollst das Kraut auf dem Felde essen, erzitterten seine Glieder, Tränen rannen aus seinen Augen, und er sprach vor dem Herrn: O Herr der Welt! Ich und der Esel, sollen wir beide aus einer Krippe essen? Da sagte der Herr: Nun deine Glieder vor meinem Wort erzitterten, so sollst du Brot essen im Schweiß deines Angesichtes. Da ward Adam ruhigen Sinnes.

Dennoch sprach ein Weiser: wie wohl wäre es dem Menschen, es wäre bei dem ersten geblieben.

GOTT DER HERR setzte den Menschen in den Garten Eden. Aber Adam und sein Weib hatten von dem Feigenbaum gegessen, von dem Gott gesprochen hatte, sie sollten nicht davon essen. Da vertrieb der Herr sie aus dem Garten. Aber ihrer beider Augen wurden aufgetan, und sie wurden gewahr, daß sie nackt waren.
Da ging Adam von Baum zu Baum und bat einen jeden, er möge ihn bedecken, doch die Bäume wiesen ihn ab und sprachen: Das ist der Dieb, der seinen Schöpfer betrogen hat. Nur der Feigenbaum, der ihm seine Früchte gegeben hatte, der gab ihm auch seine Blätter. Da flochten Adam und Eva die Feigenblätter und machten sich daraus Schurze.
Einst hatte sich ein Königssohn an einer Magd vergangen. Als der König das erfuhr, verjagte er ihn von seinem Schlosse. Da klopfte der Königssohn an aller Mägde Türen, es wollte ihn jedoch keine hereinlassen. Aber die eine Magd, mit der er gefehlt hatte, die tat ihm die Tür auf.

DREIE WAREN'S, die Sünde begangen, und viere haben die Strafe getragen. Die Schlange, Eva und Adam haben Sünde getan und wurden bestraft und vom Garten vertrieben, aber auch die Erde wurde verflucht.

DER HERR sprach zu der Schlange: Ich habe dich zum König gemacht über Vieh und Tier, und das genügte dir nicht; verflucht seist du nun von allem Vieh und allem Tier. Ich habe dich gemacht, daß du stolz einhergehen solltest wie der Mensch, und das war dir nicht genug, nun sollst du auf deinem Bauche kriechen. Ich habe dich gemacht, daß du des Menschen Speise essen solltest, und du gabst dich nicht zufrieden, nun sollst du Staub fressen alle deine Tage. Du wolltest Adam töten und dir sein Weib nehmen, nun will ich Feindschaft säen zwischen dir und dem Weibe.

Du siehst: was die Schlange gewollt hat, ist ihr nicht gewährt worden und was ihres gewesen ist, ist ihr genommen worden.

MAN FRAGTE die Schlange: Warum schleichst du so gerne an Zäunen umher? Sie antwortete: Ich bin es gewesen, die zuerst den Zaun des Gesetzes durchbrochen hat.

ES IST EWIG schade um den guten Diener, der der Welt verlorengegangen ist. Denn hätte der Herr die Schlange nicht verflucht, es hätte ein jeder Mensch in seinem Hause zwei willfährige Schlangen gehabt: die eine täte er nach dem Abendland schicken, die andere täte er nach dem Morgenland schicken; sie würden ihm allerlei Kostbarkeiten von dort bringen, und kein Tier könnte ihnen was zuleide tun. Noch mehr, man hätte die Schlangen an Stelle von Kamelen, Eseln und Maultieren einspannen können, und sie hätten den Mist gefahren, die Felder und Gärten zu düngen.

UND HEUTE NOCH, sieht einer eine Schlange im Traum, so bedeutet dies Gutes für ihn: seine Habe mehrt sich zusehends.

Die erste Nacht

DES TAGES, da Adam geschaffen ward, ward ihm der Odem eingeblasen, desselben Tages stand er auf seinen Füßen, desselben Tages nannte er alle Tiere bei ihrem Namen, desselben Tages ward ihm Eva angetraut; desselben Tages setzte ihn der Herr in den Garten Eden; desselben Tages gebot ihm der Herr: davon sollst du essen, davon sollst du nicht essen; desselben Tages hatte er gefehlt; desselben Tages ward er gerichtet; desselben Tages ward er von Eden vertrieben.

Aber der Tag ging zur Neige, und wie es zu dämmern anfing, da sah Adam alle Helligkeit nach Abend gehen und die Welt um ihn her immer dunkler werden. Da sprach er: Oh, wehe mir! dieweil ich gesündigt habe, wird die Welt um mich finster, und die Erde will wieder wüst und leer werden. Dies ist wohl der Tod, der vom Herrn über mich verhängt worden ist. Und er saß da und fastete und weinte die ganze Nacht hindurch, und Eva saß an seiner Seite und weinte mit.

Doch als die Morgenröte wieder am Himmel aufging und Adam die Welt wieder hell werden sah, ward er voll großer Freude und rief aus: Dies ist also das Gesetz der Welt, und immer folgt der Tag auf die Nacht! Und er machte sich auf und baute einen Altar; dann nahm er einen Ochsen, dessen Hörner vor den Klauen aus der Erde hervorgekommen sind, und opferte ihn dem Herrn.*

---

* Gemeint ist eines der Geschöpfe, die – der Sage nach – fertig aus der Erde kamen.

Der Vogel Milcham

Es fragte Nebukadnezar, der König von Babylon, Jesus, den Sohn Sirachs: Weshalb hat der Todesengel Gewalt über alle Geschöpfe, nur nicht über den Vogel Milcham? Der Weise erwiderte und sprach:
Als Eva von dem Baume des Wissens gegessen hatte, gab sie auch ihrem Manne davon, und er aß. Danach regte sich aber in ihr der Neid auf die Unschuld der anderen Geschöpfe, und sie gab auch ihnen von der Frucht zu essen. Und alles Tier hörte auf ihre Stimme und verfiel so dem Tode. Und Eva sah den Vogel Milcham und sprach zu ihm: Iß auch du von dieser Frucht! Milcham aber erwiderte: Ist's euch nicht genug, daß ihr selber vor dem Herrn Sünde getan und alle Kreatur dahin gebracht habt, daß sie sterben wird? nun kommt ihr zu mir und sucht auch mich zu überreden, das Gebot des Herrn zu übertreten, von der Frucht zu essen und zu verderben! Ich höre nicht auf dich!
Da erscholl eine Stimme vom Himmel, die sprach zu Adam und Eva: Mein Gebot habt ihr nicht gehütet; danach suchtet ihr auch Milcham den Vogel zu verführen; aber er, dem ich nichts geboten hatte, gehorchte euch nicht. In Ewigkeit soll er hierfür den Tod nicht erfahren, nicht er und nicht sein Same.
Als nun der Herr den Engel des Todes schuf und der die Geschöpfe sah, sprach er vor dem Herrn: Herr der Welt! gib mir die Freiheit, daß ich sie alle töte. Der Herr antwortete: Dein ist die Gewalt über alle Geschöpfe und ihren Samen; allein des Vogels Milcham Geschlecht soll den Tod nicht verkosten. Der Todesengel sprach: Herr der Welt, so scheide sie aus, denn sie sind die Gerechten.

Alsbald übertrug der Herr dem Todesengel, eine große Stadt für den Vogel Milcham zu bauen; er versiegelte die Tore und sprach: Es ist bestimmt und beschlossen, kein Schwert darf über euch die Herrschaft führen, nicht das meine und nicht das eines andern; nimmer werdet ihr den Tod verspüren bis an das Ende aller Geschlechter.

BIS AUF HEUTE wohnt der Vogel Milcham in der Stadt, die der Todesengel ihm gebaut hat, und er ist fruchtbar und mehrt sich wie alle Geschöpfe. Tausend Jahre sind seines Lebens Jahre, und wenn die tausend Jahre um sind, geht ein Feuer von seinem Nest aus und verbrennt die Vögel; nur ein Ei bleibt von ihnen übrig, dieses aber wandelt sich zum Küchlein, und der Vogel lebt weiter.

Andere aber sagen, daß, wenn er tausend Jahre alt wird, der Körper einschrumpft und die Flügel die Federn verlieren, so daß er wieder wie ein Küchlein aussieht. Danach erneuert sich das Gefieder, und er fliegt empor wie ein Adler, und nimmer kommt über ihn der Tod.

Der Fuchs und Leviathan

ABERMALS FRAGTE Nebukadnezar Jesus, den Sohn Sirachs: Weshalb ist von jedem Tier auf Erden ein Ebenbild im Meere, nur nicht vom Fuchs und vom Wiesel?

Und der Sohn Sirachs erzählte:

Nachdem der Todesengel die Tore hinter Milcham geschlossen hatte, sprach der Herr zu ihm: Wirf ins Meer von jeglichem Geschöpf je ein Paar; über die anderen sollst du die Herrschaft haben. Da tat der Todesengel so und warf von allen Tieren je ein Paar ins Wasser. Als der

Fuchs dies sah, stellte er sich vor den Engel und begann zu weinen. Der Todesengel fragte: Weshalb weinst du? Der Fuchs erwiderte: Ich weine über meinen Genossen, den du ins Meer geworfen hast. Der Todesengel fragte: Wo ist denn dein Genoß? Da stellte sich der Fuchs an das Ufer des Meeres, und der Todesengel sah seinen Schatten im Wasser und meinte, er hätte schon einen Fuchs ins Wasser geworfen. Er sagte zum Fuchs: Nun gut, so kannst du gehen. Da lief der Fuchs davon und war so entronnen. Er traf unterwegs das Wiesel und erzählte ihm alles, was geschehen war und was er getan hatte. Da ging das Wiesel und machte es mit dem Todesengel auch so und war nun gleichfalls gerettet.

Nach Jahresfrist versammelte Leviathan alle Geschöpfe, die im Meere wohnten, und siehe da, es fehlten der Fuchs und das Wiesel. Da fragte Leviathan nach dem Verbleib der beiden, und die Tiere erzählten ihm, was der Fuchs getan hatte und wie er und das Wiesel durch ihre Klugheit dem Wasser entronnen waren; auch sprachen sie vom Fuchs als vom weisesten der Tiere.

Als Leviathan erfuhr, wie findig der Fuchs sei, beneidete er ihn um seine Klugheit und schickte die großen Fische nach ihm aus; er befahl ihnen, ihn zu überlisten und zu ihm zu bringen. Die Fische zogen aus, kamen ans Ufer und sahen den Fuchs, wie er auf und ab spazierte. Der Fuchs sah die Fische ans Ufer kommen, er wunderte sich und ging auf sie zu; da fragten die Fische: Was bist du für einer? Der Fuchs erwiderte: Ich bin der Fuchs. Die Fische sagten: Weißt du nicht, welche große Ehre dir widerfahren ist und weswegen wir hierhergekommen sind? Der Fuchs fragte: Was ist's? Die Fische antworteten: Unser Herr, Leviathan, ist erkrankt und dem Tode nahe, und er hat bestimmt, daß keiner nach ihm König werde außer dir, denn er hat von dir gehört, daß du weiser und verständiger seist denn alle anderen Tiere; nun sind wir ausgesandt worden, dich zu ihm zu bringen. So komm denn mit! Der Fuchs sagte: Ja, wie kann ich aber eine solche Fahrt machen und nicht ertrinken? Die Fische erwiderten: Du wirst auf einem von uns reiten, wir werden dich über das Meer tragen, und dir wird nichts geschehen. Sobald du den Ort des Königs erreicht hast, setzen wir dich ab; du wirst Herrscher sein über alle Meerestiere und wirst all dein Lebtag froh sein; denn du wirst dich um deine Nahrung nicht mehr sorgen, und die bösen Tiere, die größer sind als du, werden dir nichts tun können.

Als der Fuchs diese Worte hörte, ließ er sich überreden, er setzte sich auf einen der Fische und ritt auf ihm über See. Unterwegs aber, als die Wellen des Meeres an ihn schlugen, wurde dem Fuchs bange, aller Wahn wich von ihm, und er sprach bei sich: Weh mir, was hab' ich getan? gewiß haben mich die Fische zum Narren gehabt dafür, daß ich andere Tiere genarrt habe; nun bin ich in ihrer Gewalt; wie kann ich mich retten? Und er sprach zu den Fischen: Seht, ich bin mit euch gegangen und bin jetzt in euren Händen; sagt mir die Wahrheit, was soll ich euch? Die Fische antworteten: Wir wollen dir die Wahrheit sagen; Leviathan hat gehört, daß du überaus klug seist, und so will er deinen Leib aufmachen und dein Herz verzehren, damit er wie du weise werde. Da sprach der Fuchs: So verhält es sich mit ihm! Warum habt ihr mir nicht gleich die Wahrheit gesagt? dann hätte ich mein Herz mitgenommen, es dem König Leviathan gegeben, und er hätte mich geehrt; aber nun seid ihr übel daran. Die Fische fragten: Wie, ist denn dein Herz nicht bei dir? Der

Fuchs erwiderte ihnen und sprach: Nein, denn so ist es Brauch bei uns Füchsen; wir lassen unser Herz da liegen, wo wir wohnen; wir gehen hin und gehen her; wenn wir es brauchen, holen wir's, wenn nicht, so bleibt es an seinem Orte liegen. Die Fische fragten: Was sollen wir nun machen? Der Fuchs erwiderte: Mein Nachtlager ist am Ufer des Meeres; beliebt es euch, so bringt mich wieder dorthin, wo ihr mir begegnet seid; ich will mein Herz holen und es Leviathan überreichen; so wird er mich und auch euch ehren. Bringt ihr mich aber zu ihm ohne das Herz, wird er euch zürnen und euch fressen; ich aber fürchte mich nicht, denn ich werd's ihm geradeheraus sagen: Herr, sie haben mir deinen Wunsch nicht offenbart, und als sie die Wahrheit sagten, wollte ich zurückkehren und mein Herz holen, sie aber wollten den Weg nicht mehr machen.

Nunmehr sagten die Fische: Er hat richtig gesprochen. Und sie kehrten um und kamen an das Ufer und an den Ort, von wo aus sie den Fuchs geholt hatten. Da sprang der Fuchs vom Rücken des Fisches ab, warf sich in den Sand und tanzte und hüpfte vor Freude und Glück. Die Fische sprachen: Beeile dich und hole dein Herz, wir wollen weiter! Der Fuchs aber höhnte: Ihr Narren, hätte ich die Fahrt machen können mit euch, wenn ich mein Herz nicht bei mir gehabt hätte? ist denn ein Geschöpf auf Erden, das herumgehen könnte ohne sein Herz? Die Fische sagten: Du hast dein Spiel mit uns gehabt. Der Fuchs antwortete: Ihr Narren, ich habe den Todesengel zu trügen gewußt, um wieviel mehr denn euch.

Da kehrten die Fische mit Schande zurück und erzählten alles Leviathan. Leviathan sprach: Wahrlich, er ist der Listige, ihr aber seid die Toren, und von euch ist's gesagt:

›Der Unverständigen Dummheit, das ist ihr Tod.‹ Und er fraß sie alle auf.

Seit der Zeit sind von jeder Art Geschöpfe im Wasser vorhanden, sogar von dem Menschen und seinem Weibe ist ein Ebenbild im Wasser da, nur der Fuchs und das Wiesel sind im Meere nicht zu finden.

Hund und Katze

ZUM DRITTENMAL fragte der König den Weisen: Seit wann besteht die Feindschaft zwischen dem Hund und der Katze? Da erwiderte der Weise:

Als die Katze erschaffen ward, befreundete sie sich mit dem Hunde, und was sie beide erhaschten, das verzehrten sie miteinander. Da kam ein Tag, und danach ein zweiter und dritter, und beide fanden nichts zu essen. Nun sprach der Hund zur Katze: Wie lange werden wir da sitzen und hungern? geh du zu Adam, bleib in seinem Hause, und du wirst essen und satt werden. Ich aber will zu den Tieren und zum Gewürm gehen, vielleicht finde ich da meine Nahrung. Die Katze sprach zum Hund: Wir wollen's uns gegenseitig zuschwören, daß wir beide niemals zu *einem* Herrn gehen. Der Hund war es zufrieden. Und sie taten beide den Schwur.

Also ging die Katze in das Haus des Menschen; sie fand dort Mäuse, aß sie und sättigte sich an ihnen. Als Adam dies sah, freute er sich und sprach: Der Herr hat mir Heil gebracht. Und er ließ die Katze bei sich im Hause wohnen, er gab ihr Brot zu essen und Wasser zu trinken.

Was tat unterdes der Hund? Er ging zum Wolf und sprach zu ihm: Ich will bei dir diese Nacht schlafen. Der Wolf antwortete: Wohlan. Sie gingen beide in die Höhle des Wolfes und schliefen zusammen. In der Nacht aber hörte der Hund anderer Tiere Schritte; er weckte den Wolf und sagte: Ich höre einen Feind an uns herankommen. Der Wolf befahl ihm, ihn zu verjagen. Der Hund ging auf die Tiere los; doch sie waren stärker und hätten ihn bald zerrissen. Nur mit Mühe gelang es dem Hund, zu entweichen. Er kam zum Affen, der aber jagte ihn fort. Da ging der Hund zum Schaf; das Schaf nahm ihn auf und schlief mit ihm. In der Nacht hörte der Hund wieder andere Tiere nahen; er stand auf und fing an zu bellen. Da wußten die Wölfe, daß ein Schaf drinnen war; sie fanden es und fraßen es auf. Und der Hund lief von einer Höhle zur andern und fand keine Ruhe.

Nunmehr ging der Hund zu Adam. Adam nahm ihn auf und ließ ihn bei sich schlafen. Um Mitternacht sprach der Hund zu Adam: Ich höre vieler Füße Schritte um uns. Da stand Adam auf, nahm einen Spieß und ging mit dem Hunde hinaus. Sie verfolgten die Tiere, vertrieben sie und kehrten zusammen zurück. Der Mensch sprach zum Hund: Du sollst fürder bei mir wohnen, von meiner Speise essen und von meinem Trank trinken. Also blieb der Hund bei Adam.

Als aber die Katze die Stimme des Hundes erkannte, ging sie zu ihm und fragte: Weshalb bist du in mein Haus gekommen? Der Hund antwortete: Der Mensch hat mich gerufen. Da entbrannte ein Streit unter ihnen. Nunmehr sprach der Mensch zur Katze: Weshalb haderst du mit dem Hunde? ich habe ihn aufgenommen, denn ich fand ihn klug und verständig. Und er sprach weiter zur Katze: Sorge dich nicht, du bleibst auch hinfort bei mir. Die Katze aber erwiderte: Herr, ein Diebsgeselle ist der Hund;

soll ich mit ihm zusammen hausen? Und zum Hunde sprach sie: Warum hast du den Schwur gebrochen? Der Hund gab zur Antwort: In dein Haus komme ich nicht, deine Speise esse ich nicht und will dir keinen Schaden tun. Doch die Katze hörte nicht auf das, was der Hund sprach, und stritt mit ihm weiter. Der Hund sah, daß kein Friede möglich sei, und lief in das Haus von Seth, welcher nach Kain und Abel Adam geboren ward, und saß bei ihm. Und noch später wollte der Hund sich mit der Katze versöhnen, aber die Katze mochte nicht; seit der Zeit streiten sie miteinander, und wie es die Väter taten, so tun es die Jungen bis auf heute.

Der Brudermord

ADAM ERKANNTE sein Weib Eva, und sie gebar ihm zwei Söhne und drei Töchter. Eva hieß den Namen des erstgeborenen Knaben Kain, denn, sprach sie, ich habe einen Mann gewonnen von dem Herrn; den Namen seines Bruders hieß sie Abel, denn, sprach sie, eitel ist unser Kommen hierher, und eitel ist unser Gehen von hinnen.*
Die Knaben wurden groß, und ihr Vater gab einem jeden seinen Teil auf Erden; Kain wandte sich der Erde zu und ward ein Ackersmann, Abel aber wurde Schäfer.
Nach Jahr und Tag brachten die Knaben dem Herrn ein Speiseopfer dar; Kain opferte die Früchte des Feldes, Abel aber Erstlinge seiner Herde und ihr Fett. Und Gott neigte sich Abel und seinem Opfer zu; ein Feuer kam vom Himmel und fraß es auf. Auf Kain aber und auf seine Gabe sah Gott nicht hin, denn es waren gar dürre Früchte, die

* Kaufen, gewinnen, hebräisch kanoh. – Eitel, hebräisch hewel.

er dargebracht hatte. Da entbrannte in Kain der Neid auf seinen Bruder wegen dieses Vorzugs, und er suchte nach einem Anlaß, daß er Abel umbrächte.

Da geschah es, daß Kain und Abel aufs Feld gingen, um ihre Arbeit zu verrichten; Kain pflügte seinen Acker, und Abel weidete seine Schafe. Auf einmal lief die Herde Abels auf den Acker, wo Kain seinen Pflug führte. Kain erzürnte sehr, er ging auf seinen Bruder zu und sprach: Was sind wir miteinander, daß du mit deiner Herde hierherkommst, zu wohnen und zu weiden auf meiner Erde? Abel erwiderte: Was sind wir miteinander, daß du von dem Fleisch meiner Schafe zehrst und dich von ihrer Wolle wärmen läßt? Gib mir die Wolle zurück und zahle den Preis des Fleisches, das du gegessen hast; tust du das, so will auch ich dein Land verlassen, wie du es haben willst, und will in den Himmel steigen, wenn ich's vermag.

Darauf sagte Kain zu Abel: Wenn ich dich heute erschlage, wer wird dein Blut von mir zurückfordern? Abel erwiderte: Der Gott, der uns beide erschaffen hat, wird mich rächen und wird mein Blut von dir zurückfordern; denn er rechtet und richtet, er vergilt dem Bösen seine Bosheit und dem Frevler seinen Frevel. Wenn du mich heute tötest, siehe, Gott kennt alle Verstecke, und er wird dich strafen für die Sünde, die du an mir begehst. Als Kain dies hörte, lohte in ihm der Zorn wider seinen Bruder; er erhob sich, ergriff das Eisen, das sein Ackergerät war, schlug damit auf seinen Bruder ein und tötete ihn. So vergoß Kain das Blut seines Bruders Abel, und das Blut rann auf die Erde, wo die Schafe weideten.

KAIN SPRACH bei sich: Ich will fliehen vor dem Angesicht meines Vaters und meiner Mutter; gewiß werden sie von mir Abels Blut zurückfordern, denn keiner ist außer mir auf der Welt, der ihn hätte totschlagen können. Aber da erschien ihm der Herr und sprach: Vor deines Vaters und deiner Mutter Angesicht kannst du wohl fliehen, jedoch nicht vor dem meinigen; meinst du, daß sich jemand verbergen kann, daß ich ihn nicht sehe?

Kain sprach vor dem Herrn: Wohl habe ich meinen Bruder erschlagen, aber du warst es, der den bösen Trieb mir anerschaffen hat. Du bist der Hüter aller Geschöpfe und ließest mich Abel töten, du bist es nunmehr, der ihn getötet hat; denn hättest du meine Gabe wie die seine empfangen, nie wäre der Neid in mir erwacht. Da sprach der Herr: Die Stimme von deines Bruders Blut schreit zu mir von der Erde. Kain sagte: Herr aller Welten! gewiß hast du Angeber um dich, denn siehe, mein Vater und meine Mutter sind beide auf Erden und wissen nicht, daß ich Abel umgebracht habe; du aber bist im Himmel, wieso weißt du es? Der Herr sprach: Tor! die ganze Welt trage ich allein; ich habe sie gemacht, und ich trage sie auch. Kain sagte: Du trägst die ganze Welt und willst meine Sünde nicht tragen? Der Herr sprach: Da du nun Buße tust, so geh und verlasse diesen Ort, denn Verbannung ist Sühne. Da ging Kain von dem Angesicht des Herrn und wohnte fortan im Lande Nod.

Aber überall, wo Kain hinkam, bebte die Erde unter ihm, und auch die Tiere und das Vieh zitterten, wenn sie ihn sahen; sie fragten: Wer ist dies? und erhielten die Antwort: Dies ist Kain, der seinen Bruder Abel totgeschlagen hat; über ihn hat der Herr verhängt, daß er unstet und flüchtig sei auf Erden. Andere wiederum gedachten ihn aufzufressen. Und das Vieh, die Tiere und die Vögel umringten ihn und wollten Abels Blut von ihm fordern; auch von der Schlange heißt es, sie sei unter ihnen gewesen.

In dieser Stunde entströmten Tränen Kains Augen, und er sprach vor Gott: ›Wo soll ich hingehen vor deinem Geist? und wo soll ich hinfliehen vor deinem Zorn? Führe ich gen Himmel, so bist du da. Bettete ich mich in der Hölle, siehe, so bist du auch da. Trüge ich Flügel der Morgenröte und wollte am äußersten Meer ruhen, so würde mich doch deine Hand ereilen und deine Rechte mich festhalten.‹

Die Raben

DER HUND, welcher Abels Herde hütete, als Abel noch am Leben war, der blieb auch nach dem Tode Abels bei seiner Leiche und bewachte sie. Adam und Eva aber saßen da und weinten und trugen Leid um ihren Sohn und wußten nicht, was sie mit dem Leichnam tun sollten, denn sie kannten nicht das Begraben der Toten. Da kam ein Rabe geflogen, dem war sein Gefährte gestorben; er grub in der Erde ein Loch, legte den toten Vogel hinein und verscharrte ihn vor den Augen Adams und Evas. Da sprach Adam: Wie dieser Rabe hier getan hat, so will auch ich tun. Und er nahm Abels Leichnam, schaufelte ein Grab in der Erde und begrub seinen Sohn.

Gott belohnte die Raben für ihre Tat. Welches ist der Lohn, den er ihnen gab? Ihre Küchlein sind weiß, wenn sie aus dem Ei schlüpfen, und die Alten wähnen, es wäre Schlangenbrut, was sie da vor sich sehen, und fliegen davon. Aber der Herr gibt den jungen Raben ihre Speise, und sie leiden nicht Not; ja, noch mehr, wenn sie den Herrn um Regen flehen, so gewährt er ihnen ihre Bitte, wie es auch heißt: ›der dem Vieh sein Futter gibt, den jungen Raben, die ihn anrufen.‹

ANDERE WIEDERUM erzählen es so von den Raben: Die Rabenmutter sitzt über ihren Eiern und brütet sie aus im Schatten; dann platzen die Schalen, und weiße Küchlein kommen zum Vorschein. Und wenn die alten Raben die weißen Küchlein sehen, lassen sie sie liegen und fliegen weg. Aber der Herr tut seine Hand auf und stillt den Hunger alles dessen, was da lebt. Er treibt den jungen Raben Scharen von Fliegen zu, während sie mit offenem Schnabel dasitzen, bis sie groß geworden sind und ihren Erzeugern gleichen.

Lamech

KAIN GING von dem Angesicht des Herrn, von dem Orte, wo er gewesen war, und irrte herum in dem Lande, welches gegen Morgen von Eden war. Dazumal erkannte Kain sein Weib, und sie ward schwanger; sie gebar einen Sohn, und Kain hieß seinen Namen Henoch, denn er sprach: Jetzt wird der Herr der Erde Ruhe geben.* Alsdann baute Kain eine Stadt und nannte sie nach seines Sohnes Namen Henoch. Henoch zeugte den Irad, Irad zeugte den Mehujael, Mehujael zeugte den Methusael, Methusael zeugte den Lamech.

KENAN WAR siebzig Jahre alt und hatte drei Söhne und zwei Töchter. Dies waren die Namen der drei Söhne Kenans: der erstgeborene hieß Mehalel, der zweite hieß

* Ableitung des Namens von heniach, zur Ruhe führen.

Inian, und der dritte hieß Mered; ihre Schwestern aber hießen Ada und Zilla.
Und Lamech, Methusaels Sohn, verschwägerte sich mit Kenan und nahm seine beiden Töchter zu Weibern.

ADA GEBAR den Jabal, dies war der Urahne derer, die in Zelten wohnen und Viehzucht treiben. Er war der erste, der in der Welt anfing, Hütten zu bauen, das Vieh zu weiden und dessen Gebrechen zu heilen. Er weidete das Vieh in der Wüste, so heißt es, und wechselte seinen Aufenthalt von Monat zu Monat, je nach dem Stand der Weide; war das Gras an einer Stelle abgepflückt, zog er fort und schlug sein Zelt an einem andern Ort auf.
Sein Bruder hieß mit Namen Jubal, der war der Urahne aller, die die Geige und die Flöte spielen, sowie aller, die die Orgel treten; er war der erste, welcher anfing, Spielgeräte anzufertigen, und der erste, der sich mit der Gesangskunst befaßte.
Die Zilla aber gebar auch, nämlich den Tubal-Kain, den Meister in allerlei Erz- und Eisenwerk. Er war der Vater der Kupfer- und Eisenschmiedekunst, denn er war der erste, der es verstand, aus Kupfer und Eisen Geräte zu machen.
Der Fluch, der über Kain verhängt worden war, daß die Erde ihm ihre Kraft nicht geben sollte, der blieb auch für die späteren Geschlechter bestehen; der Ackerbau wollte ihnen nicht mehr glücken, also griffen sie zum Handwerk.

VIER GESCHLECHTER sollten von Abel kommen, aber Kain vertilgte sie alle von der Welt; also tat auch die Erde ihr Maul auf und verschlang seine vier Geschlechter.
Wie aber kam über Kain der Tod?

Er war ein Todgeweihter hundertunddreißig Jahre lang und war unstet und flüchtig; ein Fluch war über ihm.

Lamech, seines Sohnes Sohn, war der siebente seines Geschlechts und war erblindet; wenn er hinausging, das Wild zu jagen, pflegte ihn sein Sohn an der Hand zu führen; sah dann der Knabe ein Tier nahen, so sagte er's Lamech. Also sprach auch diesmal Tubal-Kain: Es ist wie ein Tier, was ich da kommen sehe. Da spannte Lamech seinen Bogen gegen Kain und traf ihn mit dem Pfeil. Der Knabe sah den Erschlagenen, und siehe, ein Horn hatte er inmitten der Stirne. Da sagte er's seinem Vater. Lamech aber rief aus: Wehe mir, meiner Väter Vater ist dies. Und er schlug vor Reue die Hände aneinander; doch der Kopf des Knaben geriet zwischen die Hände und wurde zerdrückt. So blieben die drei an einer Stelle: der tote Kain, der tote Knabe und als dritter der blinde Lamech. In dieser Stunde tat die Erde ihr Maul auf und verschlang vier Geschlechter Kains.

Das Geschlecht der Sintflut

DER HERR schuf seine Welt und vollendete sie und gab die Erde den Menschenkindern. Da nun das Geschlecht der Sintflut kam und den Frieden sah, der auf Erden war, wurde es übermütig. Es war unter ihnen keines, das unfruchtbar gewesen wäre, ob Mann, ob Weib; ihre Weiber bedurften keiner Wehmutter, und ihr Vieh wurde nimmer von Seuchen heimgesucht. Ihr Same war sicher um sie her, und ihre Sprößlinge waren bei ihnen; ihre Kinder ließen sie ausgehen wie eine Herde, und ihre Knaben hüpften; ihr Stier befruchtete und ließ seinen Samen nicht fallen, ihre

Kühe kalbten und warfen nicht vor der Zeit; ihr Haus hatte Frieden, und Gottes Rute war nicht über ihnen.

Da nun die Menschen des Friedens genossen, wurden sie übermütig und frevelten vor dem Herrn und sprachen: Was ist der Allmächtige, daß wir ihm dienen sollten? Der Herr sprach: Ich will sie vernichten, um es ihnen kundzutun.

ZUR ZEIT der Sintflut, da glichen die Ähren des Weizens den Zedern des Libanons; die Menschen brauchten nicht zu säen und nicht zu ernten, sondern der Wind blies und klopfte die Körner aus, daß sie sie nur einzusammeln brauchten. Da die Menschen nun fehlten, sprach der Herr: Dies soll von nun an die Ordnung der Welt sein: Saat und Ernte, Frost und Hitze, Sommer und Winter; tags und nachts sollen sie keine Ruhe haben.

DREI TAGE nur waren die Weiber schwanger in den Tagen der Sintflut und gebaren gleich darauf, ja, manche sagen, nach einem Tage wären die Kinder schon ausgetragen gewesen und hätten vor ihren Müttern gehüpft.

Wie nur ein Weib gebar, sprach es alsbald zu seinem Jungen: Geh und hole die Schere, daß ich deine Nabelschnur zerschneide; und war es Nacht, so sprach es: Steh auf und mache Licht!

Also wird auch von einem Weibe erzählt, das in der Nacht einen Sohn gebar und zu dem Neugeborenen sprach: Mache dich auf und zünde Licht an, daß ich deine Nabelschnur zerschneide. Der Knabe machte sich auf, stieß aber unterwegs mit dem Teufel Schamdon, dem Fürsten der Geister, zusammen, und beide fingen an, miteinander zu ringen. Da krähte der Hahn, und der Morgen brach an.

Am Morgen aber ist aller Geister Macht zu Ende, wie es auch heißt: ›Die Sonne scheint, und sie schwinden.‹ Und der Teufel sprach zu dem Neugeborenen: Geh und berühme dich vor deiner Mutter, denn hätte der Hahn nicht gekräht, ich hätte dich überwunden und totgeschlagen. Der Neugeborene antwortete dem Fürsten der Geister: Berühme du dich vor deiner Mutter; danke Gott, daß meine Nabelschnur noch nicht zerschnitten war, denn wäre sie durchschnitten gewesen, ich hätte über dich gesiegt und dich erschlagen.

Von Seth gingen hervor und zählten alle Geschlechter der Gerechten, von Kain aber kamen und zählten die Geschlechter der Gottlosen, der Missetäter und der Frevler, welche dem Herrn abtrünnig wurden und sprachen: Wir schauen nicht nach deinen Regentropfen aus und wollen von deinen Wegen nichts wissen.

Mit aufgedeckter Blöße gingen die Geschlechter Kains, und Mann und Weib waren wie Vieh. Sie zogen ihre Kleider aus und warfen sie auf die Erde. Sie trieben allerlei Hurerei, und es buhlte ein Mann mit seiner Mutter und mit seiner Tochter und mit seines Bruders Weibe offen in den Straßen, und alles Dichten und Trachten ihres Herzens war nur darauf gerichtet.

Und die Engel sahen nach den Töchtern Kains, wie sie mit aufgedeckter Blöße und gefärbten Augenbrauen einhergingen, und wurden von ihnen verführt. Aber die Engel, die sind doch Feuerflammen – wenn sie sich mit den Menschentöchtern zusammentun, verbrennen da nicht deren Leiber? Doch nicht, denn da sie von der Höhe ihrer Heiligkeit herabfielen, wurden sie den Menschen gleich an Gestalt und hatten irdische Leiber. Von ihnen kamen dann die Riesen, die zeugten Kinder und vermehrten sich

gleich den Kriechenden; je sechse wurden ihnen auf einmal geboren.
Sie sprachen: Wenn die Wasser der Sintflut kommen, siehe, wir sind groß von Wuchs, so wird uns das Wasser nur bis zum Halse reichen; und wenn die Wasser der Tiefe emporsteigen, siehe, unsere Füße können die Tiefen zudecken. Was tat aber der Herr? Er machte die Wasser der Tiefen siedend heiß, daß das Fleisch an den Füßen verbrannte und die Haut sich löste.

ALLES HATTE seinen Weg verderbt zur Zeit der Sintflut, Mensch und Tier; es tat sich der Hund zur Wölfin, der Hahn zur Pfauin, das Pferd zur Eselin, der Esel zur Schlange und die Schlange zum Vogel.
Selbst die Erde trieb dazumal Hurerei. Man warf in sie den Samen des Weizens, und sie brachte Schwindelhafer hervor; dies Gras, das noch heute wächst, stammt eben aus der Zeit vor der Flut.

Noah

LAMECH, der Nachkomme Seths, lebte hundertzweiundachtzig Jahre und zeugte einen Sohn, von dem sollte die Welt wieder aufgebaut werden. Er hieß seinen Namen Noah-Menahem*, denn, sprach er, dieser wird uns trösten in unserer Arbeit und in der Mühe unserer Hände. Wie wußte das Lamech im voraus? War er denn ein Seher? Nein, aber folgendes war dem Geschlecht überliefert worden: Als der Herr zu Adam sprach: verflucht sei der Acker um deinetwillen, da fragte Adam den Herrn: O

* Menachem, Tröster.

Herr der Welt! bis wann? Der Herr sprach: Bis einer geboren wird, dem wird von Geburt aus die Vorhaut seines Fleisches beschnitten sein. Da kam Noah, und siehe, er war beschnitten; alsbald wußte Lamech, daß dieser der Ersehnte war, und er sprach: Dieser hier ist's gewißlich, er wird uns trösten in unserer Arbeit und in der Mühe unserer Hände. Ehe Noah da war, erntete man nicht, was man gesät hatte; die Menschen säten Weizen und ernteten Dornen und Disteln. Als aber Noah kam, kehrte die Welt in ihre Ordnung zurück: die Menschen ernteten, was sie gesät hatten; sie säten Weizen und ernteten Weizen, sie säten Gerste und ernteten Gerste. Aber nicht dies allein, sondern bevor Noah da war, verrichteten sie ihre Arbeit mit den bloßen Händen, daher steht's auch: in der Mühe unserer Hände; aber Noah kam und verfertigte ihnen Pflüge und Sicheln, Äxte und andere Arbeitsgeräte.

In der Stunde, da Gott Adam, den ersten Menschen, erschuf, so lesen wir anderswo, gab er ihm auch die Herrschaft über alles; die Kuh war dem Pflüger hörig, und auch der Acker ließ sich vom Pflüger furchen. Als aber Adam Sünde beging, wurde alles widerspenstig; die Kuh hörte nicht mehr auf den Ackersmann, und auch der Acker widersetzte sich dem Pflug. Aber mit Noah begann von neuem der frühere Lauf der Welt.

DIE HÄNDE aller Menschenkinder vor Noah waren noch ungestalt und wie geschlossen, und die Finger waren nicht getrennt voneinander. Aber Noah ward geboren, und siehe, an seinen Händen waren die Finger einzeln und jeder für sich.

Die Arche

UND DER HERR sprach zu Noah: Das Ende alles Fleisches ist vor mich gekommen durch ihrer Taten Bosheit, ich will sie verderben mit der Erde. Du aber hole dir Tannenholz und geh an den Ort, den ich dir weisen werde; baue dir einen großen Kasten, stelle ihn daselbst auf und mache ihn also: dreihundert Ellen sei seine Länge, fünfzig Ellen seine Weite und dreißig Ellen seine Höhe; mache eine Tür an der einen Seite, das Dach sollst du eine Elle breit machen und verpiche ihn mit Pech inwendig und auswendig. Denn siehe, ich will eine Sintflut über die Erde kommen lassen und will alles Fleisch unter dem Himmel verderben; es soll alles vergehen, was auf Erden ist. Du aber geh in den Kasten, du und dein Haus, und sollst sammeln von allerlei Tier je ein Paar, Männlein und Weiblein, und sollst sie in den Kasten tun, daß von ihnen der Same lebendig bleibe auf Erden. Auch allerlei Speise, die man ißt, sowie alles, was Tiere brauchen, sollst du zu dir nehmen, daß sie dir und ihnen zur Nahrung diene. Und wähle für deine Söhne drei Menschentöchter, die sollen sie zu Weibern nehmen.

Da machte sich Noah auf und baute den Kasten an dem Orte, den ihm Gott gewiesen hatte, und erfüllte alles, was der Herr geboten hatte. Im Jahre fünfhundertfünfundneunzig seines Lebens fing er an, an dem Kasten zu bauen, und im Jahre sechshundert vollendete er ihn; fünf Jahre hatte er für das Werk gebraucht.

ALS DER HERR den Bau der Arche befahl, fing Noah an, Zedern zu pflanzen. Die Menschen fragten ihn, was das bedeute; er erzählte von der drohenden Flut, und sie verlachten ihn. Noah pflegte die Bäume Jahr um Jahr, bis sie groß geworden waren. Immer wieder wurde er gefragt, wozu die Bäume seien; er wiederholte seine Worte und wurde verhöhnt. Endlich fällte Noah die Zedern und begann sie zu zersägen. Die Menschen umstanden ihn, spotteten seiner, und keiner wollte an das kommende Übel glauben.

DER HERR zeichnete Noah alles mit dem Finger vor und sprach zu ihm: Siehe, so und so soll der Kasten aussehen; hundertundfünfzig Kammern soll der rechte Flügel lang sein, hundertundfünfzig Kammern soll der linke Flügel lang sein; dreiunddreißig Kammern soll er vorne breit sein, dreiundreißig Kammern soll er hinten breit sein. In der Mitte sollen zehn Räume für Speisevorräte sein, außerdem noch fünf Speicher an der rechten Seite und fünf Speicher an der linken Seite des Kastens; darin sollen Leitungen sein, die das Wasser zuführen; die werden geöffnet und werden geschlossen. Der Kasten soll drei Geschosse hoch sein; wie das unterste Geschoß aussieht, so soll auch das zweite Geschoß und das dritte aussehen; in dem untersten Geschoß sollen das Vieh und die wilden Tiere wohnen, in dem mittleren Geschoß die Vögel nisten, das oberste Geschoß ist für den Menschen und für das Gewürm bestimmt. Zweiunddreißig Vogelarten und dreihundertfünfundsechzig Arten Gewürms kamen in die Arche.

Vor der Sintflut waren der unreinen Tiere mehr denn der reinen; aber nach der Sintflut wollte der Herr die Zahl der reinen Tiere vermehren, und die Zahl der unreinen wollte er vermindern. Daher sprach er zu Noah: Du sollst zu dir nehmen in den Kasten von allerlei reinem Vieh je sieben

und sieben, von dem unreinen Vieh sollst du nehmen je ein Paar.
Als Noah davon hörte, sprach er vor dem Herrn: O Herr aller Welten! Ist's in meiner Gewalt, die Tiere alle um mich zu sammeln und sie in den Kasten zu bringen? Alsbald erschienen die Engel, welche über die einzelnen Tierarten befohlen waren; sie riefen die Tiere zusammen und brachten auch ihre Speise herbei; die Tiere liefen dann selber zu Noah.
Als alle Geschöpfe im Kasten versammelt waren, schloß der Herr hinter ihnen zu und versiegelte mit seiner Hand das Tor des Kastens. In dem Kasten aber hing eine große Perle, die leuchtete allen Geschöpfen und spendete Helligkeit.

GOTT DER HERR befahl Noah und sprach: Du und dein Haus, geht alle in den Kasten, und ich werde um dich sammeln alles Vieh auf Erden, alle Tiere des Feldes und alle Vögel des Himmels, und sie werden alle kommen und werden den Kasten umringen. Du gehst dann hinaus und setzest dich vor die Tür des Kastens; welches Tier aus der Reihe heraustritt und sich vor dir niederlegt, das sollst du nehmen und es deinen Kindern übergeben, und die werden es in die Arche bringen; welches Tier aber stehenbleibt, das sollst du auch stehenlassen.
Den anderen Tag tat Noah, wie der Herr gesprochen hatte; es kamen der Tiere und Vögel gar viele, und sie umringten die Arche. Noah ging hinaus und setzte sich vor die Tür; es legte sich viel Fleisch vor ihm nieder, dies nahm er zu sich in den Kasten; welches Tier aber stehenblieb, das ließ er draußen.
Da kam auch eine Löwin und mit ihr zwei Junge, Männ-

lein und Weiblein, und die legten sich nieder vor Noah. Aber danach erhoben sich die Jungen, schlugen ihre Mutter und verjagten sie von ihrem Platz, daß sie floh und sich zu den anderen Löwen gesellte. Die zwei Jungen aber kehrten zurück und legten sich nieder auf die Erde vor Noah. Noah wunderte sich sehr darüber, aber er stand auf, nahm die beiden jungen Löwen und brachte sie zu sich in den Kasten.

Wie die Alten aber erzählten, war es nicht die Löwin, sondern der Wildochs gewesen; der konnte nicht in den Kasten hinein wegen seiner gewaltigen Größe, da wurden seine Jungen genommen. Andere wiederum sagen, Noah hätte den Wildochsen mit seinen Hörnern an die Arche angebunden.

AUCH DER RIESE OG, einer von dem Heere der gefallenen Engel, kam herbei und setzte sich auf eine Sprosse der Leiter, die zur Arche führte; er gelobte Noah und seinen Söhnen in Ewigkeit ein Knecht zu sein. Was tat Noah? Er machte ein Loch in der Arche und reichte ihm so seine Speise; so blieb Og am Leben.

Andere wiederum sagen: Og rettete sich allein von den Menschen, die in der Sintflut umgekommen waren; er setzte sich rittlings auf das Dach der Arche, da spannte es sich über seinem Kopfe wie ein Schirm; und er ernährte sich von Noahs Speise. Doch nicht um seiner Verdienste willen ist er gerettet worden, sondern um darzutun die Größe des Herrn vor den späteren Bewohnern der Erde. Die sollten sagen: Dies ist ein Überbliebener von denen, die vor der Sintflut waren, die Aufruhr stifteten wider den Herrn und die ertrunken sind.

EIN GROSSES Geheimnis offenbarte der Herr Noah, indem er ihn wissen ließ um die Nahrung, die jedem Tier zukommt; kein Lebendes wäre von selber darauf gekommen. Aber nicht das allein, sondern er ließ ihn auch wissen, wieviel jedes Tier tagsüber verzehrt, wieviel jeder Vogel tagsüber bedarf sowie zu welcher Stunde sie gefüttert werden müssen.
Und wieder heißt es:
Die zwölf Monde hindurch, die Noah in dem Kasten war, kannten seine Augen nicht den Schlaf, weder tags noch nachts; weder schlief er noch seine Söhne, denn sie mußten die Tiere, das Vieh und die Vögel speisen. Einmal vergaß es Noah, dem Löwen seinen Fraß zu geben, da biß ihn der Löwe in den Fuß, daß er lahm wurde.

NOAH PFLEGTE die Tiere zu füttern, Sem das Vieh, Ham die Vögel, Japhet das Gewürm.
All die zwölf Monde, die Noah mit den Seinen in dem Kasten war, traten sie auf Schlangen, und die taten ihnen nichts zuleide, wie es auch heißt: ›Auf Schlangen und Ottern wirst du treten.‹

NOCH IN SPÄTEREN Zeiten erzählte Sem, der Sohn Noahs, Elieser, dem Knechte Abrahams, von dem Leben in der Arche.
Schweren Dienst, so sprach Sem, hatten wir in der Arche; welche Tiere am Tage ihre Speise einnehmen, die mußten wir am Tage speisen; welche aber des Nachts fressen, mußten wir des Nachts füttern.
Von den Zikaden wußte mein Vater anfangs nicht, wie er sie ernähren sollte; da begab es sich eines Tages, daß er einen Granatapfel zerschnitt, und ein Wurm fiel

daraus auf die Erde; alsbald fraß die Zikade ihn auf. Von nun an pflegte mein Vater für sie Kleie einzuweichen, und wie darin Würmer wuchsen, gab er sie ihr zu fressen.

Den Vogel Awraschna, den fand mein Vater einst in der Kammer liegen. Da fragte er ihn: Verlangt es dich nicht nach Speise? Der Vogel erwiderte: Ich sah, wie du dich mühtest mit den Tieren, da sagte ich mir, ich will dich nicht plagen. Nun sprach mein Vater zu dem Vogel: Es sei der Wille des Herrn, du sollst nimmer sterben.

Die Katze und die Maus

Es FRAGTE Nebukadnezar, der König von Babylon, Jesus, den Sohn Sirachs: Warum frißt die Katze Mäuse lieber als alles andere?

Und der Weise gab ihm zur Antwort:

Zu Anfang waren Katze und Maus gut Freund miteinander. Aber da ging die Maus und verleumdete die Katze vor dem Herrn; sie sprach: O Herr der Welt! ich und die Katze, wir sollen beieinander bleiben, aber reicht denn die Nahrung aus für uns beide? Da erwiderte ihr der Herr und sprach: Du verleumdest deinen Freund, weil du ihn gerne verzehren möchtest; nun aber wird er dich verzehren, und du wirst ihm zur Speise dienen. Die Maus sprach: Was habe ich denn Schlimmes getan? Der Herr antwortete: Garstiges Tier! hast du keine Lehre gezogen aus dem, was sich mit Sonne und Mond zugetragen hat? Beide waren sie gleich an Größe und Gestalt, aber dafür, daß der Mond die Sonne verleumdet hat, machte ich seinen Schein kleiner und vermehrte den Schein der Sonne. Da sprach die

Maus: Herr der Welt! Soll ich nun und mit mir meine Art ganz und gar von der Erde vertilgt werden? Der Herr erwiderte: Auch von dir werde ich etwas übriglassen, wie ich es mit dem Monde getan habe. – Dennoch lief die Maus und biß die Katze in den Kopf. Da sprang die Katze auf, warf die Maus zu Boden, biß sie und tötete sie.
Seit der Zeit ist der Schrecken vor der Katze auf die Mäuse gefallen.

ABERMALS FRAGTE Nebukadnezar: Warum hat die Maus eine Naht an der Backe? Der Weise erwiderte: In den Tagen der Sintflut, als alle Tiere in der Arche waren, da setzte sich einmal die Maus mit ihrer Gefährtin neben die Katze. Die Katze sprach bei sich: Wie ich mich erinnere, fraß mein Vater die Maus und ihren Samen; auch ich werde sie wohl fressen dürfen. Und sie warf sich auf die Maus und wollte sie fressen. Da floh die Maus davon und suchte nach einem Loch, wo sie sich verbergen könnte; erst fand sie keins, doch dann geschah ein Wunder, es tat sich ein Loch auf, und die Maus schlüpfte hinein. Die Katze sprang ihr nach, sie konnte aber in das Loch nicht hinein, denn es war zu klein. Da steckte sie ihre Pfote hinein, um die Maus herauszuziehen; die aber hielt grade ihr Mäulchen auf, und so fuhr ihr die Katze ins Mäulchen und riß ihr mit den Krallen den Kinnbacken auf, einen kleinen Finger breit. Als die Katze fort war, kroch die Maus aus dem Loch; sie lief zu Noah und sprach: O du Gerechter, tu Gnade an mir und nähe mir die Backe zu, denn mein Feind, die Katze, hat sie mir zerrissen. Da sprach Noah: Hole mir von dem Schwanz eines Schweines die Borste. Die Maus brachte Noah die Borste. Und Noah nähte der Maus die Backe zu. Daher sieht man noch heute eine Naht an der Backe der Maus.

Das Gericht

NOAH PREDIGTE den Menschen und redete auf sie ein mit harten, flammenden Worten; aber die Menschen verhöhnten ihn nur und sprachen: Du Alter, was soll dieser Kasten? Noah antwortete: Der Herr will über euch eine Flut bringen. Sie sagten: Was für eine Flut? Ist's eine Feuerflut, so haben wir doch ein Ding, das Alitha heißt, den Feuerwurm, der das Feuer verlöscht; ist's eine Überschwemmung, die er bringen will, so bedecken wir die Erde mit eisernen Platten, daß das Wasser der Tiefe nicht nach oben kann; bringt er aber über uns einen Regen vom Himmel, so haben wir dafür unsere Schwämme, welche das Wasser aufsaugen. Noah sprach: Unter euren Fersen wird es hervorsprudeln.
Der Herr hatte die Ordnung der Schöpfung geändert; er ließ die Sonne auf der Abendseite aufgehen und auf der Morgenseite untergehen, denn er dachte, vielleicht würden die Menschen Buße tun, aber sie taten nicht Buße.

ICH WILL den Menschen vertilgen, sprach der Herr. Selbst der Staub Adams ist vom Wasser weggeschwemmt worden, ja, andere meinen, sogar der letzte Wirbel des menschlichen Rückgrats, der seit der Zeit nach der Sintflut von jedem zurückbleibt und von dem der Herr dereinst, bei der Auferstehung der Toten, den Menschen wieder aufbauen wird, selbst der ist damals vernichtet worden.

UND ES GESCHAH an diesem Tage, da verdunkelte sich das Licht der Sonne, die Pfeiler der Welt erzitterten, und die Erde erschauerte; es zuckten die Blitze, es tosten die Donner, und es schwollen an die Quellen der Erde. Gott brachte all das Furchtbare, damit die Menschen erschrecken und zu ihm zurückkehren sollten und nicht mehr Übles tun sollten auf Erden; aber die Menschen kehrten nicht um von ihren bösen Wegen und mehrten noch Gottes Zorn.

Als sieben Tage vom sechshundertsten Jahre des Lebens Noahs vergangen waren, kamen die Wasser der Sintflut auf die Erde; es taten sich auf die Fenster des Himmels und brachen auf alle Brunnen der großen Tiefe; ein Regen kam auf die Erde, der sollte vierzig Tage und vierzig Nächte dauern. Noah aber, sein Haus und alles Tier, das mit ihm war, waren in den Kasten gegangen, und Gott schloß hinter ihnen zu. Und es graute den Menschen, die auf Erden geblieben waren, vor dem Regen. Noch umstanden die Tiere und das Vieh die Arche, da sammelten sich auch die Menschen, es waren ihrer siebenhunderttausend Seelen, Männer und Weiber; sie kamen vor die Arche und riefen zu Noah: Mache uns auf, wir wollen zu dir hinein, warum sollen wir sterben? Aber Noah rief laut aus dem Kasten und sprach: Ihr habt euch gegen den Herrn aufgelehnt und sagtet, er wäre nicht da, und nun bringt der Herr über euch diese Strafe, euch zu vertilgen und zu vernichten von dem Angesicht der Erde. Hundertzwanzig Jahre lang habe ich mit euch davon gesprochen, aber ihr hörtet nicht auf die Stimme des Herrn, und nun möchtet ihr leben bleiben. Sie riefen: Wir wollen zu dem Herrn zurückkehren, nur mache uns auf, damit wir nicht sterben. Noah aber erwiderte: Wo ihr eure Bedrängnis seht, wollt ihr zu Gott umkehren, warum kehrtet ihr aber nicht um in den hundertzwanzig Jahren, die euch Gott zur Frist gesetzt hatte? Und jetzt kommt ihr und redet von

Buße aus der Angst eurer Seele. Aber Gott wird auf euch nicht hören und wird eure Worte nicht zu Ohren nehmen, und ihr werdet mit eurer Rede nichts erreichen. Da drängten sich die Menschen an den Kasten heran und wollten ihn sprengen, um hineinzukommen, denn sie konnten den Regen über sich nicht ertragen; aber Gott ließ über sie das Vieh und die wilden Tiere herfallen, die den Kasten umlagerten.

Und der Regen strömte vierzig Tage und vierzig Nächte lang, und alles Fleisch kam in den Fluten um, Mensch und Tier, Vieh und Gewürm und auch die Vögel des Himmels; nur Noah blieb übrig und was mit ihm im Kasten war. Das Wasser schwoll und stieg immer höher und höher und trug den Kasten, daß er sich über die Erde erhob. So schaukelte der Kasten auf dem Wasser und wurde hin und her geworfen, und alles, was im Kasten war, wurde hin und her geschleudert gleichwie der Brei im Topfe. Die Tiere im Kasten erschraken, und große Angst war unter ihnen. Die Löwen brüllten, die Stiere tobten, die Wölfe heulten, alles Lebende schrie und rief, ein jegliches in seiner Zunge, daß ihr Rufen von weitem hörbar war. Auch Noah und seine Söhne schrien und weinten in ihrer Angst, denn sie waren der Pforte des Todes nahe. Da betete Noah vor dem Herrn und sprach: O Herr, hilf uns, denn wir haben nicht die Kraft, das zu tragen, was über uns gekommen ist; es hat mich erreicht die Brandung der Gewässer, die Bäche Belials suchen mich zu verschlingen, und des Todes Stricke überwältigen mich. Erhöre uns, Gott, erhöre uns, laß uns dein Angesicht leuchten, o Herr, erbarme dich unser, erlöse uns und errette!

Da erhörte Gott Noahs Stimme und gedachte seiner; er schickte einen Wind auf die Erde; die Wasser fielen, und der Kasten blieb stehen.

Eine Parabel und drei Gleichnisse

ALS DER HERR Noah befahl, je ein Paar von allen Arten zu nehmen, kamen alle Geschöpfe herbei. Da erschien auch die Lüge und wollte mit hinein in den Kasten. Noah sprach zur Lüge: Du darfst nicht in den Kasten, es sei denn, du findest einen Genossen.

Die Lüge ging davon und suchte einen Genossen. Ihr begegnete der Fluch, und der fragte sie: Wo kommst du her? Die Lüge sprach: Ich komme von Noah; ich wollte in seinem Kasten Aufnahme finden, er aber sagte: Du darfst nicht hinein, du mußt einen Genossen haben. Und die Lüge sprach zu dem Fluch: Willst du mein Genosse sein? Der Fluch sagte: Was gibst du mir dafür? Die Lüge antwortete: Alles, was ich gewinne, soll dein sein. Da willigte der Fluch darein, und sie kamen zusammen in Noahs Kasten.

Als nach der Sintflut die beiden draußen waren, übten sie es auch so: was die Lüge einnahm, das erhob der Fluch. Da sprach die Lüge zum Fluch: Wo ist denn alles, was ich erworben habe? Der Fluch gab zur Antwort: War es nicht unter uns vereinbart, daß ich alles behalte, was du gewinnst? Da hatte die Lüge nichts zu erwidern.

Das Sprichwort sagt: Was die Lüge gesät hat, der Fluch heimst es ein.

DAS WASSER der Sintflut kam auf die Erde, und alles wurde vertilgt, was auf Erden bestanden hatte, vom Menschen bis auf das Vieh. – Wohl hatte der Mensch Sünde getan, aber das Vieh, warum sollte das gestraft werden? Darauf antwortete ein Weiser: Diese Geschichte gleicht der Geschichte von einem König, der ließ zur Hochzeit seines Sohnes einen Thronhimmel aufstellen und schmückte diesen mit allerhand Kostbarkeiten aus; auch ein herrliches Mahl ließ er bereiten. Wie es aber zur Trauung kam, starb der Königssohn. Da stand der König auf, riß den Thronhimmel herunter und vernichtete alles, was daran war. Die Knechte sprachen: Herr, unser König! dein Sohn ist tot, warum hast du aber auch den Baldachin zerstört? Der König sagte: Für wen habe ich das alles gemacht, doch nur für meinen Sohn. Nun er tot ist, was soll mir der Thronhimmel?

So auch der Herr. Er sprach: Alles, was auf Erden und was im Wasser ist, ich habe es für keinen gemacht als für den Menschen allein; nun der Mensch nicht mehr ist, was sollen da das Vieh, die Tiere und die Vögel? Ist der Mensch umgekommen, so möge alles umkommen.

DER HERR sprach: Ich will den Menschen, den ich geschaffen habe, vertilgen von dem Angesicht der Erde.

Wer wüßte ein gleiches dazu? Ein König hatte einen Garten, in dem er allerlei Fruchtbäume pflanzte. Er übergab den Garten einem Wächter, der sollte ihn pflegen und einen Teil davon für sich haben. Doch der Wächter war ein träger Mann; nicht allein, daß er keine Arbeit in dem Garten verrichtete, er ließ ihn auch verkommen. Da sprach der König: Diesem hier habe ich meinen Garten anvertraut; war es darum, daß er ihn pflegen oder daß er ihn zuschanden machen sollte? Und der König fachte ein Feuer an und ließ den Garten verbrennen.

So auch der Herr. Er schuf seine Welt und schuf so viel des Köstlichen darin und gab es in die Hand des Menschen, der sollte sich daran erfreuen und sollte die Welt noch vervollkommnen. Da kam aber das Enosch-Geschlecht und das Geschlecht der Sintflut; sie erzürnten den Herrn und verleugneten ihn und verderbten ihren Weg. Alsbald sprach der Herr: Ich will den Menschen, den ich geschaffen habe, von der Erde vertilgen.

Der Herr sprach im Anfang: ›Es sammle sich das Wasser unter dem Himmel an einem Ort, und es werde sichtbar das trockene Land.‹ Aber danach sagte der Herr: ›Ich will eine Wasserflut auf die Erde bringen.‹
Ähnlich trug es sich einmal mit einem König zu. Er hatte sich ein Schloß gebaut und setzte stumme Diener hinein; die Diener traten jeden Morgen vor ihren Herrn und begrüßten ihn mit stummer Gebärde. Da sprach der König in seinem Herzen: So die hier der Sprache mächtig wären, wie würden sie mich da preisen! Und der König nahm andere Diener ins Schloß, welche reden konnten. Aber die standen eines Tages auf und bemächtigten sich des Schlosses; sie sprachen: Nicht des Königs ist dies Schloß, unser ist es! Da sprach der König: Es kehre in mein Schloß die alte Ordnung wieder.
So auch der Herr. Vom Wasser allein erscholl am Anfang der Schöpfung das Lob des Herrn, wie es auch heißt: ›Sie riefen: mächtig ist der Herr in der Höhe!‹ Da sprach der Herr: Nun die allein mich schon preisen, die keinen Mund haben, noch der Rede kundig sind, noch irgendein Wort verstehen, wie wird mich da der Mensch verherrlichen! Und Gott schuf den Menschen. Alsbald kam das Geschlecht der Sintflut und stiftete Aufruhr wider seinen Schöpfer. Da sprach der Herr: Fort mit diesen hier; es mögen wieder herkommen, die zuvor hier waren. Und die Wasser ergossen sich über die Erde.

Der Rabe, die Taube und der Adler

DER KASTEN ließ sich nieder am siebenten Monat auf dem Gebirge Ararat, und das Gewässer verlief sich nach und nach von der Erde.

Und es geschah nach vierzig Tagen, da öffnete Noah das Fenster des Kastens und ließ einen Raben ausfliegen, auf daß er erführe, was mit der Welt sei; der Rabe flog aus und fand das Aas eines Menschen auf dem Gipfel eines Berges; er ließ sich darauf nieder und richtete seine Botschaft nicht aus.

Da ließ Noah eine Taube ausfliegen, um zu erfahren, ob das Gewässer gefallen wäre. Die Taube aber richtete die Botschaft aus und kehrte zu Noah zurück zur Abendzeit, und siehe, ein Ölblatt trug sie in ihrem Schnabel. Warum aber war's ein Ölblatt, das sie abgebrochen hatte? Denn also sprach sie vor dem Herrn: Herr aller Welten! möge meine Speise bitter sein wie dieses Blatt hier, aber sie kommt von deiner Hand, als daß sie süß sei und von der Hand des Menschen käme.

Man sagt auch daher: Ein Unreines ausschicken heißt einen Narren ausschicken; ein Reines ausschicken heißt einen treuen Boten ausschicken.

EINE UNWIDERLEGLICHE Antwort gab der Rabe Noah, als er ihn ausfliegen ließ; er sprach: Dein Meister ist mir feind, und du bist mir feind; dein Meister ist mir feind, denn siehe, er befahl dir, von den Reinen je sieben und sieben zu nehmen, von den Unreinen aber je zwei, und du bist mir feind, denn siehe, von welchen du je sieben hast, die läßt du im Kasten sitzen, von welchen du aber je zwei hast, die schickst du aus; wenn mich nun schlägt der Fürst der

Hitze oder der Fürst des Frostes, wird da nicht ein Geschöpf in der Welt fehlen?

DER RABE fing an vielerlei Antwort dem Noah zu geben und sprach: Von allem Vieh, Getier und Gevögel, das hier ist, schickst du keines aus, warum grade mich? Noah antwortete: Was bedarf auch die Welt dein? nicht als Speise noch als Opfer bist du zu gebrauchen. Da sprach aber der Herr zu Noah: Behalte ihn, dereinst wird die Welt ihn noch brauchen. Noah fragte: Wann denn? Der Herr sprach: Dereinst wird ein Gerechter aufkommen, Elia der Thisbiter, der wird die Welt mit Dürre strafen, und ich werde ihn von Raben speisen lassen. So heißt es auch: ›Die Raben brachten Elia Brot und Fleisch des Morgens und Brot und Fleisch des Abends.‹

Danach ließ Noah eine Taube ausfliegen, aber die Taube fand keinen Ort, da sie hätte ruhen können; also harrte er noch dreimal sieben Tage und ließ abermals die Taube ausfliegen; da wurden ihr aufgetan die Tore des Gartens Eden, und sie brach von dort ein Ölblatt ab.

Andere wiederum meinen, vom Ölberg hätte sie das Blatt mitgebracht; denn das Heilige Land war von der Flut nicht überschwemmt worden. Dies ist's auch, davon der Herr zu Hesekiel sprach: ›Das Land, das nicht beregnet wird zur Zeit des Zornes.‹

ALS NOAH und sein Gefolge aus dem Kasten gingen, sah der Adler einen anderen Vogel und wollte ihn fressen. Da sprachen die Tiere: Wer seinen Bruder verzehrt, soll des Todes sterben. Und sie schlugen den Adler, hackten ihm die Flügel ab und warfen ihn in eine Löwengrube. Aber der Herr behütete den Adler, und die Löwen durften ihn nicht töten. Und nach einem Jahr wuchsen dem Adler seine Flügel wieder, und er konnte fliegen. Da sahen ihn die anderen Vögel und wollten ihn abermals umbringen. Aber der Herr ließ dem Adler seinen besonderen Schutz angedeihen und verlieh ihm große Kraft, daß er sich über alle Vögel emporhob. Seither fliegt der Adler hoch über den Wolken, daß ihn seine Feinde nicht erreichen können; denn auch nicht eines der Geschöpfe darf von der Welt vertilgt werden.

Auch dies ist der Geschichten eine, die Jesus, der Sohn Sirachs, Nebukadnezar, dem König von Babylon, erzählt hat.

Der Wein und der Satan

NOAH WAR der erste, der zu pflanzen anfing. Er ging daran, einen Weinstock in die Erde zu setzen; da kam der Satan und sprach: Was pflanzest du hier? Noah erwiderte: Ich pflanze einen Weinberg. Der Satan fragte: Was soll dir der Weinberg? Noah antwortete: Süß ist die Frucht des Weinstocks, ob frisch, ob gedörrt, und aus den Beeren wird ein Saft gepreßt, der des Menschen Herz erfreut. Der Satan meinte: So wollen wir beide zusammen an dem Weinberg bauen. Noah sprach: Wohlan!

Da brachte der Satan ein Schaf und schlachtete es unter dem Weinstock; hernach brachte er einen Löwen und schlachtete ihn unter dem Weinstock; hernach brachte er einen Affen und schlachtete ihn unter dem Weinstock; hernach brachte er ein Schwein und schlachtete es unter dem Weinstock; und das Blut der Tiere rann in den Weingarten und tränkte ihn.

Damit wollte der Satan dem Noah folgendes bedeuten: Ehe der Mensch vom Wein getrunken hat, gleicht er dem frommen Lamm, das von nichts weiß, und dem Schaf, das stumm steht vor seinem Scherer; hat er aber zwei Becher getrunken, so wird er wie ein Löwe stark und mutig und spricht von sich: keiner gleicht mir; hat er dann mehr getrunken, wird er trunken, springt und tanzt albern umher wie ein Affe, redet Unflat und weiß nicht, was er tut. Und zuletzt, wenn der Mensch viel des Weines getrunken hat, besudelt er seine Kleider und gleicht einem Schwein, das sich in den Pfützen wälzt.

Dies alles trug sich zu mit Noah, den Gott als einen Gerechten rühmte, um wieviel mehr kann es einem andern so ergehen.

ABRAHAM, ISAAK UND JAKOB

Recht und Milde

ALS DER HERR seine Welt zu erschaffen gedachte, sah er das Tun der Gottlosen, die da kommen sollten – das Geschlecht Enos', das Geschlecht der Sintflut, das Geschlecht des Turmbaues und die Leute zu Sodom; da wollte er keine Welt erschaffen. Aber alsdann schaute er wiederum und sah das Tun der Gerechten – den Abraham, Isaak und Jakob, und er sprach: Nicht um der Bösen willen schaffe ich die Welt, ich schaffe sie um der Gerechten willen, und sündigt da einer, so ist es nicht schwer, ihn zu strafen. Und der Herr wollte die Welt auf Strenge aufbauen, aber er konnte es nicht tun wegen der Gerechten; er wollte sie auf Milde aufbauen, aber das konnte er nicht tun wegen der Gottlosen. Was tat er? Er verband das Maß des Rechtes mit dem Maß der Milde und erschuf die Welt.

DIE SÖHNE Noahs, die aus dem Kasten gingen, waren Sem, Ham und Japhet; dies waren die drei Söhne Noahs, und von diesen ist alles Land besetzt worden. Wer wüßte ein Gleiches dazu? Es ist, wie wenn ein gewaltiger Fisch all seinen Rogen, den er im Bauche trug, ausgeworfen hätte und von jedem Ei ein Fisch geworden wäre, daß in eines Auges Zwinkern Wasser und Erde voll würden von ihnen. In Gottes Macht ist es, eine Welt erstehen zu lassen aus einem Volk oder gar aus einem Menschen.

DREI SÖHNE wurden dem Noah geboren gegenüber den drei Söhnen Adams: Kain, Abel und Seth. Denn Noah, der war als wie ein zweiter Adam, der bestimmt war, daß von ihm aufs neue Samen kommen sollte.

Die zehn Könige

ZEHN KÖNIGE herrschten in der Welt von einem bis zum andern Ende. Der erste König, das ist der Herr; er regierte im Himmel und auf Erden; alsdann stieg es ihm in Gedanken auf, Könige auf Erden herrschen zu lassen, wie es auch heißt: ›Er ändert Zeit und Stunde, er setzt Könige ab und setzt Könige ein.‹

Der zweite König nach dem Herrn, das war Nimrod; sein Reich erstreckte sich auf die ganze Welt. Die Geschöpfe waren alle noch voll Furcht vor den Wassern der Flut, da ward Nimrod über sie zum König. Der Anfang seines Reiches aber war Babel.

Der dritte König war Joseph, der Sohn Jakobs; auch er beherrschte die Welt von einem bis zum andern Ende. Vierzig Jahre war er der zweite nach dem König der Ägypter und vierzig Jahre alleiniger Herrscher.

Der vierte König war Salomo, welcher König war über die ganze Welt und über alle Königreiche. Die Völker brachten ihm alljährlich Gaben dar in Gold und Silber, dazu Gewänder, Waffen und Würze, Pferde und Knechte.

Der fünfte König war Ahab, der König Israels. Die Fürsten aller Landschaften waren ihm ergeben und mußten ihm ihren Zins entrichten und ihm Geschenke verehren.

Der sechste König war Nebukadnezar, der König von Babylon; der herrschte über alle Lande, da Menschen wohnen, und selbst über die Vögel unter dem Himmel war er Herr, daß keiner den Schnabel aufsperrte noch einen Flügel regte, daß er es nicht wußte.

Der siebente König war Cyrus, der Perserkönig, welcher von sich sprach: Der Herr, der Gott des Himmels, hat mir alle Königreiche der Erde gegeben.

Der achte König der Welt war Alexander der Mazedonier. Er ist der Ziegenbock, von dem die Schrift erzählt, der kam von Abend her über die ganze Erde. Doch nicht allein das, sondern er wollte noch den Himmel besteigen, um zu wissen, was auf dem Himmel ist, und in die Tiefen des Meeres eindringen, um auch sie zu erforschen. Nach ihm aber zerfiel das Weltreich in vier Teile.

Der neunte König ist der Messias, der dereinst König sein wird über die ganze Welt; er wird herrschen von einem Meer bis ans andere und von dem Strom an bis zu der Welt Enden, wie es auch heißt: ›Der Stein, der das Bild schlug, ward ein Berg, so groß, daß er die ganze Welt füllte.‹

Beim zehnten König fällt das Reich wieder seinem ersten Herrn zu. Wer zuerst König war, wird auch zuletzt König sein, und so spricht auch Gott: ›Ich bin der Erste, und ich bin der Letzte.‹

Also kehrt die Herrschaft zu dem Rechten zurück, und der Herr wird allein hoch sein zu jener Zeit und wird seine Schafe selbst weiden.

Nimrod

KUSCH, DER SOHN HAMS, nahm zu der Zeit, da er alt ward, ein Weib, und die gebar ihm einen Sohn, den hieß er Nimrod, denn dazumal fingen die Menschen an Aufruhr zu stiften und zu sündigen wider den Herrn.*

Und der Knabe ward groß, und sein Vater hatte ihn überaus lieb, weil er ihm im Alter geboren war, und schenkte ihm das Fellgewand, das Gott Adam gemacht hatte, als er ihn aus dem Garten Eden vertrieb.

* Nimrod, von marad, sich auflehnen.

Denn als Adam und sein Weib starben, ging ihr Gewand auf Henoch, den Sohn Jareds, über; als aber Henoch zum Herrn emporsteigen sollte, übergab er es seinem Sohne Methusalah; nach dem Tode Methusalahs nahm Noah das Kleid und brachte es mit in die Arche, und es blieb bei ihm, bis er die Arche verließ. Da aber stahl Ham seinem Vater das Kleid und verwahrte es vor seinen Brüdern. Als dem Ham sein Sohn Kusch geboren ward, gab er ihm das Kleid im geheimen, und das Kleid war bei Kusch eine lange Zeit; er hielt es versteckt. Dem Kusch wurde Nimrod geboren, und dieser erhielt das Kleid zum Geschenk.

Und Nimrod ward groß und ward zwanzig Jahre alt; da zog er das Gewand Adams an, und er ward sehr stark, als er sich darein hüllte. Gott hatte ihm Kraft und Macht gegeben, und er ward ein gewaltiger Jäger auf Erden. In der Stunde aber, da er die Kleider angezogen hatte, kamen die Tiere, das Vieh und die Vögel und fielen nieder vor ihm; sie dachten, er sei der König wegen seiner gewaltigen Kraft, und sie machten ihn auch zu ihrem König.

Und er war ein heldenmütiger Jäger im Felde. Er jagte alles Wild, errichtete Altäre und opferte darauf die Tiere dem Herrn.

Also ward Nimrod mächtig und erhob sich über seine Brüder; er führte Kriege mit den Feinden ringsumher, und der Herr überantwortete die Widersacher der Brüder in seine Hand; Gott gab ihm Glück allemal, da er Krieg führte. Daher wurde er zum Gleichnis in jenen Tagen, und wenn einer seine Knechte wappnete, sprach man von ihm: Der ist wie Nimrod, der rastlose Jäger im Felde.

Der Turm

Es HATTE alle Welt einerlei Zunge und einerlei Sprache. Die Leute jenes Geschlechtes verließen das herrliche Land und begaben sich nach Morgen, nach dem Lande Sinear, wo sie eine große, weite Ebene fanden, und wohnten daselbst. Sie warfen von sich das Reich des Himmels ab und machten über sich zum König Nimrod, den Knecht und Knechtessohn, den Abkömmling Hams, dessen Kinder alle Knechte sind. Doch, ›wehe dem Land, dessen König ein Knecht ist!‹

Nimrod sprach zu seinem Volk: Wohlan, laßt uns eine große Stadt bauen, daß wir in ihr wohnen können und uns nicht über die ganze Welt zerstreuen wie die ersten, die vor uns waren. In der Stadt wollen wir einen hohen Turm errichten und so den Himmel erreichen, dann werden wir uns einen großen Namen machen.

Aber sie hatten keine Steine, um die Stadt zu bauen und den Turm. So kneteten sie Ziegel und brannten sie nach der Weise der Töpfer und machten den Turm siebzig Meilen hoch. Sieben Stufen waren an der Morgenseite des Turmes und sieben Stufen an der Abendseite. Die, die die Ziegel hinauftrugen, nahmen die Stufen von Morgen, die aber, die hinuntergingen, benutzten die Stufen von Abend.

DOCH DIESER Bau ward ihnen als Frevel und Sünde angerechnet. Denn da sie bauten, stifteten sie Aufruhr wider den Herrn und gedachten mit ihm zu streiten und selber den Himmel in Besitz zu nehmen. Sie teilten sich untereinander in drei Teile. Der eine Teil sprach: Wir wollen in den Himmel steigen und mit dem Gott, der dort wohnt,

Krieg führen. Der andere sprach: Wir wollen in den Himmel steigen und dorthin unsern eigenen Gott bringen, daß wir ihm dienen. Die dritten sprachen: Wir wollen in den Himmel steigen und ihn mit Bogen und Spießen stürmen.

Also bauten sie an der Stadt und an dem Turm, und der war schon so hoch, daß es ein ganzes Jahr währte, ehe der Lehm und die Ziegel den Maurer oben erreichten. Und so ging es täglich vor sich: welche stiegen hinauf und welche stiegen hinunter. Fiel ein Ziegel einem aus der Hand und ging entzwei, so weinten sie sehr, fiel aber ein Mensch hinunter und war tot, so blickte sich keiner nach ihm um. Und der Herr sah allem zu.

Während sie aber bauten, schossen sie mit Pfeilen gen Himmel, und die Pfeile fielen blutgefärbt zurück. Da sprach einer zum andern: Nun haben wir alles, was da oben ist, getötet. Aber dies war vom Herrn so angestellt worden, um sie zu verwirren und sie zu vernichten von dem Angesicht der Erde. Sie fuhren fort, an der Stadt und an dem Turme zu bauen, und so vergingen Tage und Jahre.

Aber Gott sah alles, was sie taten, und wußte von ihrem bösen Vorhaben. Er sah die Stadt und auch den Turm und sprach zu den siebzig Engeln, die um ihn sind: Wir wollen zu ihnen hinabsteigen und ihre Sprache verwirren, daß einer die Worte des andern nimmer verstehe. Und er tat so. Von dem Tage an vergaß ein jeder die Sprache, die er eben noch gesprochen hatte. Sagte da einer zum andern: Reiche mir einen Stein – so gab der ihm Lehm. Sprach er wiederum: Reiche mir Lehm – gab der ihm einen Stein. Bekam nun der Maurer, was er nicht verlangt hatte, so warf er es zurück auf den, der es ihm gegeben, und tötete ihn. Dies währte viele Tage, und es kamen viele auf diese Weise um.

Der Herr aber schlug die dreierlei Missetäter und strafte sie nach ihren Taten und nach ihren Gesinnungen. Welche gesprochen hatten: Wir wollen in den Himmel steigen und dort unserem eigenen Gott dienen – die wurden in Affen und Elefanten verwandelt. Welche gesprochen hatten: Wir wollen den Himmel mit Pfeilen beschießen – die fielen einer von der Hand des andern. Die dritten, welche gesprochen hatten: Wir wollen in den Himmel steigen und mit Gott streiten – die zerstreute der Herr über die ganze Erde. Daher ward der Ort Babel benannt, weil der Herr daselbst aller Länder Sprachen verwirrt hat.*

Und die Erde tat ihr Maul auf und verschlang ein Dritteil vom Turm, den die Menschen gebaut hatten. Alsdann kam ein Feuer vom Himmel und fraß von oben ein zweites Dritteil auf; und nur ein Teil ist bis auf heute geblieben, der sieht aus, als hinge er in der Luft, und sein Schatten ist einen Weg von drei Tagereisen lang. Wer seinen Gipfel besteigt, so wird erzählt, der sieht unten die Bäume des Waldes, als wären es Heuschrecken.

DER HERR fuhr hernieder und sah hin auf die Turmerbauer. Muß denn der Herr herniederfahren, um zu sehen? Ist doch alles offen und sichtbar vor ihm, wie es heißt: ›Er weiß, was in der Finsternis liegt, denn bei ihm ist eitel Licht.‹ Der Herr aber stieg herab, weil er die Menschen lehren wollte, kein Gericht zu halten und kein Urteil zu sprechen, ohne zuvor die Sache gesehen zu haben.

Und der Herr sprach: In dieser Welt sind durch die Macht des bösen Triebes meine Geschöpfe voneinander getrennt und in siebzig Zungen geteilt worden. Aber dereinst wer-

---

* Babel, volksetymologisch von balal, vermischen.

den sie alle zusammenstehen, Schulter an Schulter, und werden meinen Namen anrufen und mir dienen, wie es auch heißt: ›Alsdann will ich der Völker Lippen in reine umwandeln, daß sie alle sollen meinen Namen anrufen und ihm dienen einträchtiglich.‹

Der Stern Abrahams

TARAH, DER SOHN NAHORS, der Feldhauptmann Nimrods, war damals groß in den Augen des Königs und in den Augen seiner Knechte. Und Tarah nahm ein Weib mit Namen Amatlai, die Tochter des Karnewo. Die ward schwanger und gebar einen Sohn, und Tarah hieß seinen Namen Abram, denn, so sprach er, der König hat mich jetzt eben hochgestellt und hat mich erhoben über alle seine Diener.* Siebzig Jahre war Tarah alt, als ihm Abram geboren wurde.

In der Geburtsnacht Abrams kamen zu Tarah die Weisen Nimrods und seine Wahrsager; sie aßen und tranken in seinem Hause und freuten sich mit ihm.

Als aber die Weisen und Wahrsager das Haus Tarahs verließen, erhoben sie ihre Augen gen Himmel, und siehe da: ein großer Stern, der von Morgen gekommen war, lief über den Himmel und verschlang vier Sterne von den vier Seiten der Welt.

Da wunderten sich die Weissager sehr, und sie begriffen alsbald, was das zu bedeuten hätte; einer sprach zum andern: Nicht anders, als daß der Knabe, der heute nacht dem Tarah geboren ward, groß und fruchtbar werden und sich sehr vermehren wird, daß er und sein Same die

* Ab-ram, von ram, hoch.

großen Könige stürzen und von deren Lande Besitz ergreifen werden.

Am Morgen standen sie frühe auf, versammelten sich und sprachen zueinander: Der Stern, den wir gestern gesehen haben, war seltsam; noch weiß der König nichts davon, wenn er aber davon erfährt, wird er uns wegen der Verheimlichung zürnen, und wir sind alle des Todes. So wollen wir denn hingehen und dem König Kunde geben von dem, was wir gesehen haben; wir wollen ihm die Deutung nicht verhehlen, daß wir rein bleiben.

Und die Weisen taten so. Sie kamen vor den König, fielen nieder vor ihm und sprachen: Es lebe der König! Deinem Feldhauptmann Tarah ist ein Sohn geboren worden, und wir waren gestern nacht in seinem Hause, aßen Brot und tranken mit ihm; als aber deine Knechte auf dem Wege nach ihren Wohnungen waren, sahen sie einen großen Stern von Morgen her kommen, der lief in großer Eile und verschlang vier andere große Sterne, die von den vier Seiten des Himmelsgewölbes kamen. Da wunderten sich deine Knechte ob des Anblickes und erschraken sehr; sie redeten miteinander darüber, und in ihrer Weisheit erkannten sie die richtige Deutung der Erscheinung: daß sie dem Knaben galt, der dem Tarah geboren worden ist. Dieser wird überaus groß und mächtig werden, wird alle Könige der Erde umbringen, und er und sein Same werden ihre Länder in Besitz nehmen. Und nun, Herr, unser König, wir haben dir getreulich berichtet, was wir gesehen haben. Gefällt es dem Könige, so zahle er dem Vater des Knaben den Preis für ihn, und wir wollen ihn töten, ehe er groß wird.

Der König hörte die Rede der Weisen an, und ihre Worte gefielen ihm wohl; er schickte einen Boten und ließ den Tarah rufen. Tarah kam vor den König, und der König sprach zu ihm: Mir ist gesagt worden, daß dir ein Sohn geboren wurde, und dies und das ist gestern nach seiner Geburt am Himmel gesehen worden; nun gib mir den Knaben, daß ich ihn töte, ehedenn das Übel gegen uns erwachse; ich will dir dafür dein Haus mit Gold und Silber füllen.

Tarah erwiderte: Herr, unser König, ich habe gehört, was du gesprochen hast; was der König befiehlt, wird sein Knecht tun. Doch ehe ich deine Weisung befolge, will ich dir erzählen, was sich gestern mit mir zugetragen hat. Der König sagte: Erzähle. Da fing Tarah an: Aiun, der Sohn Murads, kam gestern in der Nacht zu mir und sprach: Schenke mir doch das große schöne Roß, das dir der König gegeben hat; ich will dir dafür Goldes und Silbers die Fülle zahlen, auch sollst du Stroh und Futter dafür haben, einen Haufen, so groß wie dein Haus. Ich sagte ihm: Ich will dem König, meinem Herrn, von deinem Ansinnen berichten, und was der König mir befehlen wird, das will ich tun.

Als der König Tarahs Worte vernahm, ward er zornig und hielt ihn für einen Narren; er sprach: So bist du wohl töricht oder einfältig oder der Verstand ist von dir gewichen, daß du dein bestes Roß um Gold oder Silber hingeben willst oder gar um Stroh und Futter? Bist du denn ein armer Mann, dem es an Gold und Silber gebricht oder gar an Stroh und Futter?

Tarah erwiderte: Und doch, ähnlich hat auch der Herr, unser König, zu seinem Knecht gesprochen. Sei mir gnädig, mein Herr, aber war denn das Wort, das du zu mir sprachest, anders? Du sagtest: Gib mir deinen Sohn, wir wollen ihn töten, und ich zahle dir hierfür mit Gold und mit Silber. Was soll mir das Gold und das Silber, wenn mein Sohn tot ist? Wer wird mein Erbe nach mir sein? Und wird denn nicht, wenn ich tot bin, das Gold und das Silber wieder zu dem Herrn, meinem König, zurückkehren, der es mir gegeben hat? Als aber der König diese Worte Tarahs und sein Gleichnis vernahm, geriet er in großen Zorn, und die Wut entbrannte in ihm. Wie Tarah das merkte, sagte er: Alles, was mein ist, gebe ich in die Hand des Königs, und was der Herr, mein König, seinem Knechte tun will, das möge er tun. Aber, es sei deinem Knechte vergönnt, noch ein Wort vor dir zu sprechen. Der König sagte: Rede denn, ich höre. Nunmehr meinte Tarah: Mein Herr gebe mir noch drei Tage Frist, daß ich denen, die in meinem Hause sind, die Worte des Königs bestelle und sie darum angehe. Der König erhörte Tarah und gewährte ihm drei Tage Frist.

Tarah ging von dem Angesicht Nimrods und überbrachte seinen Hausgenossen den Befehl des Königs; da hatten sie große Furcht. Als der dritte Tag um war, schickte der König zu Tarah und ließ ihm sagen: Gib deinen Sohn her um den Preis, den ich mit dir ausgemacht habe; befolgst du nicht, was ich befohlen habe, so will ich alle töten, die in deinem Hause sind, und werde auch nicht einen übriglassen.

Da holte Tarah ein Kind von den Kindern der Knechte, das ihm eine Magd in derselben Nacht geboren hatte, und brachte es vor den König. Der König aber ergriff das Kind, warf es zu Boden, daß sein Schädel zerschmettert wurde, denn er wähnte, es sei Abram. Also war Gottes Hand mit dem Knaben.

Tarah aber nahm heimlich seinen Sohn Abram, dessen Mutter und Amme und versteckte sie in einer Höhle. Er brachte ihnen dorthin jeden Monat ihre Speise. Und Gott war mit Abram in der Höhle, und er ward groß und ward zehn Jahre alt, und der König, seine Fürsten und Knechte wie alle Weisen und Wahrsager dachten, er wäre tot.

Zu jener Zeit nahm Haran, der ältere Bruder Abrams, ein Weib; sie ward schwanger und gebar einen Sohn und hieß ihn Lot. Sie ward abermals schwanger und gebar eine Tochter und hieß ihren Namen Milka; sie ward zum drittenmal schwanger und gebar wieder eine Tochter, die nannte sie Sarai. Vierzig Jahre war Haran alt, da Sarai geboren ward, Abram aber war dazumal zehn Jahre alt.

In jenen Tagen, da der König und seine Fürsten ihn vergessen hatten, ging Abram mit seiner Mutter und seiner Amme aus der Höhle und begab sich zu Noah und dessen Sohn Sem; er wohnte bei ihnen und lernte von ihnen die Zucht Gottes und seine Wege. Doch niemand wußte, wo er war, und er bediente Noah und seinen Sohn viele Tage; es waren neununddreißig Jahre, die er im Hause Noahs zugebracht hat. Abram aber erkannte den Herrn von seinem dritten Lebensjahre an.

Wer ist der Herr des Hauses?

›Du LIEBST Gerechtigkeit und hassest gottlos Wesen, darum hat dich Gott, dein Gott, gesalbt mit Freudenöl mehr denn deine Gesellen.‹ Mit diesen Worten ist unser Vater Abraham gemeint. Er liebte den Herrn und suchte seine Nähe; er haßte die Abgötterei in seines Vaters Hause.

Ehe er aber den Herrn erkannt hatte, schweifte sein Sinn suchend in der Schöpfung umher, und er sprach: Wie lange wollen wir noch unserer Hände Werk anbeten? Es gebührt keinem Ding der Dienst und die Anbetung als wie nur der Erde allein, denn sie bringt Früchte hervor, und sie erhält unser Leben. Als aber Abraham sah, daß die Erde des Regens bedarf und daß, wenn die Himmel sich nicht auftun und die Erde nicht tränken, keine Frucht aus ihr sproßt, sprach er: Nein, dem Himmel allein wird die Anbetung gebühren. Und er begann nach der Sonne zu schauen; er sah, wie sie der Welt Licht gab und wie durch sie die Gewächse gedeihen. Da sprach er: Wahrlich, der Sonne allein gebührt die Anbetung. Als er aber am Abend ihren Untergang gewahrte, sagte er: Diese kann nicht gut ein Gott sein. Also fing er von neuem an und betrachtete den Mond und die Sterne, welche Himmelslichter in der Nacht scheinen. Und er sprach: Diese hier sind es wohl, die man anbeten soll. Da ging der Morgenstern auf, und die nächtlichen Gestirne verschwanden; Abraham sagte: Nein, auch diese sind keine Götter! Es bekümmerte ihn, und er dachte: Hätten die keinen Herrscher über sich, wie könnte da das eine untergehen und das andere aufgehen?

Ein Wanderer war einmal unterwegs und erblickte einen hohen und großen Palast. Er wollte hineingehen und suchte nach dem Eingang, fand ihn aber nicht. Er rief mit lauter Stimme, aber keiner antwortete ihm. Nun erhob er seine Augen und sah, daß auf dem Dach rote Tücher ausgebreitet lagen; nach einiger Zeit sah er weißes Leinenzeug auf dem Dache liegen. Da sprach der Mann: Es muß ein Mensch in diesem Palast sein, denn wie könnten sonst Tücher weggenommen und wieder ausgelegt werden?

Als der Herr des Palastes sah, wie der Wanderer sich grämte, daß er ihn nicht finden konnte, zeigte er sich ihm und sprach: Schau her, ich bin der Herr des Hauses.

So auch Abraham. Er hatte die Himmelslichter kommen und gehen sehen, und da sagte er: Hätten die keinen Gebieter über sich, ihr Lauf wäre nicht festgesetzt. Also ziemt es sich nicht, daß ich ihnen diene, sondern ich muß dienen dem, der über ihnen waltet. Und Abrahams Sinn forschte danach, die Wahrheit zu erkennen.

Da der Herr sah, wie er sich grämte, blickte er zu ihm hernieder und sprach: Du bist es, der die Gerechtigkeit liebt und das Böse verabscheut; so wahr du lebst, ich will dich allein salben von allen Geschlechtern, die vor dir waren und die nach dir kommen werden.

Der Bilderstürmer

ABRAM, DER SOHN TARAHS, war fünfzig Jahre alt geworden; er ging aus dem Hause Noahs und begab sich in das Haus seines Vaters. Er hatte schon Gott erkannt und wandelte in seinen Wegen, und Gott war mit ihm. Sein Vater Tarah war damals noch Feldhauptmann Nimrods und lebte nach der Weise Nimrods; er betete die Abgötter an, die aus Holz und Stein waren.

Als nun Abram in das Haus seines Vaters kam, sah er die Götzen seines Vaters, zwölf an der Zahl, die in den Gemächern aufgestellt waren. Sein Zorn entbrannte darüber, und er sprach: So wahr Gott lebt! Den Abgöttern hier sei kein Bestand gewährt in meines Vaters Hause. Also tue mir Gott, der mich erschaffen hat, dies und jenes, und also fahre er fort, wenn ich diese Götzen hier in drei Tagen nicht alle zerschlagen habe.

Und Abram ging schnell hinaus und lief nach dem äußeren Hof, wo er seinen Vater mit den Knechten sitzend fand. Abram setzte sich vor seinen Vater und fragte: Sage mir an, Vater, welcher Gott ist es, der Himmel und Erde und die Menschen erschaffen hat? Welcher ist es, der dich und mich, wie ich hier auf Erden bin, geschaffen hat? Tarah erwiderte: Mit uns im Hause sind sie, die das alles geschaffen haben. Abram sprach: So zeige sie mir, mein Herr. Tarah stand auf und ging mit Abram nach dem inneren Hof; er führte ihn in das Gemach, wo die Götter standen. Da sah Abram zwölf große Bilder in Holz und Stein, dazu noch kleine sonder Zahl. Und Tarah sprach: Siehe, hier sind sie, die die Welt erschaffen haben! Und Tarah bückte sich vor seinen Göttern und betete zu ihnen. Alsdann verließ er mit seinem Sohne das Gemach.

Da wandte sich Abram an seine Mutter und sprach zu ihr: Siehe, eben zeigte mir der Vater die Götter, die Himmel und Erde sowie die Menschen erschaffen haben. Und nun beeile dich, nimm ein Ziegenböcklein aus der Herde, schlachte und brate es, daß es wohlschmecke; ich will die Speise den Göttern als Gabe darbringen, daß sie sie essen und ich ihnen genehm sei. Da tat die Mutter so; sie nahm ein Böcklein, bereitete daraus ein Gericht und gab es dem Abram. Und Abram nahm die Speise aus der Hand seiner Mutter und brachte sie den Göttern seines Vaters, daß sie davon äßen. Tarah aber wußte von alledem nichts.

Und Abram blieb bei den Götzen diesen ganzen Tag, aber sie gaben keinen Laut von sich, auch sah man nicht, daß sie sich gerührt und die Hand nach der Speise ausgestreckt hätten. Da spottete Abram ihrer und sprach: Es ist, wie wenn die Speise, die ich ihnen bereitet habe, ihnen nicht behagte, oder es ist ihrer zu wenig; darum nehmen sie nichts davon. Ich will ihnen morgen ein anderes, besseres Gericht vorsetzen, wovon ich eine größere Menge bereiten will.

Des anderen Tages befahl Abram seiner Mutter, eine andere Speise herzurichten. Sie nahm drei zarte Ziegenböcklein aus der Herde, machte daraus ein gutes Essen, wie es ihr Sohn gerne hatte, und gab es dem Abram. Tarah wußte auch diesmal von alledem nichts.

Und Abram nahm die Speise aus der Hand der Mutter und brachte sie in das Gemach, wo die Götter waren. Er bot einem jeden von der Speise und verweilte bei ihnen den ganzen Tag, um zu sehen, ob sie nicht essen würden. Doch wieder kam keine Stimme noch ein Ton aus ihrer Kehle, noch streckten sie ihre Hand nach der Speise aus. Da geriet der Geist Gottes über Abram an diesem Abend, und er sprach: Wehe über meinen Vater und über das törichte Geschlecht, das dem eitlen Wahn hingegeben ist. Sie dienen diesen Götzen aus Holz und Stein, die nicht riechen, nicht hören und nicht sprechen. Einen Mund haben sie und reden nicht, Augen haben sie und sehen nicht, Hände haben sie und greifen nicht, Füße haben sie und gehen nicht. Also soll es auch denen ergehen, die sie gemacht haben, die auf sie vertrauen und sie anbeten. Und Abram holte eine Axt und zerschlug die Götzen seines Vaters bis auf einen, der war der größte, in dessen Hände legte er die Axt und wollte fortgehen.

Aber da erschien Tarah, denn er hatte die Axthiebe gehört; er lief hin und fand die Götter zerschmettert am Boden liegen; nur einer war ganz geblieben, und der hielt in der Hand eine Axt. Und auch die Speise stand da, die Abram bereitet hatte. Da Tarah dies sah, ward er sehr zornig. Er sprach zu Abram: Was hast du den Göttern getan? Abram erwiderte: Es ist nicht, wie du denkst, mein Herr. Ich habe den Göttern Speisen gereicht, und sie streckten alle ihre Hände danach aus, ehe der große etwas bekommen hatte. Da wurde er sehr zornig; er machte sich auf, holte die Axt, die im Hause war, und zerschlug sie alle in Stücke. Und, nicht wahr, du hast die Axt in seiner Hand noch gesehen.

Tarah ergrimmte über Abram, daß er so reden konnte, und sagte: Was sind das für Worte, die du sprichst? es ist alles unwahr. Haben denn die Götter Odem und Seele? wohnt ihnen irgendwelche Kraft inne, daß sie das zu vollbringen vermöchten, wovon du sprichst? Sind sie doch nur Holz und Stein, und ich bin der, der sie gefertigt hat; du lügst, wenn du erzählst, der große Gott, der mit ihnen ist, hätte sie alle erschlagen. Du warst es, der ihm die Axt in die Hand gelegt hat.

Da erwiderte Abram seinem Vater: Warum aber dienst du diesen Göttern, die keine Kraft haben, irgend etwas zu tun? Werden sie je dein Gebet erhören, wenn du sie anrufst? Werden sie dich je aus der Hand deiner Feinde retten? Werden sie deine Kriege führen? Ihr seid töricht und einfältig, daß ihr Holz und Stein anbetet und den Gott vergeßt, der Himmel und Erde hat entstehen lassen und euch alle geschaffen hat! Dies war doch die Sünde, die vormals unsere Väter getan haben, und um deswillen hatte der Herr die Wasser der Flut über sie gebracht. Und ihr fahrt fort, zu freveln und Sünde zu tun. Vater, laß ab von diesem Treiben und lade nicht Böses auf deine Seele und auf die Seele derer, die in deinem Hause wohnen.

Und Abram ließ seinen Vater stehen und sprang eilends auf; er riß die Axt aus der Hand des großen Götzen, zerbrach auch ihn und lief davon.

Der Scheiterhaufen

NACHDEM NIMROD den Abram ins Gefängnis hatte werfen lassen, befahl er dem Wächter, er solle ihm kein Brot zu essen und kein Wasser zu trinken geben. Da erhob Abram seine Augen gen Himmel und rief: Herr, du mein Gott, du kennst alles Verborgene und weißt, daß ich um nichts hierhergekommen bin als allein darum, daß ich dir gedient habe. Und der Herr erhörte sein Gebet und schickte ihm den Engel Gabriel, daß er ihm aus der Hand Nimrods, des Hundes, helfen sollte. Und der Engel sprach zu Abram: Friede mit dir, Abram. Fürchte dich nicht und verzage nicht, denn Gott der Herr ist mit dir. Und er wies ihm eine Quelle mit lebendigem Wasser, das Abram trinken konnte, und brachte ihm auch Speise. Er blieb bei ihm ein ganzes Jahr.

Nachdem das Jahr um war, kamen die Fürsten des Königs und seine Ratgeber und sagten dem König, er möge einen großen Platz umzäunen lassen und im ganzen Lande ausrufen, daß, wer an des Königs Dienst Lust habe, an diese Stelle Holz bringen möge, bis sie voll würde von einem Rande bis zum andern. Danach sollte man das Holz anzünden, bis die Flamme zum Himmel emporstiege, und da hinein sollte man Abram werfen. Also werde der Glaube an den König in Ewigkeit erhalten bleiben und nicht zerstört werden.

Der König freute sich dieses Rats und erließ einen Befehl, der lautete: Ein jeder, er sei Mann oder Weib, Knabe oder Greis, in welchem Lande des Königs er auch wohne, trage Holz nach diesem Platze. Und er setzte eine Frist von vierzig Tagen fest. Abram aber war noch im Gefängnis. Alsdann ließ der König das Holz anzünden, und siehe, eine Lohe stieg zum Himmel empor, daß alles Volk sich entsetzte.

Da ließ der König dem Wächter des Gefängnisses sagen: Hole mir meinen Feind, den Abram, aus dem Kerker und wirf ihn in diesen Feuerofen. Der Wächter kam vor den König, fiel vor ihm nieder und sprach: Du forderst von mir, ich solle dir diesen Menschen wiederbringen, aber siehe, ein volles Jahr sitzt er schon im Gefängnis, und kein Mensch hat ihm während der Zeit auch nur ein Stückchen Brot oder einen Schluck Wasser gereicht. Da sprach der König: Dennoch geh nach dem Kerker und rufe ihn laut; lebt er noch, so bring ihn her, und ich werfe ihn ins Feuer. Ist er aber tot, so ist es noch besser; verscharrt ihn, und seines Namens werde nimmer gedacht.

Der Wächter ging hin und öffnete die Grube, in der Abram saß; er rief mit lauter Stimme: Abram, lebst du noch, oder bist du tot? Abram erwiderte: Ich lebe. Der Wächter sprach: Wer hat dir denn zu essen und zu trinken gegeben? Abram sprach: Es hat mich gespeist und getränkt derjenige, der alles vermag: der Gott aller Götter, der Herr aller Herren, er, der allein Wunder vollbringt, der alles am Leben erhält, der sieht und nicht gesehen wird, der im Himmel oben wohnt und doch überall zugegen ist, der auf das Kleinste achthat.

Da der Gefängniswächter diese Worte Abrams vernahm, kam auch über ihn der Glaube an den Gott Abrams, und er sprach: Abram, dein Gott ist der wahre Gott, auch ich will mich zu ihm bekennen, und du bist in Wahrheit sein Knecht und Verkünder, Nimrod aber ist ein Irreführer.

Nunmehr wurde Nimrod angesagt, daß der Wächter des Gefängnisses sich zu dem Gott Abrams bekehrt hatte. Der König geriet in Zorn und ließ den Mann holen; er sprach zu ihm: Was soll das, daß du mich verleugnest und nur den Gott Abrams als den wahren Gott anerkennst, Abram aber als seinen Knecht ansiehst? Da sprach der Wächter: Es ist in Wahrheit so, und du, Nimrod, predigst den falschen Glauben. Als der König diese Worte hörte, befahl er, den Wächter auf der Stelle zu töten. Aber während die Henker ihn festhielten, schrie der Wächter und rief: Gott ist der Herr, er ist der Herr aller Welt und auch der Gott Nimrods, des Ungläubigen.

Man erzählt, daß das Schwert seinen Hals nicht verwunden konnte; und als man kräftiger zuschlug, zerbrach das Schwert.

ALLE KÖNIGE hatten das Holz zu Abrams Scheiterhaufen herbeigetragen. Wie sie aber sahen, daß das Feuer Abram nicht berührte und daß keine Flamme ihn streifte, sprachen sie: Gewiß ist der Bruder Abrams ein Zauberer, und weil er das Feuer anbetet, ist es seinem Bruder gnädig. Doch da schlug eine Feuerzunge aus dem flammenden Stoß und fraß Haran, daß er starb und verbrannte, wie es auch heißt: ›Es starb Haran vor dem Angesicht seines Vaters.‹ Von dem Tage, da die Welt erschaffen ward, bis zu der Zeit, da Haran kam, war kein Sohn gestorben bei Lebzeiten seines Vaters. Mit Haran also war die erste Bresche in die Welt gekommen.

Als danach Abram aus dem Feuer herauskam, fielen alle Könige zu seinen Füßen nieder; sie hieben Zedern ab und machten eine große Anhöhe, auf die sie Abram setzten. Sie brachten ihre Kinder, warfen sie ihm in den Schoß und sprachen: Selig bist du, Abram! Weise uns deine Wege und lehre uns auf den zu vertrauen, der ewig lebt und besteht. Und die Könige bekannten sich zu dem Gotte

Abrams und fanden Schutz unter den Flügeln seiner Herrlichkeit. Von ihnen spricht die Schrift: ›Der Völker Fromme sind mit Abraham versammelt.‹

Die Mutter Abrams wollte ihren Sohn küssen, ehe er ins Feuer geworfen wurde, und sprach zu ihm: Mein Sohn, bücke dich vor Nimrod, damit du dem Feuertode entgehst. Aber Abram sprach: Mutter, das Feuer Nimrods wird erlöschen, aber das Feuer Gottes bleibt in Ewigkeit brennen, und kein Wasser vermag es zu vernichten. Da sprach Abrams Mutter: Der Gott, dem du dienst, wird dich aus dem Feuer Nimrods erretten.

Und siehe, das Feuer erlosch auch ohne Wasser; und das Holz fing an zu treiben und zu blühen, ein jeder Baum zeugte Früchte, und der Scheiterhaufen wurde zu einem Lustgarten umgewandelt, und die Engel waren darin mit Abram.

Die Berufung Abrahams

Der Herr sprach zu Abram: Geh aus deinem Vaterland, ich will dich zu einem großen Volk *machen*. Damit wollte der Herr gleichsam sagen: Mit dir hebe ich eine *neue* Schöpfung an. Denn auch von der Himmelsfeste und von den Lichtern heißt es: Gott *machte* eine Feste, Gott *machte* zwei Lichter.

Abram zog durch das Land Aram-Neharajim und durch das Land Aram-Nahor und sah, wie die Menschen gedankenlos dahinlebten; da sprach er: Ach, daß ich an diesem Erdstrich nicht teilhätte! Als er aber nach der Hügelstadt

Zur* kam und die Menschen dort graben und jäten sah, sprach er: Ach, daß ich teilhätte an diesem Erdstrich! Da sprach Gott: So wahr du lebst, deinem Samen werde ich dieses Land geben.

Es heisst: ›Der Gerechte ist wie ein Baum, gepflanzet an den Wasserbächen.‹ Ich will es dir an einem Gleichnis klarmachen, wie das gemeint ist. Ein Wanderer geht durch ein Tal des Landes Zija, der trockenen Wüste, wo kein Wasser ist, und seine Seele verschmachtet vor Durst. Da sieht er auf einmal einen Baum, und eine Wasserquelle ist darunter, und die Früchte des Baumes sind süß, und sein Schatten ist lieblich. Er trinkt von dem Wasser, ißt von den Früchten und ruht in dem Schatten, und seine Seele kehrt zu ihm zurück. Da er von dem Baume scheiden soll, spricht er: Du mein Baum, wie soll ich dich segnen? Soll ich dir wünschen, daß eine Wasserquelle unter dir fließe, siehe ein Bach ist unter dir. Soll ich dir wünschen, daß deine Früchte süß seien, siehe, sie sind süß. Soll ich dir wünschen, daß dein Schatten lieblich sei, siehe, er ist lieblich. So sei denn der Wille des Herrn, daß alle deine Zweige zu solchen Bäumen werden mögen wie du.

Also sprach auch Gott zu Abram: Womit soll ich dich segnen? Soll ich dir sagen, verkündige meinen Namen, siehe, du hast ihn schon verkündigt; soll ich dir sagen, ernenne mich zum König, – du hast mich schon zum König ernannt. So sei denn mein Wille, daß alle, die deinen Lenden entspringen werden, sein sollen wie du.

---

* Zur (Tyrus), Grenzstadt von Kanaan.

Der Gaukler Rakion

ZUR ZEIT, da Abram nach Kanaan zog, lebte im Lande Sinear ein Mann mit Namen Rakion*, der war weise und schön von Gestalt, aber sehr arm. Er wußte nicht, wie er sich ernähren sollte, und so beschloß er nach Ägypten zu gehen zum König Asveros, dem Sohne Enams; er wollte dem Ägypterkönig seine Weisheit vor Augen führen, damit der ihn groß machte und ihm seinen Unterhalt gäbe. Als Rakion nach Ägypten kam, befragte er die Leute nach ihrem König und nach seinen Gewohnheiten. Zu der Zeit war es Sitte in Ägypten, daß der König aus seinem Schloß nicht herausging und sich dem Volke nur einen Tag im Jahr zeigte. An diesem Tage pflegte er das Volk zu richten, und jeder, der ein Anliegen an den König hatte, trat vor sein Angesicht, und es wurde ihm gewährt, worum er bat.

Als Rakion erfuhr, daß er vor den König nicht so bald würde kommen können, war er sehr bekümmert und verdrossen. Am Abend fand er eine verfallene Backstube, in die ging er hinein und blieb dort über Nacht verbittert und hungrig; der Schlaf kam nicht über seine Augen, denn er sann immerfort nach, was er in der Stadt beginnen sollte, bis er den König zu sehen bekäme, und wie er sich erhalten könnte. Des Morgens stand er auf und ging in die Stadt; der Zufall führte ihn an Kräuterhändlern vorbei, die erzählten ihm, daß sie Grünzeug und Samen einkauften und es nachher an die Städter verkauften. Rakion wollte dasselbe versuchen, aber er kannte die Sitten des Landes nicht und war wie ein Blinder unter Sehenden.

---

* Rakion, von rek, leer, besitzlos; einer, der nichts hat.

Dazu noch wurde er von losem Gesindel umringt, das verspottete ihn und nahm ihm die Kräuter weg.

Da machte sich Rakion seufzend davon und ging wieder nach der Backstube, in der er sich die vorige Nacht aufgehalten hatte. Und wieder hielt er Rat mit sich, wie er es anstellen sollte, daß er seine Seele erhielte, bis er in seiner Weisheit auf einen listigen Einfall kam, den wollte er ausführen. Er stand auf in der Frühe und dang sich dreißig Leute, alles kräftige Männer, freches Volk und wohl bewaffnet; er führte sie bis an die Grabeshöhlen der Ägypter und stellte sie dort auf. Er sprach zu ihnen: Dies ist der Erlaß des Königs: Es darf kein Toter hier begraben werden, bevor man nicht zweihundert Silberlinge für ihn erlegt hat. Das Volk glaubte an die harte Bestimmung und zahlte die Steuer. Wie acht Monate vergangen waren, hatten Rakion und seine Leute großen Reichtum gesammelt. Er kaufte sich Pferde und viel Vieh und dang sich noch mehr Leute hinzu.

Als aber das Jahr um war und der König sich dem Volke zeigen sollte, versammelten sich alle zu Ägypten und verabredeten miteinander, dem König zu unterbreiten, wie es Rakion und seine Spießgesellen mit ihnen zu treiben pflegten. Sie traten vor ihn und sprachen: Der König lebe ewiglich! Was ist es nur, das du deinen Knechten antust? Du läßt keinen Toten begraben, ohne daß man dafür mit Gold und Silber zahle. Ist je ähnliches in der Welt gehört worden? Wohl wissen wir, daß es des Königs Recht ist, von den Lebenden Jahr um Jahr Zins zu nehmen; du aber forderst auch noch von den Toten, daß sie dir Abgaben leisten.

Wie der König dies vernahm, ergrimmte er sehr, denn er hatte um die Sache nicht gewußt. Er sprach: Wer ist es nur, und wo befindet sich der, der sich erdreistet, in meinem Lande zu tun, was ich nicht befohlen habe? Da erzählten ihm die Leute von dem Tun Rakions und seiner Helfershelfer. Der König fuhr wieder auf und ließ Rakion und seine Freunde vor sich kommen.

Rakion aber nahm gegen tausend Kinder, Knaben und Mägdlein, hüllte sie in Leinen und Seide und gestickte Kleider, setzte sie auf Pferde, tat sie unter die Hand seiner Leute und schickte sie dem König. Er selbst bereitete auch ein Geschenk für den König, das bestand in Gold und Silber, Kristall und Edelsteinen, wie in prächtigen Rossen; er kam vor den König und fiel nieder vor ihm zur Erde. Der König und seine Knechte wurden von dem Anblick dieses Reichtums und der Gaben, die er darbrachte, geblendet, und er empfing ihn freundlich.

Rakion setzte sich vor den König, und der fragte ihn nach seinem Tun aus. Rakion sprach mit großer Weisheit, und alle, die zugehört hatten, wurden von seiner Rede eingenommen und gewannen ihn lieb. Der König aber sprach zu ihm: Dein Name soll fürder nicht Rakion heißen, sondern Pharao, denn du hast es verstanden, den Toten einen Zins abzugewinnen.*

Darauf hielt der König Rat mit dem ganzen Volk der Ägypter, und sie beschlossen, ihn neben Asveros zum zweiten König zu machen. Rakion sollte das Volk alle Tage richten, Asveros hingegen nur einmal im Jahr, wenn er zum Volke hinausging.

So hatte Rakion mit Gewalt und List die Herrschaft über Ägypten gewonnen. Das ägyptische Volk liebte seinen neuen Pharao sehr, und man schrieb ein Gesetz nieder, daß fortan jeder König, der über Ägypten herrschen würde,

* Para, erheben, einfordern.

Pharao genannt werden sollte. Und in der Tat trugen die Könige Ägyptens, die von dem Tage an und weiter regierten, den Namen Pharao.

Ein Elamiter in Sodom

EIN MANN aus dem Lande Elam kam eines Tages durch Sodom; er führte einen Esel mit sich, der war gesattelt und trug eine schöne bunte Decke, in vielen Farben gemalt, mit einer Schnur um den Rücken des Esels gebunden.
Die Sonne ging unter, als der Mann sich gerade in Sodoms Straße befand; da setzte er sich hin und wollte daselbst über Nacht bleiben, aber es war keiner, der ihn in seinem Haus beherbergen wollte.
Es lebte damals in Sodom ein böser hinterlistiger Wicht mit Namen Hedod. Der sah den Fremdling draußen sitzen; er ging auf ihn zu und fragte: Wo kommst du her und wo willst du hin? Der Fremde antwortete: Ich reise von Hebron nach Elam, daher ich komme, und bin durch diese Stadt gezogen, als sich die Sonne gen Abend geneigt hat. Ich möchte hier über Nacht bleiben, aber kein Mensch will mich bei sich aufnehmen. Ich habe Brot und Wasser für mich und Stroh und Futter für meinen Esel, so daß es mir an nichts gebricht. Hedod sagte: Alles, was dir mangelt, laß meine Sorge sein; bleib nur nicht auf der Straße sitzen.
Und er führte ihn in sein Haus, nahm vom Esel die Decke mit der Schnur ab und verbarg sie in seinem Hause. Er gab dem Esel Stroh und Futter und dem Manne zu essen und zu trinken.

Des Morgens am zweiten Tage stand der Gast auf in der Frühe und machte sich auf, daß er seines Weges zöge. Hedod aber sprach: Setze dich, labe dein Herz mit einem Bissen Brot; danach kannst du gehen. Und sie aßen und tranken zusammen an diesem Tag; dann stand der Mann auf und wollte weiterwandern. Aber Hedod sprach wieder: Siehe, der Tag hat sich schon geneigt, bleib lieber über Nacht hier und laß dein Herz guter Dinge sein. Und er nötigte den Gast, noch zu verweilen.

Des Morgens am dritten Tage, als er sich zum Gehen anschickte, faßte ihn Hedod und sprach: Stärke dich doch zuvor mit einem Bissen Brot, danach sollst du ziehen. Und der Mann ließ sich wieder überreden und verblieb auch diesen Tag in Sodom. Danach machte er sich aber auf und wollte gehen. Hedod versuchte noch, ihn aufzuhalten, doch der Mann bestand darauf, daß er weiterreisen müsse; er ging daran, seinen Esel zu satteln.

Da der Gast sich an seinem Tier zu schaffen machte, sprach Hedods Weib zu ihrem Mann: Siehe, der Fremde ist in unserem Hause geblieben und hat gegessen und getrunken und uns nichts dafür gegeben; und nun zieht er fort von uns ohne ein Wort. Hedod antwortete ihr: Du sollst stille sein.

Der Gast hatte inzwischen seinen Esel gesattelt und sprach zu Hedod, er möge ihm die Schnur wiedergeben und die Decke, daß er sie seinem Esel umbinde. Da sagte Hedod: Wovon sprichst du? Der Mann wiederholte: Der Herr gebe mir die Schnur und die bunte Decke wieder, die ich mithatte und die du in deinem Hause aufgehoben hast. Darauf sagte Hedod: Dies ist die Deutung des Traumes, den du gesehen hast. Die Schnur bedeutet, daß dein Leben lang sein wird auf Erden, wie eine Schnur lang ist; die bunte Decke aber, die du sahst, die in allerlei Farben schillerte, die bedeutet, daß du einen Garten haben wirst, darin allerlei Fruchtbäume wachsen. Da erwiderte der Mann: Nein, mein Herr, ich war wach, als ich dir die Schnur gab und den Teppich, in herrlichen Farben gewirkt, und du nahmst die Sachen vom Esel hinweg, daß du sie aufhöbest. Und Hedod erwiderte abermals: So habe ich dir die Deutung des Traumes schon gesagt, und siehe, zum Guten ist dein Traum gewesen. Und nun höre: die Leute hierzulande geben mir vier Silberlinge, wenn ich ihnen einen Traum deute; von dir aber will ich nur drei Silberlinge dafür haben.

Da ergrimmte der Mann ob dieser Rede Hedods; er erhob ein großes Jammergeschrei und ging mit ihm vor den Richter. Sie kamen vor den Richter Serek, und da erzählte der Fremdling, was ihm geschehen war. Aber Hedod widersprach ihm und sagte: Nicht so trug es sich zu, sondern so, wie ich es erzähle. Und der Richter sprach zu dem Fremden: Es ist alles wahr, was der Mann Hedod erzählt, und er ist in unseren Städten bekannt dafür, daß er am besten Träume zu deuten versteht. Aber der Mann aus Elam schrie und sprach zu dem Richter: Nein, Herr, es war Tag, als ich dem Manne hier meine Decke gab und die Schnur, und er nahm es und verbarg es in seinem Hause.

Also zankten und stritten die beiden vor dem Richter. Da sprach Hedod: Nun gib die vier Silberlinge her für die Deutung des Traumes, ich will nichts davon herunterlassen, und zahle den Preis der vier Mahle, die du in meinem Hause genossen hast. Da sagte der Gast: Du hast wohl gesprochen; ich will alles bezahlen, was ich in deinem Haus verzehrt habe, nur gib mir den Teppich und die

Schnur wieder, die du bei dir verwahrt hast. Aber Hedod fing wieder an und sprach: So habe ich dir deinen Traum schon gedeutet; wie die Schnur wird dein Leben lang sein, der Teppich aber bedeutet einen Garten, darin du Bäume pflanzen wirst. So zankten sie immer weiter vor dem Richter, bis dieser seinen Knechten befahl, die beiden fortzujagen.

Auf der Straße wurden sie von denen zu Sodom umringt; die Leute machten ein Geschrei um den fremden Mann, ängstigten ihn und trieben ihn aus der Stadt, daß der Arme mit seinem Esel davonging betrübten Herzens und gekränkt und um das Unrecht weinte, das ihm zu Sodom angetan worden war.

Pelotit

ALS NACH DEM KRIEGE der Könige Sodoms mit den Königen Elams Lot durch Abraham gerettet wurde, gebar ihm sein Weib eine Tochter, und er hieß ihren Namen Pelotit, denn er sprach: Gott hat mich und mein Haus aus der Hand der Könige Elams entkommen lassen.* Pelotit ward groß, und einer der Angesehensten Sodoms nahm sie zum Weibe.

Da kam einmal ein Armer in die Stadt, Brot zu suchen, und blieb dort einige Tage. Alsbald ließen die Sodomiter, ihrer Sitte gemäß, überall ausrufen, man solle dem Manne nichts zu essen geben, damit er stürbe. Und alle taten nach diesem Wort. Pelotit sah den Bettler auf der Straße liegen und hungern, und ihr Herz ward voll Mitleid mit dem Armen; sie fing im geheimen an ihm Brot zu geben, bis

* Palat, entrinnen.

die Seele des Mannes wieder lebendig wurde. Wenn sie zum Brunnen ging, um Wasser zu schöpfen, legte sie Brot in den Krug und reichte es dem Manne. Und so übte sie es mehrere Tage. Da wunderten sich die Leute Sodoms und Gomorras, daß der Mann das Hungern so lange aushielt, und sie sprachen einer zum andern: Nicht anders, als daß der Mann hier wohl zu essen und zu trinken bekommt, sonst wäre er nicht mehr am Leben.

Drei Leute versteckten sich hinter der Stelle, wo der Arme saß, um den Schuldigen zu fassen, und sie entdeckten bald die Pelotit. Sie kamen aus ihrem Versteck hervor, rissen dem Armen das Brot aus der Hand, ergriffen die Pelotit und brachten sie vor die Richter. Diesen erzählten sie: Dies und dies hat diese hier getan, sie ist es, die den Mann die ganze Zeit hindurch gespeist hat, daher ist er nicht gestorben. Und nun sagt, wie soll das Weib gerichtet werden, das unser Gesetz übertreten hat?

Darauf versammelten sich die Leute Sodoms und Gomorras und machten ein Feuer inmitten der Stadt; sie nahmen die Pelotit und warfen sie in die Flammen, daß sie verbrannte und zu Asche ward. Da sie aber sterben sollte, rief sie aus: Gott der Welt, fordere von ihnen ein, was sie an mir tun.

Die Vertilgung Sodoms

DER HERR ließ Schwefel und Feuer über Sodom und Gomorra regnen. Überall, wo von dem Herrn die Rede ist, ist der Herr und sein Gerichtshof zu verstehen. Die Flüsse Sodoms wurden zu Pech, die Erde zu Schwefel, und ein Feuer brannte. Gott kehrte diese Städte um und die ganze Gegend umher. Die fünf Städte Sodoms lagen alle auf einem Felsen; ein Engel streckte seine Hand aus und warf sie um. Selbst die Pflanzen der Erde sind geschlagen worden. Und heute noch – nimmt einer Samen aus der Gegend Sodoms und tut ihn in sein Beet, er geht ihm nicht auf.

Adit, das Weib Lots, sah hinter sich, als die Städte umgekehrt wurden, denn es erfaßte sie Mitleid mit ihren anderen Töchtern, die dort verblieben und nicht mitgekommen waren. Da sie sich aber umsah, ward sie zur Salzsäule; die steht noch heutigen Tages an diesem Orte. Die Ochsen, die in dieser Gegend sind, lecken an ihr täglich, bis nur die Zehen ihrer Füße von ihr übrigbleiben, aber des andern Morgens wächst wieder von neuem, was sie weggeleckt haben.

Lot ging von Zoar und wohnte in einer Höhle mit seinen zwei Töchtern. Da sprach Lots ältere Tochter zu der jüngeren: Siehe, unser Vater ist alt, und kein Mann ist in der Welt, der zu uns eingänge; so wollen wir denn unserem Vater Wein zu trinken geben, bei ihm schlafen und von ihm Samen erhalten. Woher hatten sie aber Wein in der Höhle? Es trat für sie in der Höhle das ein, was in zukünftigen Tagen sein wird, wenn die Berge von süßem Wein triefen werden.

Hätte der Herr nach den Taten gerichtet, die Töchter Lots hätten verbrannt werden müssen. Aber der Herr richtet allein nach den Gedanken. Und die Töchter Lots dachten: Unser Vater ist alt, und es ist kein Mann, von dem wir gebären könnten.

Es war einmal ein Priester, der hatte ein Feld, das gab er einem Pächter. Aber der Acker wollte keine Frucht tragen. Als nun der Wirt seinen Teil forderte und der Pächter ihm nichts zu geben hatte, nahm er die Hebe, die allein dem Priester gehört, und besäte damit das Feld. Alsbald brachte die Erde Pflanzen hervor. Als der Pächter danach das Getreide in die Scheuer einfuhr, fragte der Priester: Wir hatten doch keinen Samen, woher denn dieser Ertrag? Der Pächter antwortete: Ich sah, daß kein Samen da war, so nahm ich die Hebe und benutzte sie als Saat. Da sprach der Priester: Wie konntest du solches tun? Du darfst die Frucht nicht in die Scheuer tragen.

Also war es auch mit den Töchtern Lots. Sie sahen, daß nirgends ein Mann war, und dachten, daß alles umgekommen sei; so griffen sie zu der geweihten Hebe. Da sprach der Herr zu ihnen: Hätte ich euch nach dem, was ihr getan habt, gerichtet, ihr wäret des Feuers; da ihr es aber tatet, um die Welt zu erhalten, so sollt ihr am Leben bleiben. Aber die Frucht soll nicht in meine Scheuer kommen; Ammon und Moab sollen in die Gemeinde Gottes nicht aufgenommen werden.

Abraham besucht Ismael in der Wüste

NACHDEM ISMAEL mit seiner Mutter Hagar ausgetrieben worden war, wohnten sie beide lange Zeit in der Wüste Pharan. Und Ismael ward ein guter Bogenschütze. Danach gingen sie beide nach dem Lande Ägypten und wohnten daselbst, und Hagar nahm ihrem Sohn ein ägyptisches Weib mit Namen Meriwa, das heißt die Zänkische. Die ward schwanger und gebar dem Ismael vier Söhne und eine Tochter. Danach aber machte sich Ismael mit seiner Mutter, seinem Weibe und seinen Kindern auf, und sie kehrten zurück in die Wüste. Sie wohnten in Zelten, zogen aber umher und wanderten durch die Steppe, so daß sie Monat um Monat und Jahr um Jahr den Ort wechselten. Und Gott gab Ismael Schafe und Rinder und viele Hütten, dies alles um Abrahams, seines Vaters, willen, daß er überreich ward an Vieh.

Nach Jahr und Tag sprach Abraham zu seinem Weibe Sara: Ich will meinen Sohn Ismael wiedersehen, denn es ist schon lange her, daß ich ihn gesehen habe. Und Abraham bestieg ein Kamel und ritt, seinen Sohn Ismael zu suchen, denn er hatte gehört, daß er in der Wüste wohne.

Also zog Abraham aus und kam vor die Hütte Ismaels gerade um die Mittagszeit. Er traf seinen Sohn nicht an und fand nur das Weib Ismaels in der Hütte mit ihren Kindern sitzen. Da fragte Abraham das Weib: Wo ist Ismael hin? Das Weib antwortete: Er ist ins Feld gegangen, das Wild zu jagen. Abraham aber saß noch rittlings auf dem Kamel und war nicht auf die Erde hinuntergestiegen, denn er hatte es seinem Weibe Sara geschworen, daß er auf dem Kamel werde sitzen bleiben. Abraham sprach: Tochter, gib mir ein wenig Wasser, denn ich bin müde und matt vom Reisen. Das Weib erwiderte: Wir haben kein Wasser und auch kein Brot. Und sie blieb im Zelte sitzen und sah nicht nach Abraham hin und fragte nicht, wer er sei; sie schlug ihre Kinder und fluchte auf sie und schalt auch Ismael, ihren Mann, und lästerte ihn.

Abraham hörte dies alles, und die Sache gefiel ihm übel. Er rief dem Weibe, daß es aus der Hütte herauskäme. Das Weib kam heraus, und Abraham sprach zu ihr: Wenn Ismael, dein Mann, heimkommt, so sage ihm folgendes:

Es war hier ein greiser Mann aus der Philister Lande, um nach dir zu fragen; so und so war er von Gesicht, so und so war er von Gestalt, ich fragte nicht, wer er sei, und er ließ dir folgendes bestellen: schaffe den Pfeiler deiner Hütte beiseite und setze einen andern an seine Stelle. Und Abraham wandte sich, spornte sein Kamel und ritt seines Weges zurück.

Als Ismael mit seiner Mutter von der Jagd zurückkehrte, sprach sein Weib zu ihm in folgender Weise: Als du fort warst, kam hierher ein alter Mann aus dem Lande der Philister, um nach dir zu fragen; so und so war er von Gesicht, so und so war er von Gestalt; ich fragte ihn nicht, wer er sei, und er sprach zu mir, daß, wenn du heimkämest, ich dir dies sagen solle: Schaffe nur den Pfeiler deiner Hütte beiseite und nimm einen andern an seine Stelle.

Ismael hörte die Worte seines Weibes und verstand, daß sein Vater bei ihm gewesen und sein Weib ihm nicht mit Ehrfurcht begegnet war. Er begriff auch die Weisung seines Vaters und gehorchte seiner Stimme und vertrieb das ungastliche Weib. Alsdann begab er sich nach dem Lande Kanaan und nahm dort ein anderes Weib.

Wie drei Jahre um waren, sprach Abraham abermals: Ich will wieder nach Ismael, meinem Sohne, schauen, denn seit langem habe ich ihn nicht gesehen. Er bestieg sein Kamel und begab sich in die Wüste; er kam vor Ismaels Hütte, als es Mittag war. Er fragte nach Ismael, und da kam ein Weib aus dem Zelte und sprach: Er ist nicht hier, mein Herr, und ist im Felde, das Wild zu jagen und die Kamele zu weiden. Und weiter sprach das Weib zu Abraham: Aber kehre doch ein, mein Herr, in die Hütte und iß einen Bissen Brot, denn du bist müde vom Wege. Abraham erwiderte: Ich will nicht ruhen, denn ich muß eilends weiterziehen; gib mir nur ein wenig Wasser, daß ich trinke, denn mich dürstet. Da lief das Weib behende nach der Hütte und holte Wasser und Brot für Abraham. Sie brachte es und nötigte ihn sehr, daß er esse, und er aß und trank und ward guter Dinge und segnete seinen Sohn Ismael. Nachdem er gegessen hatte, pries er seinen Gott und sprach zu Ismaels Weibe: Wenn Ismael, dein Mann, heimkommt, so sprich zu ihm in folgender Weise: Ein Mann aus dem Philisterlande war hier, der war sehr alt, und so und so war sein Aussehen. Und er ließ dir sagen: Der Pfeiler, den du deiner Hütte gabst, ist gut und wacker, tu ihn nicht hinweg. Und Abraham wandte sich und ritt davon nach dem Lande der Philister.

Danach kehrte Ismael heim, und das Weib ging ihm entgegen mit Freuden und guten Mutes. Sie sprach zu ihm: Ein alter Mann aus dem Lande der Philister war hier und fragte nach dir. Ich trug ihm Brot und Wasser auf, und er aß und trank und ward guter Dinge. Er läßt dir sagen: Der Pfeiler deiner Hütte ist sehr gut, behalte ihn, tu ihn nicht hinweg. Da begriff Ismael, daß sein Vater hier gewesen war, er verstand auch, daß sein Weib ihm Ehrfurcht bezeigt hatte, und pries seinen Herrn.

Alsdann machte er sich auf, nahm sein Weib, seine Kinder, sein Vieh und alles, was sein war, verließ den Ort und begab sich nach dem Lande der Philister zu seinem Vater.

Von der Opferung Isaaks

Es BEGAB SICH auf einen Tag, da die Söhne der Gewaltigen kamen und vor den Herrn traten, daß auch der Satan kam und vor den Herrn trat, die Menschenkinder vor ihm anzuklagen. Der Herr sprach zum Satan: Wo kommst du her? Der erwiderte: Ich bin in der Welt umhergeschweift und habe das Land durchzogen. Da sprach Gott: Was wüßtest du zu sagen von den Erdenkindern? Der Satan erwiderte: Nichts, als daß ich sie immer dir dienen und dein gedenken sehe, wenn sie von dir etwas haben wollen. Wenn du ihnen aber gewährst, um was sie dich angehen, so verlassen sie dich und gedenken deiner nicht mehr. Siehe doch Abraham, den Sohn Tarahs; solange er keine Kinder hatte, diente er dir und baute dir Altäre; wo er nur hinging, brachte er dir Opfer dar und predigte deinen Namen allen Erdenkindern. Nun aber ihm Isaak, sein Sohn, geboren worden ist, hat er dich verlassen, alle Bewohner des Landes zu einem großen Mahl geladen und seinen Gott vergessen; von allem, was er bereitet hat, gab er dir weder ein Brandopfer noch ein Ganzopfer, und nicht einen Ochsen, noch ein Schaf, noch ein Zicklein hat er dir geschenkt.

Da sprach Gott zu dem Satan: Du hast nicht richtig achtgehabt auf meinen Knecht Abraham, denn es ist seinesgleichen nicht im ganzen Lande, ohne Falsch und gerecht, gottesfürchtig und das Böse meidend. So wahr ich lebe, sagte ich ihm: Bringe deinen Sohn Isaak mir zum Brandopfer, er hätte mir ihn nicht vorenthalten, gleichwie wenn ich ihm gesagt hätte: Opfere mir eines deiner Schafe oder Rinder. Da sprach der Satan: Wohlan, mein Herr, sprich nur zu Abraham ganz so, wie du jetzt sprichst, ob er da nicht fehlen und deinen Worten zuwiderhandeln wird.

Zu der Zeit geschah das Wort Gottes an Abraham, und er sprach: Abraham. Der antwortete: Hier bin ich. Da sprach Gott: Nimm Isaak, deinen einzigen Sohn, den du liebhast, und geh hin in das Land Moria; opfere ihn daselbst auf einem der Berge, allwo sich dir die Wolke des Herrn zeigen wird.

Nun sprach Abraham in seinem Herzen: Wie soll ich es anstellen, meinen Sohn Isaak von seiner Mutter Sara zu trennen, um ihn dem Herrn als Brandopfer darzubringen? Und er ging in die Hütte, setzte sich vor sein Weib Sara und redete mit ihr in folgender Weise: Siehe, unser Sohn Isaak ist groß und weiß noch nichts von der Zucht Gottes; so will ich ihn morgen zu Sem und zu dessen Sohne Eber bringen, daß er dort die Wege Gottes erfahre; sie werden ihn lehren, Gott zu erkennen, und werden ihn unterweisen, wie er vor dem Herrn beten muß, daß der ihn erhöre.

Sara erwiderte: Du hast wohl gesprochen, mein Herr; tu, wie du gesagt hast. Aber schicke ihn nicht weit fort von mir und laß ihn nicht lange fortbleiben, denn meine Seele hängt an seiner Seele sehr. Abraham aber sprach zu Sara: Tochter, flehe vor dem Herrn, unserem Gott, daß er an uns Gutes tue.

Und Sara nahm ihren Sohn Isaak und ließ ihn diese Nacht bei sich schlafen; sie küßte und umarmte ihn und betreute ihn bis zum Morgen. Sie sprach: Mein Sohn, wie kann meine Seele von dir scheiden? und weinte. Alsdann empfahl sie ihn Abraham, seinem Vater, und sprach: Sei mir gnädig, mein Herr, gib acht auf deinen Sohn und richte dein Auge auf ihn, denn ich habe keinen andern Sohn oder Tochter ohne ihn. Verlasse ihn nicht; gib ihm Brot, wenn er hungrig ist, und Wasser, wenn er durstig ist; laß ihn nicht zu Fuße wandern und nicht in der Sonne sitzen; laß ihn auch nicht allein unterwegs; versage ihm nichts und tu in allem, wie er dich bittet.

Am Morgen aber nahm Sara ein schönes Kleid, eins von den Kleidern, die sie von Abimelech, dem Philisterkönige, hatte, und zog es dem Isaak an; sie setzte ihm einen Hut auf und schmückte den Hut mit einem Edelstein. Auch gab sie den beiden Zehrung auf den Weg.

Danach ging Isaak und sein Vater Abraham aus dem Hause, und etliche von den Knechten gingen mit, daß sie sie des Weges geleiteten. Und auch Sara ging mit; da sprach Isaak zu ihr: Kehre heim in die Hütte. Wie nun Sara die Worte ihres Sohnes Isaak hörte, brach sie in ein lautes Weinen aus, und ihr Mann Abraham weinte mit, und ihr Sohn Isaak hub ein großes Weinen an, und alle, die sie geleiteten, weinten gar sehr. Und Sara bemächtigte sich ihres Sohnes Isaak und hielt ihn fest; sie umarmte und küßte ihn und fuhr fort, mit ihm zu weinen. Sie sprach: Wer weiß, ob ich dich noch wiedersehe, mein Sohn, nach dem heutigen Tag. Alsdann wendete sich Sara von ihrem Sohne mit großem Weinen ab, und ihre Mägde und Knechte kehrten mit ihr zurück in die Hütte. Abraham aber ging mit Isaak, daß er ihn zum Brandopfer darbrächte, wie der Herr befohlen hatte. Er hatte seine zwei Knaben mitgenommen, Ismael, den Sohn der Hagar, und Elieser, seinen Knecht, und die gingen mit.

Unterwegs redeten die zwei Knaben miteinander, und Ismael sprach zu Elieser: Siehe, mein Vater Abraham geht mit Isaak, um ihn als Brandopfer dem Herrn darzubringen, und wenn er zurückkehrt, wird er mich zum Erben über alles, was sein ist, machen, denn ich bin sein erstgeborener Sohn. Da erwiderte ihm Elieser: Hat doch Abraham dich und deine Mutter vertrieben und geschworen, daß du von allem, was sein ist, nichts erben sollst. Wem soll er da alles, was er hat, und alle seine Herrlichkeit vererben, wenn nicht mir, seinem treuen Knecht, der ich ihm Tag und Nacht gedient und in allem seinen Willen getan habe!

Abraham und Isaak waren ihres Weges gezogen, und es gesellte sich zu ihnen der Satan; er erschien Abraham in Gestalt eines alten Mannes, gebeugt und demütig. Er sprach: So bist du wohl ein Tor und ein Einfältiger, daß du an deinem einzigen Sohne solches tun willst. Hat dir Gott an der Neige deiner Tage einen Sohn geschenkt, so willst du ihn töten ohne Grund und seine Seele vernichten. Gott wird an einem Menschen das nicht tun, daß er ihm sage: Geh hin, töte deinen Sohn!

Abraham hörte die Worte und begriff, daß es Einflüsterungen des Satans waren, der ihn vom Wege Gottes abwendig machen wollte. Er aber mochte der Stimme des Satans kein Gehör geben, und so schrie er ihn an, daß der davonging.

Der Satan kam aber wieder und erschien diesmal vor Isaak als Jüngling, schön von Gestalt und von Angesicht. Er sprach zu ihm: Du wirst es wohl vernommen haben, daß dein alter törichter Vater dich heute mir nichts, dir nichts umbringen will. Mein Sohn, höre nicht auf ihn und sei ihm nicht willfährig, denn der Alte ist unverständig.

Da Isaak dies vernahm, sprach er zu seinem Vater Abraham: Hast du gehört, mein Vater, was dieser hier zu mir gesprochen hat? So und so waren seine Worte. Abraham antwortete: Nimm dich in acht vor ihm, mein Sohn; er ist der Satan, der uns von den Geboten unseres Herrn abbringen will. Und Abraham schalt wieder den Satan, daß er davonlief.

Da der Böse sah, daß er nichts auszurichten vermochte, verbarg er sich und ging weiter; bald legte er sich ihnen in den Weg als ein großer Strom voll Wasser. Abraham und Isaak und die zwei Knaben kamen bis an diesen Ort und sahen plötzlich einen Strom, voll reißenden Wassers. Sie stiegen hinein, und es reichte ihnen erst bis an die Knöchel. Als sie aber weitergingen, wurde es immer tiefer und reichte bis an den Hals. Sie erschraken erst, bald aber erkannte Abraham den Ort und entsann sich, daß dort vordem kein Wasser gewesen war. Er sprach zu Isaak: Ich kenne diese Stelle und weiß, daß hier immer nur trockenes Festland gewesen ist. Gewiß ist es der Satan, der uns dies antut, um uns dem Gebot des Herrn abwendig zu machen. Und Abraham schrie wieder den Satan an und sprach: Gott schelte dich, du Satan, scher dich von hier, denn nach dem Befehl des Herrn sind wir gegangen.

Da ging der Satan davon, und der Platz ward wieder zum festen Land, wie er es zuvor gewesen war. Abraham und Isaak aber konnten weiter des Weges ziehen, den Gott ihnen befohlen hatte.

Am dritten Tage, da hob Abraham seine Augen auf und erblickte von ferne den Ort, den der Herr ihm genannt hatte; darüber war eine Feuersäule, die von der Erde bis zum Himmel reichte, und eine Wolke war über dem Berg, die hüllte die Herrlichkeit Gottes ein. Abraham fragte seinen Sohn Isaak: Hast du auf dem Berge, den wir von ferne sehen, das geschaut, was ich schaue? Isaak erwiderte: Ich sehe eine Feuersäule und eine Wolke, und die Majestät Gottes ist in der Wolke sichtbar. Da erkannte Abraham, daß sein Sohn Isaak dem Herrn als Brandopfer lieb war.

Alsdann sprach Abraham zu Elieser und zu Ismael: Seht auch ihr etwas auf dem Berge, den wir von ferne schauen? Die erwiderten: Wir sehen nichts als einen Berg wie alle Berge. Da erkannte Abraham, daß dem Herrn die Begleitung der beiden Knaben nicht genehm war, und er sprach zu ihnen: Bleibt ihr hier mit dem Esel; ich aber und mein Sohn Isaak wollen weitergehen bis zu diesem Berge und den Herrn anbeten; danach kommen wir wieder zu euch.

Und Abraham nahm das Holz zum Brandopfer und tat es auf seinen Sohn Isaak; er selbst nahm das Feuer und das Messer, und sie gingen beide nach der Opferstätte. Da fragte Isaak seinen Vater: Siehe, wir haben Feuer und Holz mit uns, wo aber ist das Schaf, das dem Herrn zum Brandopfer dienen soll? Abraham erwiderte: Mein Sohn, dich hat der Herr ersehen, daß du ihm ein unschuldig Opfer seist an des Lammes Statt. Isaak sprach: Alles, was der Herr befohlen hat, will ich mit Freuden und guten Mutes tun. Und Abraham sprach weiter: Mein Sohn, bekenne es offen, ob in deinem Herzen nicht irgendein Gedanke wider diesen Befehl sich regt und ob du nicht auf einen Rat sinnest, der unschicklich ist, sage es mir, mein Sohn, verhehle es nicht vor mir. Da erwiderte Isaak seinem Vater Abraham und sprach: So wahr Gott lebt, mein Vater, und so wahr deine Seele lebt, ich habe nicht im Sinne, mich zur Rechten oder zur Linken von dem zu wenden, was der Herr zu tun bestimmt hat. Kein Bein von meinen Beinen und keine Faser meines Fleisches erzittert vor diesem Wort, ich habe keinen bösen Gedanken, und mein Herz sinnt nicht dawider auf Rat. Sondern mein Herz ist fröhlich, ich bin guten Mutes, und ich möchte rufen: Gelobt der Herr, der mich heute zum Brandopfer ausersehen hat.

Da freute sich Abraham sehr ob dieser Worte Isaaks; sie gingen weiter und kamen an die Stätte, die der Herr ihm bezeichnet hatte. Abraham trat herzu, den Altar zu bauen; und sein Sohn Isaak reichte ihm dazu die Steine und den

Lehm. Alsdann nahm Abraham das Holz und schichtete es auf den Altar. Und er nahm seinen Sohn Isaak und band ihn und legte ihn auf den Altar oben auf das Holz. Isaak sprach zu seinem Vater: Binde mich fest, Vater, und fessele mich, danach erst lege mich auf den Altar, damit ich mich nicht rühre und mich nicht losreiße, wenn das Messer in mein Fleisch dringt, und den Altar des Brandopfers nicht entweihe. Und weiter sprach Isaak zu Abraham: Vater, wenn du mich als Brandopfer dargebracht hast, so nimm die Asche, die von mir übrigbleiben wird, bringe sie meiner Mutter Sara und sage ihr: Dies ist der Geruch von Isaak. Doch sprich solches nicht zu ihr, wenn sie an einem Brunnen sitzt oder auf einer Anhöhe, damit sie um meinetwillen ihre Seele nicht wegwerfe und sterbe.

Da Abraham diese Worte Isaaks hörte, erhob er seine Stimme und weinte, und die Tränen Abrahams fielen auf seinen Sohn. Und auch Isaak weinte gar sehr und sprach zu seinem Vater: Schnell, Vater, beeile dich und tu an mir den Willen des Herrn unseres Gottes. Da ward das Herz Abrahams und Isaaks froh; das Auge weinte bitterlich, aber das Herz war fröhlich. Isaak reckte seinen Hals, und Abraham ergriff das Messer, um seinen Sohn auf dem Altar zu opfern.

In dieser Stunde traten die Engel der Barmherzigkeit vor den Herrn und hielten Fürbitte für Isaak; sie sprachen: Wir flehen zu dir, o Herr, du allgütiger, gnädiger König! Du erbarmst dich aller Geschöpfe und gibst allen das Leben. So laß nun ein Unterpfand dir geben an Isaaks, deines Knechtes, Statt; sei milde und mitleidig gegen Abraham und seinen Sohn Isaak, die nach deinem Worte heute getan haben. Hast du, o Herr, Isaak, den Sohn Abrahams, gefesselt und gebunden und zum Opfern bereit auf dem

Altar liegen sehen gleich einem Tier? Nun möge dich die Barmherzigkeit rühren.

Da erschien der Herr dem Abraham und rief ihm vom Himmel: Lege deine Hand nicht an den Knaben und tu ihm nichts, denn nun weiß ich, daß du Gott fürchtest, da du solches getan hast und deines einzigen Sohnes vor mir nicht geschont hast. Abraham hob seine Augen auf und sah einen Widder in der Hecke mit seinen Hörnern hängen; dies war der Widder, den der Herr am Tage, da er Himmel und Erde machte, erschaffen hatte und den er seit jenem Tage bereithielt, damit er dereinst an Isaaks Statt zum Brandopfer genommen werden sollte. Der Widder näherte sich Abraham, da faßte ihn der Satan und ließ ihn mit den Hörnern in der Hecke sich verfangen, daß er Abraham nicht erreichen und der seinen Sohn schlachten sollte. Aber Abraham sah den Widder kommen und sich ihm nähern und sah, wie der Satan ihn hemmte. Da ergriff er den Widder und führte ihn zum Altar. Alsdann befreite er seinen Sohn Isaak von seinen Banden, legte den Widder auf den Altar, schlachtete ihn und opferte ihn als Brandopfer; er besprengte mit dem Blut des Widders den Altar und rief: Dies um meinen Sohn, dies Blut möge mir als das Blut meines Sohnes angerechnet werden vor dem Herrn.

Der Widder

DER WIDDER, der in der Dämmerung des sechsten Tages erschaffen worden war, rannte und wollte an Isaaks Statt geopfert werden. Aber Semael verwirrte ihn, daß er in einer Hecke hängenblieb, denn er wollte Abrahams Werk zunichte machen. Was tat da der Widder? Er streckte seinen Fuß aus und berührte das Gewand Abrahams, daß dieser hinsah und ihn erblickte. Da befreite er ihn und opferte ihn für Isaak. Und der liebliche Geruch des Opfers stieg vor den Thron des Herrn und war ihm süß, als wäre es der Geruch von Isaak.

Von dem Widder Isaaks ist auch nicht ein Rest umgekommen. Seine Asche ward zum Grundbestand des Feuers, das auf dem inneren Altar des Tempels glomm. Seiner Sehnen waren zehn, daher auch die Leier, auf der David spielte, zehn Saiten hatte. Aus seinem Fell ward der Gürtel Elias, den er um seine Lenden trug, wie es auch steht: ›Es kam ein Mann herauf uns entgegen, der hatte eine rauhe Haut an und einen ledernen Gürtel um seine Lenden.‹ Die zwei Hörner des Widders – in das linke blies der Herr auf dem Berge Sinai, wie es heißt: ›Der Posaune Ton ward immer stärker.‹ Das rechte aber war größer als das linke, und in dieses wird der Herr dereinst blasen, wenn er die Zerstreuten aus der Verbannung sammeln wird, davon auch geschrieben steht: ›Zu der Zeit wird man mit einer großen Posaune blasen.‹

Diesen ganzen Tag sah Abraham den Widder, wie er bald an einem Baum hängenblieb und sich davon befreite, bald in einem Dickicht sich verirrte und wieder an das Licht des Tages trat, bald an eine Zaunhecke mit den Hörnern geriet und sich davon befreite. Da sprach der Herr zu ihm: Also werden dereinst deine Kinder, von Sünden gefangen und durch Reiche umherirrend, von Babel nach Medien, von Medien nach Griechenland, von Griechenland nach Edom wandern. Da sprach Abraham: O Herr der Welten! und wird es in Ewigkeit so fortdauern? Da sprach der Herr: Ihr Ende aber wird sein, daß sie durch das Horn dieses Widders erlöst werden, wie es auch heißt: ›Gott der Herr wird das Horn blasen und wird einhertreten wie die Wetter vom Mittage.‹

Vom Ergrauen

VON DEM TAGE, da Himmel und Erde erschaffen worden waren, bis zu Abraham war das Alter an den Menschen nicht wahrzunehmen. Da kam unser Vater Abraham, und sein Haupt ward grau. Die Leute wunderten sich darüber, weil sie ähnliches noch nicht gesehen hatten. Gleichwie eine Krone das Haupt eines Königs schmückt, so ist das weiße Haar des Greises Pracht und Herrlichkeit.

ALS ABRAHAM für Sodom eingetreten war, sprach der Herr zu ihm: Du bist der schönste unter den Menschenkindern, deine Lippen sind holdselig. Da erwiderte Abraham: Worin besteht meine Schönheit? Ich und mein Sohn, wir kommen beide nach einer Stadt, und die Menschen erkennen nicht, welcher der Vater ist und welcher der Sohn. Und weiter sprach Abraham: Herr der Welt! Du mußt einen Unterschied machen zwischen Vater und Sohn, zwischen Jüngling und Greis, auf daß der Greis vom Jüngling geachtet werde. Da sprach Gott: Bei deinem Leben! Mit dir soll der Anfang gemacht werden.
Und Abraham legte sich diese Nacht schlafen und erwachte am andern Morgen. Als er aufstand, sah er, daß sein Haupt und sein Bart weiß geworden waren. Da sprach er vor dem Herrn: Du hast mich damit zum Vorbild gemacht.

Abraham war der erste, dem die Krone des Alters aufgesetzt wurde. Gleichwie einst ein König zu seinem Liebling sprach: Soll ich dir Gold und Silber, Knechte und Mägde geben? Siehe, das hast du alles. Ich will dir nun die Krone von meinem Haupte schenken – so sprach auch der Herr zu seinem Liebling Abraham: Was soll ich dir geben? Gold hast du schon. Aber siehe, wie es von mir heißt: ›Das Haar auf seinem Haupte ist wie weiße Wolle‹ – so will ich auch dich machen.

Die Freiung Rebekkas

Es heisst: ›Die Sonne scheint, die Sonne geht unter.‹ Das will bedeuten: ehe noch die Sonne des einen Gerechten untergeht, läßt Gott die Sonne des andern Gerechten aufgehen. Noch ehe die Glorie Saras verschwunden war, erstrahlte der Glanz Rebekkas.

Elieser machte sich auf und ging nach Aram Neharajim, der Stadt Nahors. Und siehe, da kam Rebekka heraus, und einen Krug trug sie auf der Achsel. Sie war eine sehr schöne Jungfrau und glich von Angesicht der Eva. Sie stieg hinab zum Brunnen, denn es waren daselbst Stufen, und tauchte ihren Krug mit der Hand ins Wasser; sie band ihn nicht erst an einen Strick. Alsdann kam sie wieder herauf und war behende in ihrer Arbeit. Da lief der Knecht herzu, als er sah, daß die Wasser zu ihr emporstiegen, und sprach: Laß mich aus deinem Kruge trinken. Sie antwortete: Trinke, mein Herr. Das Kind einer Freundlichen, war sie selber freundlich; sie hielt den Krug in ihrer Hand und tränkte ihn so und ließ ihn nicht den Krug in seine Hand nehmen. Danach lief sie wieder zum Brunnen, Wasser zu schöpfen, und schöpfte für die Kamele. Da erkannte Elieser, daß sie wert war, Isaaks Weib zu werden, denn sie hatte Erbarmen mit den Tieren.

ISAAK BRACHTE Rebekka in das Zelt seiner Mutter Sara. All die Zeit, da Sara lebte, schwebte eine Wolke über dem Eingang ihres Zeltes. Als sie aber starb, wich die Wolke. Da nun Rebekka kam, kehrte der Wolkenschleier wieder. All die Zeit, da Sara lebte, brannte in ihrer Hütte ein Licht von einer Sabbatnacht bis zur andern; als sie aber starb, erlosch das Licht. Da nun Rebekka kam, fing es wieder an zu brennen. All die Zeit, da Sara lebte, waren die Tore ihres Hauses weit aufgetan; als sie aber starb, hörte die Gastlichkeit auf. Da nun Rebekka kam, wurden die Tore wieder aufgetan. All die Zeit, da Sara lebte, wohnte ein Segen ihrem Teig inne; als sie aber starb, schwand der Segen. Da nun Rebekka kam, kam mit ihr der Segen wieder.
Da nun Isaak sah, daß sie in allem wie seine Mutter tat, daß sie in Reinheit ihren Teig rührte und die Opfergabe davon in Reinheit absonderte, führte er sie in die Hütte seiner Mutter.

Die ungleichen Brüder

ZWANZIG JAHRE war Rebekka unfruchtbar. Nach zwanzig Jahren ging Isaak mit ihr zum Berge Moria, zu der Stätte, da er einst geopfert werden sollte, und betete, daß sie schwanger würde. Und der Herr schenkte ihm Gehör. Als sie aber gebären sollte, verging ihr die Seele vor Wehen, denn die Kinder waren in ihrem Schoß wie Helden und Gewaltige und stießen einander im Leibe.

Als die Zeit kam, daß Rebekka gebären sollte, war der erste, der herauskam, ganz rötlich. Vordem aber wälzten sich die Kinder in ihrem Leibe wie Wellen des Meeres; der eine sprach: Ich will als erster herauskommen; der andere sprach: Ich will der erste sein. Da sagte Esau zu Jakob: Wenn du mich nicht zuerst kommen läßt, so töte ich die Mutter und gehe durch die Bauchwand. Darauf sprach Jakob: Dieser Missetäter will gleich zu Anfang schon Blut vergießen. Und er ließ ihn zuerst geboren werden.

Einer, der Langmut übt, gilt mehr als ein Hochmütiger. Unser Vater Jakob übte stets Geduld mit Esau; dieser Übermütige aber aß Tag für Tag von seinem Weidwerk und gab in seiner Härte dem Jakob nichts ab.

Einst war Esau auf die Jagd gegangen, er hatte aber kein Glück; da sah er Jakob ein Linsengericht essen, und er bekam Lust dazu. So sprach er denn: Laß mich von der roten Speise kosten. Da erwiderte ihm Jakob: Rot bist du aus der Mutter Leibe herausgekommen, und ein rotes Gericht begehrst du zu essen.

Man sagt, Linsen seien ein Traueressen. Als Abel getötet wurde, aßen Adam und Eva ein Linsengericht in Trauer und Betrübnis. Als Haran im Kalkofen verbrannt wurde, aßen sein Vater und seine Mutter ein Linsengericht in Kummer und Gram. Jakob aber aß ein Linsengericht, weil ihn die Herrschaft Esaus und dessen Erstgeburt bedrückten und weil an diesem Tage Abraham, unser Stammvater und seines Vaters Vater, gestorben war. Die Kinder Israel aber essen Linsen, wenn sie der Zerstörung des Tempels gedenken und über ihre Verbannung trauern.

Die Erblindung Isaaks

IN DER STUNDE, da Isaak geopfert werden sollte, erhob er seine Augen und schaute zur Herrlichkeit Gottes empor. Es steht aber geschrieben: ›Es wird mich keiner schauen und am Leben bleiben.‹ Doch sollte er dafür nicht sterben, und nur seine Augen wurden dunkel, als er alt ward.

Dazu wird ein Gleichnis angeführt. Ein König erhob seine Augen und sah, daß der Sohn seines Freundes zu ihm aus dem Fenster blickte. Da sprach er: Bringe ich ihn um, so versündige ich mich an meinem Freund, tue ich ihm nichts, so vergehe ich mich an meiner Majestät. So will ich das Fenster schließen, aus dem er geschaut hat.

ALS ISAAK alt wurde, wurden seine Augen stumpf. In der Stunde nämlich, da er auf dem Altar geopfert werden sollte, weinten die Heerscharen; ihre Tränen fielen aus ihren Augen in die Augen Isaaks und hinterließen darin Spuren. Als er nun alt wurde, wurden seine Augen starr.

ISAAK WARD ALT, und seine Augen wurden trübe. Wie heißt es aber vorher in der Schrift: Die Weiber Esaus machten Isaak eitel Herzeleid.

Die Herrlichkeit Gottes weilte zuvor im Hause Isaaks; aber Esau stand auf, nahm Weiber von den Töchtern Kanaans, und diese opferten und räucherten ihren Götzen. Da wich die Majestät Gottes von Isaak. Und Isaak sah das und grämte sich. Da sprach Gott: Ich will seine Augen dunkel machen, damit er nichts mehr sehe und es ihn nicht bekümmere.

Isaak verlangte es nach Leiden, und er sprach vor dem Herrn: Herr aller Welten! Stirbt ein Mensch, ohne gelitten zu haben, so richtet sich gegen ihn das Maß der Strenge; verhängtest du aber Leiden über ihn, so würde das Maß der Strenge ihn nicht so bedrohen. Da sprach Gott: Bei deinem Leben! ein rechtes Ding verlangst du von mir, und mit dir will ich den Anfang machen. – Vom Anfang der Schrift bis zu dieser Stelle steht nichts von Leiden; da nun Isaak aufstand, wurden ihm Schmerzen zuteil. Als er alt wurde, konnten seine Augen nicht mehr sehen.

Die Himmelsleiter

Wo immer die Erzväter hinzogen, rollte ein Brunnen ihnen voran. Sie brauchten die Erde nur dreimal aufzuwühlen, und schon war das Wasser da. So lockerte Isaak den Boden dreimal auf und fand vor sich eine Quelle. Das ist der Bach, der dereinst in Jerusalem sprudeln wird, um die Gegend umher zu tränken, wie es heißt: ›An diesem Tage wird lebendiges Wasser aus Jerusalem fließen.‹ Weil der Brunnen aber siebenmal gefunden wurde, nannte man ihn Seba, und die Stadt daran ist nach dem Brunnen Beer-Seba benannt worden.*

Siebenundsiebzig Jahre war Jakob alt, als er aus dem Hause seines Vaters zog; der Brunnen ging ihm voran von Beer-Seba bis zum Berge Moria zwei Tage lang; es war Mittag, als er dort anlangte. Da begegnete ihm der Herr, gelobt sei er, und sprach zu ihm: Jakob, in deinem Sack ist Brot, und vor dir ist Wasser. Jakob aber erwiderte: Herr

* Beer, Brunnen; schewa, sieben.

der Welt! Noch hat die Sonne nicht die fünfzigste Senkung gemacht, soll ich mich schon zur Ruhe legen? Da ging die Sonne vor der Zeit unter, und Jakob sah sie in Abend stehen; also blieb er über Nacht an diesem Orte.
Er nahm zwölf Steine von dem Altar, auf dem sein Vater Isaak als Opfer dargebracht worden war, und legte sie sich zu Häupten. Das sollte ein Zeichen sein dafür, daß dereinst zwölf Stämme ihm entsprießen würden. Aber aus den zwölf Steinen wurde ein Stein, und das hatte zu bedeuten, daß aus allen diesen Stämmen ein Volk werden sollte auf Erden, wie es heißt: ›Wer ist wie dein Volk Israel, ein einig Volk im Lande?‹

JAKOB NAHM etliche von den Steinen des Ortes, tat sie zu seinen Häuptern und legte sich schlafen. Als er aber des Morgens aufstand, war es nur ein Stein, wie es heißt: Jakob nahm den Stein und richtete ihn zu einem Mal auf. Und wahrlich, alle Steine sammelten sich, und ein jeder sprach: Auf mich soll der Gerechte sein Haupt niederlegen. Alsdann wurden sie alle zu *einem* Stein.

EINE LEITER stand auf der Erde, das war das Haus Gottes, und ihre Spitze, die an den Himmel reichte, das waren die Opfer, deren Geruch bis zum Himmel steigt; die Engel Gottes waren die Priester, die ihres Amtes walteten und die Stufen zum Altar auf- und niedergingen, und der Herr stand obenauf, wie ihn auch der Prophet Amos auf dem Altar hat stehen sehen.

DIE LEITER Jakobs stand in Beer-Seba und lief schräg auf den Tempel zu. Andere sagen, die Leiter hätte im Tempel gestanden und wäre nach Beth-El hin geneigt gewesen.

Der himmlische Tempel ist aber nur einen Raum von achtzehn Meilen von dem auf Erden entfernt.

ANDERE SAGEN: Die Leiter, das war der Berg Sinai, und ihr Haupt, das an den Himmel rührte, das war das Feuer, das zum Himmel emporloderte; die Engel Gottes, das waren Mose und Aaron.

MANCHE ERZÄHLEN, die Leiter Jakobs sei ein Engel gewesen, der auf der Erde gestanden und mit dem Haupt bis an den Himmel gereicht hätte. Das ist das Riesenrad Sandalphon, von dem das eine Ende unten ist und das andere an den Himmel, bis an die heiligen Tiere reicht.
An dem Sinnbild der Leiter, die, unten stehend, mit der Spitze an den Himmel rührte, wurde Jakob gezeigt, wie die Welten miteinander verknüpft sind, wie alle Dinge miteinander zusammenhängen, die himmlischen mit den irdischen, die irdischen mit den himmlischen.

Lea und Rahel

KOMMT EINER in eine Stadt und treten ihm Jungfrauen entgegen, so ist seiner Reise Glück beschieden. Wieso weißt du es? Elieser, dem Knechte Abrahams, eilten Jungfrauen entgegen, bevor er die Stadt betrat, und Gott gab seinem Vorhaben Gelingen. Wen weißt du außer ihm als Beispiel anzuführen? Unseren Meister Mose; er war noch nicht in das Land Midian eingezogen, als er Jungfrauen auf seinem Wege begegnete. Und so war es auch mit Jakob, daß er Rahel erblickte, ehe er die Stadt Haran erreicht hatte.

NACHDEM DAS SIEBENTE Jahr des Dienstes Jakobs um war, sprach er zu Laban: Gib mir Rahel zum Weibe, denn die Tage meines Dienstes sind voll. Da rief Laban alle Einwohner des Ortes zusammen und machte ein Fest. Des Abends aber kam er in das Haus, in dem sich der Bräutigam mit den Gästen aufhielt, und löschte alle Lichter aus. Jakob fragte Laban: Was stellst du an? Laban erwiderte: So ist es Sitte in unserem Lande. Danach nahm Laban seine Tochter Lea und führte sie Jakob zu. Jakob ging zu dem Mädchen ein und wußte nicht, daß es Lea war. Und Laban hatte seine Magd Silpa Lea als Magd geschenkt.

In der Nacht erschienen die Hochzeitsgesellen, taten sich gütlich und scherzten; sie schlugen mit Pauken, führten Tänze auf und sangen in ihrer Ausgelassenheit: Hilela, hilela! Jakob hörte das Jauchzen der Jünglinge, er verstand aber nicht, was die Worte zu bedeuten hätten, und dachte bei sich: Das ist wohl des Landes Brauch. Und die mutwilligen Gesellen fuhren fort, in dieser Weise die ganze Nacht zu rufen. Die Lichter aber waren ausgelöscht.

Als es Morgen wurde und der Tag anbrach, blickte Jakob auf sein Weib, und siehe da, Lea lag in seinen Armen. Da sprach Jakob: Nun weiß ich, was die Freunde gestern gesungen haben: Hilea, hilea! Diese ist Lea, diese ist Lea! Und ich verstand sie nicht. Er erhob sich, ging zu Laban und sprach zu ihm: Warum hast du an mir so gehandelt? Habe ich dir doch um Rahel gedient, warum betrügst du mich und gibst mir die Lea? Laban erwiderte: Es ist in unserem Lande nicht üblich, daß man die jüngere Tochter vor der älteren verehliche. Wenn du aber auch Leas Schwester freien willst, so nimm sie um den Dienst, den du mir weitere sieben Jahre zu leisten hast.

Da willigte Jakob freudig darein. Er bekam auch bald Rahel zum Weibe und diente um sie abermals sieben Jahre. Er liebte sie aber mehr als Lea.

ALS LEA ihren vierten Sohn gebar, sprach sie: Nun will ich dem Herrn danken. Warum sagte sie dem Herrn nicht Dank bei der Geburt von Ruben, Simeon und Levi, und warum ließ sie ihn erst bei der Geburt von Juda erschallen? Ähnlich verfährt ein Priester, der auf die Tenne kommt, um seine Hebe und seinen Zehnten in Empfang zu nehmen. Für die Hebe und für den Zehnten weiß er dem Herrn der Tenne nicht Dank zu sagen. Verehrt ihm aber dieser ein Maß Getreide außer der gesetzlichen Gabe, so fleht der Priester Gutes auf ihn herab. So auch Lea. Sie sprach: Zwölf Stämme sollen Jakobs Lenden entsprießen. Also hat von uns vier Weibern eine jede drei Söhne zu gebären. Ich aber habe bereits drei Söhne zur Welt gebracht und habe meinen Teil empfangen, und nun schenkt mir Gott noch einen vierten Sohn; so will ich ihm Dank zukommen lassen.

Rahel aber beneidete ihre Schwester. Da sprach Gott: Wie lange soll noch die Gerechte betrübt sein? Es ist billig, daß auch sie mit Leibesfrucht bedacht werde und nicht geringer sei als der Mägde eine. Und der Herr gedachte auch an Rahel.

DIE ZWEI TÖCHTER Labans sind wie zwei Balken, die ein Ende der Welt mit dem andern zusammenfügen. Die eine hat Fürsten hervorgebracht, die andere hat Fürsten hervorgebracht; der einen sind Könige entsprossen, und der andern sind Könige entsprossen. Von der einen kamen Löwenbezwinger, und auch von der andern kamen

Löwenbezwinger. Der einen wie der andern entstammten Propheten, Richter, Ländereroberer und Länderverteiler.

Das Opfer eines Sohnes Leas hebt den Sabbat auf; das Opfer eines Sohnes Rahels hebt den Sabbat auf; und führt ein Sohn Leas oder Rahels Krieg, so darf auch am Sabbat gekämpft werden. Den Nachkommen der einen sind zwei Siegesnächte beschieden worden; den Nachkommen der andern sind zwei Siegesnächte beschieden worden. Die Passahnacht und die Todesnacht des Heeres Sanheribs waren das Werk der Nachkommen Leas. Die Nacht, in der Gideon Midian bezwang, und die Nacht, in der der Aufstieg Mordechais begann, sind die Siegesnächte der Stämme Rahels. Das Erbe Leas aber ist größer als das Erbe Rahels; ewiges Priestertum und ewiges Königtum ward den Kindern Leas zuteil, wie es heißt: ›Juda soll ewiglich bewohnt werden und Jerusalem für und für.‹ Rahels Erbe ist dagegen gering: kurz währte die Herrschaft Josephs, kurz war das Königtum Sauls, kurz war der Bestand des Tempels zu Silo.

Andere aber sagen, Rahel allein sei die Trägerin des Hauses Jakob. Mit ihrem Namen wird ganz Israel benannt, wie es heißt: ›Rahel wehklagt um ihre Kinder.‹ Aber nicht bloß ihr Name gilt als Bezeichnung für Israel, sondern auch der Name ihres Sohnes Joseph, wie der ihres Sohnessohnes Ephraim. Wie sagten doch die Propheten: ›Vielleicht, daß sich der Herr des Restes Josephs erbarme‹, und: ›Ist nicht Ephraim mein teurer Sohn, mein trautes Kind?‹

JOSEPH
UND SEINE
BRÜDER

Die Verkaufung Josephs

NACHDEM EIN JAHR vergangen war, daß die Hebräer mit den Königen des Landes Kanaan Frieden geschlossen hatten, zogen die Söhne Jakobs nach Hebron zu Isaak, ihres Vaters Vater, und wohnten daselbst. Allein ihr Vieh, die Rinder und die Schafe, ließen sie in Sichem zurück und weideten es dort, denn die Auen Sichems waren gut und fett.

Zu der Zeit, als Jakob hundertsechs Jahre alt wurde, und zehn Jahre verflossen waren, daß er Mesopotamien verlassen hatte, starb Lea, das Weib Jakobs, im einundfünfzigsten Jahre ihres Lebens. Da trugen Jakob und seine Söhne sie zu Grabe und bestatteten sie in der zwiefachen Höhle, die Abraham von den Kindern Heth zum Erbbegräbnis erworben hatte.

Und die Kinder Jakobs blieben mit ihrem Vater auch weiterhin in Hebron wohnen; die Stämme umher redeten von ihrer Macht, und ihr Ruf verbreitete sich über das ganze Land. Joseph und Benjamin, die Söhne Rahels, waren damals noch klein und zogen mit ihren Brüdern nicht mit, als jene die Kriege mit den Amoritern führten. Und Joseph sah die Größe und den Heldenmut seiner Brüder; zwar lobte und pries er sie, dennoch dünkte er sich höher. Aber auch Jakob liebte Joseph mehr als seine anderen Söhne, denn er war ein Sproß seines Alters, und aus übergroßer Liebe machte er ihm ein buntes Ärmelkleid. Als Joseph merkte, daß sein Vater ihn seinen Brüdern vorzog, wurde er noch hochmütiger und redete Böses über sie. Die Söhne Jakobs aber wußten, daß Joseph sie verleumdete, und sahen, daß ihr Vater ihm mehr als ihnen allen zugetan war; und so wurden sie ihm feind und konnten mit ihm nicht mehr freundlich sprechen.

So ward Joseph siebzehn Jahre alt und überhob sich immer mehr gegenüber seinen Brüdern. Zu der Zeit hatte er einen Traum und rühmte sich seiner vor ihnen. Er sprach: Mich deuchte, daß wir im Felde zusammen Garben banden; meine Garbe stand aufrecht, die eurigen aber umringten sie und neigten sich vor ihr. Darauf erwiderten die Brüder: Was hat dir bloß geträumt? Hegst du den Gedanken, König zu werden und über uns zu herrschen? Joseph erzählte aber den Traum auch seinem Vater. Jakob küßte seinen Liebling, als er von dem Gesicht vernommen hatte, und segnete ihn. Als das die Brüder erfuhren, wurden sie voll Neid und haßten den Sohn Rahels noch mehr.

Danach hatte Joseph wieder einen Traum und erzählte ihn seinem Vater im Beisein der Brüder. Er sprach: Abermals ward mir ein Gesicht beschieden; ich sah die Sonne, den Mond und elf Sterne sich vor mir bücken. Jakob horchte den Worten Josephs, er erkannte aber den Unwillen seiner Söhne, so schalt er ihn vor ihnen und sprach: Warum erhebst du dich über deine Brüder, die älter sind als du? Denkst du, indem du diese Geschichten erzählst, daß ich, deine Mutter und deine elf Geschwister je vor dir niederfallen werden?

Seit dem Tage war die Feindschaft und der Argwohn der Brüder noch größer. Jakob aber behielt die Träume Josephs in seinem Herzen.

DA BEGAB ES SICH eines Tages, daß die Söhne Jakobs nach Sichem gingen, das Vieh zu weiden. Sie versäumten sich dort länger, als ihre Gewohnheit war; die Zeit, da man das Vieh einzutreiben pflegte, war schon vorüber, und sie waren noch nicht heimgekehrt. Der Erzvater hatte aber in der Nacht einen Traum gesehen. Es war ihm, als würden er und seine Kinder nach Ägypten getrieben. Auf dem Wege erblickte er den Engel, der ihm in Mesopotamien erschienen war. Er fragte den Engel: Sage mir, o Herr, werde ich mein Heimatland je wieder betreten? Der Engel erwiderte: Bei deinen Lebzeiten wird das nicht erfolgen. Da erwachte Jakob, und sein Herz ward voll Bangigkeit. Er dachte bei sich: Vielleicht haben sich die Bürger Sichems wider meine Söhne erhoben; ägyptische Söldner helfen ihnen im Streit, und sie führen meine Kinder in die Gefangenschaft. Jakob rief seinen Sohn Joseph und sprach zu ihm: Siehe, deine Brüder hüten das Vieh in Sichem und sind bis jetzt noch nicht zurückgekommen; so geh denn hin und bringe mir von ihnen Kunde, denn das und das hat mir geträumt. Und Jakob sandte Joseph aus dem Tale Hebron, daß er gen Sichem zöge.

Also ging Joseph nach Sichem, fand aber seine Brüder dort nicht. Er suchte sie auf dem Felde und wollte wissen, wohin sie sich gewandt hätten, aber er verirrte sich und verlor die Richtung. Da begegnete ihm ein Engel Gottes und sprach zu ihm: Joseph, du Sohn Jakobs, wo willst du hin? Der Knabe erwiderte: Ich suche meine Brüder; ist dir bekannt, wohin sie ihre Herde geführt haben? Der Engel gab zur Antwort: Ich habe deine Brüder hier weiden sehen und habe sie sagen hören, daß sie nach Dothan gehen wollen.

JOSEPH FOLGTE der Weisung des Engels und schlug den Weg nach Dothan ein. Hier fand er seine Brüder die Schafe hüten. Aber sie hatten ihn schon von der Ferne erblickt, und Simeon sprach: Schaut, der Traumseher kommt daher! Erhebt euch und laßt uns ihn erwürgen. Wir wollen ihn dann in eine Grube werfen und daheim sagen, ein wildes Tier habe Joseph gefressen. Als Ruben seinen Bruder so sprechen hörte, sagte er: Tut das nicht, wie wollen wir dann unserem Vater vor das Angesicht treten? Da aber die Brüder das Verderben Josephs wünschten, sprach Ruben: Werft ihn lebendig in einen Brunnen, er wird von selber sterben; allein legt eure Hand nicht an den Knaben und vergießt nicht sein Blut. Aber Ruben riet ihnen dieses nur, um den Jüngling aus ihrer Hand zu retten; er gedachte, ihn dann seinem Vater zurückzubringen.

Da hatte sich auch Joseph seinen Brüdern genähert. Er sagte: Friede mit euch! Unser Vater schickt mich her, damit ich sehe, wie es euch ergeht. Und er setzte sich zu ihnen auf die Erde. Sie aber standen auf, ergriffen den Knaben, warfen ihn zu Boden und rissen ihm das lange bunte Kleid vom Leibe. Alsdann stießen sie ihn in einen nahen Brunnen. In dem Brunnen war kein Wasser, aber es wimmelte darin von Schlangen und Skorpionen. Da ließ Gott das Otterngezücht in die Löcher schlüpfen, und es tat Joseph nichts zuleide.

Ruben war nicht mehr zugegen, als Joseph in den Graben geworfen wurde. Er hatte sich von seinen Brüdern entfernt, streckte seine Hände zum Himmel und sprach: O Gott meiner Ahnen, wende das Herz der Söhne meines Vaters, daß sie Joseph nichts Böses antun.

Joseph aber rief gar flehentlich aus der Grube: Was hab' ich euch getan und was hab' ich verschuldet? Fürchtet ihr nicht Gott, daß ihr so an mir handelt? Bin ich doch euer Fleisch und Bein, und euer Vater Jakob ist auch mein Vater, wie könnt ihr solch ein Übel begehen? Und er jammerte weiter und rief: Juda, Ruben, Simeon und Levi, befreit mich aus der Finsternis und zieht mich heraus.

Haltet euch vor Augen das Angesicht Gottes und das Angesicht meines Vaters Jakob. Wohl mag ich gegen euch gefehlt haben; ihr aber seid die Söhne Abrahams, Isaaks und Israels, die, wenn sie eine Waise sehen, mit ihr Erbarmen haben, die den Hungrigen speisen, den Durstigen laben, den Nackten bekleiden. Wie sollt ihr nicht Erbarmen haben mit eurem eigenen Bruder? So schrie Joseph aus der Grube und weinte laut; aber die Brüder hörten nicht auf ihn und neigten ihr Ort seinem Wehklagen nicht. Da rief Joseph: O wenn mein Vater wüßte, wie seine Söhne heute an mir handeln, und welche Rede sie wider mich führen! Darauf verließen die Brüder den Platz, um das Jammern des Knaben nicht mehr anzuhören. Sie setzten sich einen Bogenschuß weit von der Grube und aßen ihr Brot.

DA DIE BRÜDER ihre Mahlzeit hielten und darüber ratschlagten, ob sie Joseph töten oder diesmal noch ihrem Vater zurückbringen sollten, erhoben sie ihre Augen und sahen von fern einen Haufen Ismaeliter von Gilead nach Ägypten ziehen. Da sprach Juda: Weswegen sollten wir unseren Bruder umbringen? Der Herr wird sein Blut von uns einfordern. Seht ihr den Zug der Ismaeliter, der uns naht und nach Ägypten hinab will? Wohlan, laßt uns den Knaben ihnen verkaufen, so haben sich unsere Hände an ihm nicht vergriffen. Diese Worte gefielen den Brüdern, und sie beschlossen, dem Rate Judas zu folgen.

Als sie so miteinander redeten und die Ismaeliter erwarteten, kamen von einer anderen Seite sieben midianitische Kaufleute an der Grube Josephs vorbei; über der Grube aber flatterten Vögel aller Art. Die Midianiter waren durstig und beugten sich über den Graben in der Hoffnung, darin Wasser zu finden. Nun hörten sie eine

Stimme weinen und rufen. Sie schauten hinein und sahen einen schönen Jüngling in der Höhle stehen. Sie sprachen zu ihm: Wer bist du? Wer hat dich hierher gebracht? Und sie reichten ihm ihre Hände, zogen den Schmachtenden heraus und nahmen ihn mit. So streiften sie die Stätte, wo die Söhne Jakobs saßen. Diese sahen ihren Bruder Joseph bei den Händlern und sprachen zu ihnen: Warum entführt ihr uns unsern Knecht? Wir sind es, die diesen Knaben in den Brunnen geworfen haben, weil er sich gegen uns aufgelehnt hat.

Die Midianiter erwiderten den Hirten und sprachen: Dieser Knabe hier sollte euer Sklave sein? Eher geziemte es euch, in seinem Dienste zu stehen, denn sein Aussehen ist feiner als eures. Wir haben den Knaben in einer Grube gefunden; wir nehmen ihn mit uns und ziehen unsere Straße. Da richteten sich alle Brüder auf und sprachen zu den Midianitern: Gebt uns unsern Knecht wieder, sonst töten wir euch. Hierauf zogen die Midianiter ihre Schwerter und wollten mit den Hebräern kämpfen. Da sprang Simeon, der Bruder Levis, auf, entblößte gleichfalls sein Schwert und brüllte laut, daß die Erde davon erbebte. Die Midianiter erschraken überaus; sie wurden verwirrt und fielen auf ihre Angesichter. Simeon schrie: Ich bin Simeon, der Sohn Jakobs, des Hebräers, der ich die Stadt Sichem, als meine Schwester Dina geraubt worden war, zerstört und mit meinen Brüdern zusammen die Städte der Amoriter verwüstet habe. Der Herr tue mir dies und das, wenn alle Leute eures Stammes und alle Könige Kanaans, mit euch vereint, gegen mich etwas ausrichten. Gebt uns den Knaben wieder, den ihr genommen habt, sonst werdet ihr ein Fraß sein den Vögeln des Himmels und den Tieren des Feldes.

Darob erschraken die Händler noch mehr und sprachen in ihrer Angst zu den Brüdern: Habt ihr uns doch selber erzählt, daß dieser Knabe ungehorsam gegen euch war, darum habt ihr ihn in die Grube geworfen. Was soll euch nun ein Knecht, der widerspenstig ist gegen seinen Herrn? Laßt uns ihn mitnehmen, wir wollen euch für ihn geben, was ihr begehrt. Die Midianiter redeten so, weil ihnen der Jüngling sehr gefallen hatte. Nun willigten die Söhne Jakobs ein und verkauften ihren Bruder den Midianitern um zwanzig Silberlinge.

Das alles aber ward von dem Allmächtigen so angestellt, damit Joseph nicht getötet wurde.

DIE MIDIANITER nahmen Joseph mit sich und machten sich auf den Weg nach Gilead. Als sie aber eine Strecke gegangen waren, bereuten sie den Handel. Sie sprachen: Was haben wir getan? Wozu haben wir diesen Jüngling erworben? Vielleicht ist er im Hebräerlande gestohlen worden; wird er nun gesucht, und findet man ihn bei uns, so sind wir des Todes. Sind es doch gewalttätige und übermächtige Männer, denen wir begegnet sind; so ist es wohl möglich, daß sie den Knaben geraubt und ihn daher für diesen geringen Preis veräußert haben. Als die Midianiter so miteinander redeten, sahen sie die Karawane der Ismaeliter sich ihnen nähern. Da sprach einer zum andern: Wir wollen den Sklaven den Leuten, die daherkommen, verkaufen.

Und sie taten so und verkauften den Hebräerknaben den Ismaelitern um denselben Preis, den sie für ihn erlegt hatten. Danach fuhren sie weiter nach Gilead. Die Ismaeliter aber nahmen den Jüngling, setzten ihn auf ein Kamel und zogen mit ihm nach Ägypten. Als Joseph vernahm, daß er nach Ägypten gebracht und vom Lande Kanaan, von dem Wohnort seines Vaters, so weit fort verschlagen werden sollte, fing er zu weinen an. Darauf schlugen ihn die Ismaeliter und befahlen ihm, vom Kamel herunterzusteigen, und er mußte ihnen zu Fuß folgen. So kam die Karawane an der Gegend von Ephrath vorüber, an der Stätte, wo Rahel begraben war. Joseph riß sich von den Ismaelitern los und warf sich auf das Grab seiner Mutter. Er schluchzte und rief: Mutter, Mutter, die du mich geboren hast! erwache, steh auf und sieh deinen Sohn, der als Knecht verkauft worden ist, und über den sich niemand erbarmt. Steh auf, sieh die Tränen, die über meine Wangen rollen. Mutter, erwache und weine mit deinem Sohn über seine Not, sieh das grausame Herz seiner Brüder. Erwache, liebe Mutter, rüttle dich auf von deinem Schlaf und zieh in den Kampf gegen die Söhne meines Vaters; sie haben das Ärmelkleid von mir heruntergezerrt, und ich bin zweimal als Sklave verkauft worden. Erwache und klage meine Brüder vor Gott an, sieh, wem er recht geben und wen er verdammen wird. Steh auf, Mutter, und sieh auf meinen Vater hin, wie seine Seele um mich trauert; lindere seinen Schmerz und sprich ihm Trost zu. Wie nun Joseph diese letzten Worte gesprochen hatte, ward er stumm wie ein Stein, aus übergroßem Leid.

Da hörte er eine unterirdische Stimme rufen, bitter klagend und seufzend: Mein Sohn Joseph, ich habe dein Schreien vernommen und deine Tränen gesehen. Ich wußte von deinem Elend, mein Kind, und es war mir leid um dich. Vertraue aber auf Gott und harre seiner Hilfe. Fürchte nicht, denn der Herr ist mit dir, und er wird dich von aller Bedrängnis erlösen. Richte dich auf, mein Sohn, und zieh nach Ägypten mit deinen Herren. Sei ohne

Angst, Gott ist mit dir. So fuhr die Stimme zu sprechen fort, bis sie stille ward.

EINER DER ISMAELITER fand den jungen Sklaven auf dem Grabe sitzen und weinen; er geriet darüber in Zorn, vertrieb ihn von dort und beschimpfte ihn. Joseph flehte seine Herren an: Laßt mich Gnade in euren Augen finden und bringt mich in das Haus meines Vaters, er wird euch großen Reichtum schenken. Die Ismaeliter erwiderten: Du willst einen reichen Mann zum Vater haben, wo du ein Knecht bist? Und sie wurden noch zorniger über ihn, mißhandelten ihn und hieben auf ihn ein, daß Joseph laut weinte.

Aber Gott sah auf die Pein des Knaben hernieder. Er ließ einen starken Wind und eine Finsternis über die Gegend kommen: die Blitze zuckten, der Donner tobte, und die Erde bebte; die Ziehenden erschraken sehr und wußten nicht, wo sie hingingen. Das Vieh und die Kamele streckten sich hin; es halfen keine Schläge, sie wollten nicht weiter traben.

Da sprach einer zum anderen: Was haben wir verschuldet, daß dies über uns gekommen ist? Darauf sagte einer: Vielleicht geschieht uns das, weil wir mit diesem jungen Knecht so hart verfahren sind? Wir wollen ihn bitten, daß er uns vergebe. Die Söhne Ismael taten so und sprachen zu dem Knaben: Wir haben vor Gott und vor dir Sünde getan. Bitte den Herrn, daß er uns vor diesem Tod verschone.

Joseph rief zu Gott, und er erhörte ihn und nahm die Strafe von den Ismaelitern. Alsbald richteten sich die Tiere auf und ließen sich weiter treiben, der Sturm legte sich, das Beben hörte auf, und die Karawane konnte ihre Reise fortsetzen. Die Wanderer wußten nun, daß es ihnen um Josephs willen so ergangen war. Sie sprachen zueinander: Es ist offenbar, weswegen wir bestraft worden sind. Warum aber sollen wir fortan solches Unheil über uns schweben lassen? Wollen wir zusehen, wie wir uns dieses Knechtes entledigen können. Darauf sprach einer: Der Knabe hat doch gebeten, daß wir ihn zu seinem Vater zurückführen sollten. Tun wir das; bringen wir ihn nach Kanaan und holen uns den Preis, den wir für ihn gezahlt haben. Ein anderer erwiderte: Der Rat ist wohl gut, aber wir können ihn nicht befolgen, weil der Weg dorthin zu weit ist, um ihn noch einmal zurückzulegen. Wir kommen aber in kurzer Zeit nach Ägypten, dort wollen wir den Knaben um einen höheren Preis verkaufen und so dem Ungemach entrinnen.

Dieser Rat fand allgemeinen Beifall. Die Ismaeliter beschlossen, so zu tun, und machten sich mit Joseph auf den Weg nach Ägypten.

NACHDEM DIE SÖHNE Jakobs ihren Bruder Joseph verkauft hatten, schlug ihr Herz, und es reute sie, was sie getan. Sie versuchten in der Richtung zu gehen, nach der die Midianiter abgezogen waren, um Joseph zurückzuholen, sie sahen die Händler aber nicht mehr. Ruben, der bei dem Verkauf nicht zugegen gewesen war, kehrte unterdessen zur Grube zurück, um Joseph herauszuziehen und seinem Vater zu bringen. Er stand vor dem Brunnen und rief: Joseph, Joseph! Aber es kam keine Antwort aus der Tiefe. Da dachte Ruben: Vielleicht ist der Knabe vor Furcht gestorben, oder eine Schlange hat ihn getötet? Er ließ sich hinab, Joseph war aber nicht mehr da. Da zerriß Ruben seine Kleider und sprach: Der Knabe ist nicht mehr, was soll ich meinem Vater antworten, wenn er nach ihm fragt? Und Ruben eilte zu seinen Brüdern; er fand sie sehr betrübt. Er sprach: Ich bin in die Grube hinabgestiegen, Joseph ist nicht mehr drin. Was sollen wir nun unserem Vater Jakob sagen? Er wird ihn zuallererst von mir fordern. Darauf gestanden die Brüder ihr Vergehen und sagten: Das und das haben wir mit Joseph getan; nun aber ist es uns leid, und wir suchen nach einem Ausweg. Da sprach Ruben: Was habt ihr angerichtet! Ihr werdet das graue Haupt unseres Vaters mit Herzeleid ins Grab stürzen.

Danach setzte sich Ruben bekümmert zu seinen Brüdern, sie aber standen auf und beschworen einander, ihrem Vater von dem Verkauf Josephs nichts zu verraten. Sie sprachen: Wer nur ein Wort davon vor Jakob oder vor einem aus dem Hausgesind oder vor irgendeinem der Einwohner des Landes verlauten läßt, den töten wir mit dem Schwerte. Nun band die Söhne Jakobs vom jüngsten bis zum ältesten die Furcht voreinander, und sie wahrten Schweigen über das Geschehene. Sie hielten Rat, wie sie die Kunde vom Verschwinden Josephs ihrem Vater überbringen sollten. Da sprach Isaschar: Gefällt es euch, so nehmt das Gewand Josephs und zerreißt es; dann schlachtet einen Ziegenbock und taucht das Kleid in das Blut des Tieres. Das Hemd sendet nach Hebron; wenn es Jakob sieht, wird er denken: Ein wildes Tier hat Joseph gefressen – und wir sind von seinen Anklagen rein.

Dieser Rat gefiel den Brüdern wohl, und sie verfuhren danach. Sie beeilten sich, holten einen Ziegenbock und durchschnitten ihm die Kehle; danach zerrissen sie das Ärmelkleid Josephs, tauchten es in das Blut des Zickleins und traten darauf, daß es voller Staub wurde. Sie gaben das blutige Gewand Naphtali, der sollte es ihrem Vater bringen. Sie befahlen ihm folgendes zu sagen: Wir waren gerade dabei, unser Vieh einzutreiben, und kamen über Sichem hinaus, da fanden wir auf dem Felde dieses Kleid blutig und bestaubt liegen; sieh es dir an, ist es nicht das Kleid deines Sohnes Joseph?

Da ging Naphtali nach dem Tale Hebron, brachte Jakob das blutige Hemd und sprach die Worte, die ihm seine Brüder vorgesagt hatten. Wie nun Jakob das zerrissene Kleid sah, erkannte er es alsbald: er fiel auf sein Angesicht zur Erde nieder und ward starr wie ein Stein. Sodann richtete er sich auf, schrie laut und weinte: O, das ist das Hemd meines Sohnes Joseph!

JAKOB ERHOB SICH und sandte einen Knecht, seine Kinder zu holen; der traf die Söhne seines Herrn, wie sie mit ihrem Vieh auf dem Wege nach Hause waren. Des Abends kamen die Brüder alle vor ihren Vater: sie hatten ihre Kleider zerrissen und Erde auf ihr Haupt gestreut. Sie fanden Jakob weinend und klagend. Er sprach zu den Heimkehrenden: Welch eine böse Kunde habt ihr mir heute überbracht! Die Söhne erwiderten: Wir hatten das Vieh eingesammelt und befanden uns auf dem Wege nach Sichem; da sahen wir ein Kleid, mit Blut und Staub bedeckt, auf der Erde liegen und erkannten es als das Kleid unseres Bruders; das schickten wir dir durch den Knaben Naphtali, damit er es dir zeige. Da schrie Jakob abermals laut auf und sprach: Es ist meines Sohnes Rock! Ein wildes Tier hat ihn zerfleischt, ein Raubtier hat ihn gefressen! Er sollte nach eurem Wohl und nach dem Wohl des Viehs sehen und mir von euch Kunde bringen. Und er machte sich auf, wie ich ihm befohlen hatte, und nun sollte es ihm so ergehen, und ich wähnte, er sei bei euch. Die Brüder erwiderten: Joseph ist bei uns nicht gewesen, und wir haben ihn nicht gesehen, seitdem wir von dir geschieden sind. Als Jakob diese Worte vernahm, fing er von neuem zu weinen und zu jammern an; er zerriß seine Kleider, tat einen Sack um seine Lenden und hob eine große Klage an. Er rief: Mein Sohn Joseph! mein Sohn Joseph! Ich habe dich zu deinen Brüdern gesandt, um nach ihrem Wohlergehen zu fragen, und nun solltest du von einem Tier getötet werden. Durch mich ist das Böse über dich gekommen. Wie ist es mir leid um dich, mein Sohn: du hast mir mein Leben versüßt; wie bitter ist dein Tod. O wäre ich doch statt deiner gestorben; wie schmerzt mich dein Verlust. Mein Sohn Joseph, wo befindest du dich und wo ist deine Seele? Erwache und sieh auf mein Leid. Mein Sohn, komm und zähle die Tränen, die aus meinen Augen über mein Gesicht rinnen, und bringe sie vor den Herrn, daß er seinen Zorn von mir abwende. Mein Sohn, du hast einen Tod erlitten, wie ihn, seit die Welt besteht, noch kein Mensch erlitten hat. Du bist geschlagen worden, gleichwie ein Feind geschlagen wird, mit unbarmherziger Staupe. Mein Sohn, ich weiß, um meiner vielen Sünden willen ist ein solches Geschick über dich verhängt worden. O, könntest du mein Elend sehen! Wohl habe ich dich nicht erschaffen und dein Maß nicht bestimmt, auch habe ich dir nicht Seele und Geist eingeblasen. Der Allmächtige war es, der dich gebildet, deine Knochen ausgebaut, sie mit Fleisch bekleidet und lebendigen Odem in deine Nase eingehaucht hat. Er hat dich mir gegeben, und er hat dich von mir genommen. Daß du aber so sterben mußtest! Allein, was der Herr tut, ist wohlgetan.

So fuhr Jakob immer fort, Joseph zu beweinen, bis er zur

Erde fiel und in stummen Schmerz versank. Und die Söhne sahen das Leid ihres Vaters, und es ergriff sie die Reue über das, was sie getan hatten, und sie weinten alle mit. Juda hob den Kopf Jakobs, stützte ihn auf seine Knie, wischte ihm die Tränen von den Wangen und weinte laut. Allein der Kopf des Erzvaters blieb willenlos hängen. Als die Söhne ihren Vater so verzagen sahen, begannen sie von neuem zu weinen und stimmten eine Klage an über Joseph und über den Jammer des Vaters. Und die Kunde von Josephs Verderben drang bis zu Isaak, dem Sohne Abrahams, dem Vater Jakobs, und er und seine Hausgenossen beweinten den Knaben. Danach machten sie sich auf und kamen nach Hebron, um Jakob Trost zuzusprechen. Er aber ließ sich nicht trösten.

JAKOB STAND mit tränennassen Augen von der Erde auf und sprach zu seinen Söhnen: Nehmt eure Köcher und Bogen und zieht ins Feld hinaus: sucht draußen, ob ihr nicht den Leichnam Josephs findet; bringt ihn mir dann, damit ich ihn begrabe. Macht auch Jagd auf das Wild und fangt das Raubtier lebendig, das ihr zuerst antrefft. Vielleicht sieht der Herr auf meine Pein und läßt euch das Tier finden, das meinen Sohn umgebracht hat; ich will meine Rache an ihm nehmen.

Die Brüder taten nach dem Befehl ihres Vaters; sie machten sich früh auf und zogen mit Pfeil und Bogen auf die Jagd. Jakob aber ging noch immer im Hause auf und ab, rang die Hände, weinte und schrie: Joseph mein Sohn! Mein Sohn Joseph!

Als die Brüder auf dem Felde waren, trat ihnen ein Wolf entgegen; sie bemächtigten sich seiner und brachten ihn lebendig zu ihrem Vater. Sie sprachen: Dieses Tier haben wir zuallererst erblickt und bringen es dir, wie du uns befohlen hast: den Körper Josephs aber haben wir nicht gefunden. Da wandte sich Jakob an den Wolf, schrie ihn laut an und sprach zu ihm bitteren Herzens: Warum hast du meinen Sohn gefressen? Du hast den Schöpfer nicht gefürchtet und mir dieses Leid angetan. Umsonst und um nichts hast du den Knaben zerrissen, denn er war unschuldig, und nun möge der Herr seinen Tod an dir rächen.

Da öffnete der Allmächtige den Mund des Tieres, damit es Jakob durch seine Rede tröste, und es sprach: So wahr Gott lebt, der mich erschaffen hat, und so wahr deine Seele lebt, mein Herr, ich habe dein Kind nie gesehen und habe es nicht zerfleischt. Ich komme aus einem fernen Lande, um mein Junges zu suchen, denn wie es dir mit deinem Sohne ergangen ist, so ist es mir mit dem meinigen ergangen. Es sind zehn Tage her, daß der kleine Wolf von mir fort ist, und ich weiß nicht, wo er hin ist, ob er lebt oder tot ist. Nun streifte ich heute im Felde umher und spähte nach ihm; da fanden mich deine Söhne, ergriffen mich und fügten mir zu meinem Leide ein neues Leid hinzu. So bin ich zu dir geführt worden und rede zu dir diese Worte. Und nun, Menschensohn, ich bin fürwahr deinem Kinde nicht begegnet und habe es nicht gefressen; überdies hat mein Mund Menschenfleisch noch nie genossen.

Als Jakob die Rede des Tieres vernahm, war er voll Verwunderung darüber und ließ es seinen Weg ziehen. Er trug aber Leid um Joseph viele Tage.

Im Hause Potiphars

Die Ismaeliter, die den Knaben Joseph von den Midianitern gekauft hatten, zogen mit ihm nach Ägypten. Als sie sich der Grenze des Landes näherten, begegneten ihnen vier Männer von den Söhnen Medans, des Sohnes Abrahams. Die Ismaeliter sprachen zu ihnen: Wollt ihr diesen Knecht hier von uns erstehen? Jene erwiderten: Laßt uns ihn richtig anschauen. Da hießen die Ismaeliter Joseph vortreten, und die Medanäer sahen, daß es ein überaus schöner Knabe war; so kauften sie ihn um fünf Sekel.

Die Ismaeliter fuhren danach weiter, aber auch die Söhne Medans kehrten noch am selben Tage nach Ägypten zurück. Sie sprachen zueinander: Hörten wir nicht unlängst, daß Potiphar, der Kämmerer Pharaos, der Hauptmann der Leibwache, einen Knecht suche, der seinem Hause vorstehe und bei ihm Dienst tue? Wollen wir ihm diesen Jüngling anbieten.

Also begaben sich die Herren Josephs in das Haus des Kämmerers und sagten: Wir haben erfahren, daß du einen treuen Knecht suchst, der dich bediene. Nun haben wir einen Knaben erworben, der nach deinem Wunsche ist; wenn du uns den und den Preis zahlst, so soll er in dein Haus kommen. Potiphar erwiderte: Bringt ihn her, daß ich ihn sehe.

Die Medanäer holen den Hebräerknaben und zeigten ihn dem Diener Pharaos. Und Joseph gefiel Potiphar überaus gut. Der Kämmerer sprach zu den Söhnen Medans: Was habe ich wohl für diesen Knaben zu zahlen? Sie antworteten: Vierhundert Silberlinge sollst du erlegen. Potiphar sagte: Ich will den Preis entrichten, bringt mir aber die Händler, von denen ihr den Knaben erstanden habt, daß sie mir darüber berichten, ob er nicht gestohlen worden ist. Denn dieser Jüngling ist kein Sklave und kein Sklavensohn; ich sehe, daß er von edlem Blute ist.

Da brachten die Medanäer die Ismaeliter vor Potiphar. Diese sagten über Joseph aus, daß er nichts anderes als ein Knecht sei. Als der Kämmerer ihre Rede hörte, wog er das Geld für Joseph ab und gab es den Medanäern. Darauf entfernten sie sich; auch die Ismaeliter zogen ab.

Potiphar aber nahm den Sohn Jakobs, brachte ihn in sein Haus, und er ward sein Diener. Und der Jüngling fand Gnade in den Augen des Fürsten und gewann sein Vertrauen, daß er ihn über sein ganzes Haus setzte und alles, was er besaß, unter seine Obhut stellte. Der Herr war mit Joseph und gab ihm Glück zu allem. Und Gott segnete auch das Haus des Ägypters um Josephs willen.

Zu der Zeit war Joseph achtzehn Jahre alt und war ein Jüngling schön von Gestalt und von Gesicht. Es gab nicht seinesgleichen im ganzen Lande Ägypten.

Und Suleika, das Weib Potiphars, erhob ihre Augen zu Joseph und fand Gefallen an seiner Schönheit. Ihre Seele hing an ihm; sie schenkte ihm täglich neue Kleider und redete ihm zu, in ihrer Nähe zu bleiben. Joseph aber sah nicht zu dem Weibe seines Herrn auf. Suleika sprach: Wie lieblich ist dein Aussehen und deine Gestalt; gar manchem Knaben bin ich begegnet; einen, der dir an Anmut gliche, habe ich nicht gesehen. Joseph antwortete: Der mich im Leibe meiner Mutter bereitet hat, hat auch alle anderen Menschen gestaltet. Suleika sprach weiter: Wie schön sind deine Augen, Joseph; du hast ganz Ägypten, die Männer und die Weiber, durch sie gewonnen. Joseph entgegnete: Meine Augen leuchten nur, solange ich lebe; siehst du sie, wenn ich tot bin, so jammerst du über den Anblick. Das Weib Potiphars sagte: Wie süß und liebreizend ist deiner Rede Klang! Nimm die Laute aus dem Gemach und spiele mir, daß ich es höre. Der Jüngling erwiderte: Sinn ist nur in meiner Rede, wenn ich meinen Gott preise und sein Lob verkünde. Das Weib sprach: Wie glänzend ist deines Hauptes Haar, Geliebter! Da im Gemach liegt ein goldener Kamm, hole ihn und fahr durch deine Locken. Joseph antwortete: Wie lange noch willst du in dieser Weise zu mir sprechen? Laß ab davon und wende dich den Obliegenheiten deines Hauses zu. Da versetzte die Fürstin: Es gibt für mich keine Pflicht und kein Gebot außer dem einen, deinen Worten zu lauschen. Suleikas Begehren war, daß Joseph bei ihr ruhe. Joseph aber schaute zu seiner Herrin nicht empor und senkte seine Blicke zu Boden allemal, wenn sie mit ihm redete. Wenn er sich im Hause aufhielt und seine Arbeit verrichtete, kam Suleika gleich und setzte sich zu ihm. Sie suchte ihn zu überreden, daß er ihr beiwohne. Wenn er sie zumindest anschaute! Joseph aber wollte ihren Zuflüsterungen nicht Gehör schenken. Da sagte Suleika: Trotzt du mir weiter, so verhänge ich über dich ein Todesurteil, und vorher lasse ich dich noch in ein eisernes Joch zwingen. Joseph erwiderte: Der Herr, der den Menschen erschaffen hat, erlöst die Gefangenen, und er wird deine Strafe von mir abwenden und mich von den Fesseln, in die du mich legen willst, befreien.

ALS ES DEM Weibe Potiphars fort und fort nicht gelang, Joseph zu verführen, fiel sie nieder auf ihr Lager und ward krank vor Liebe. Da kamen die vornehmen Frauen Ägyptens, um nach ihr zu sehen, und sprachen: Wie bist du so hager und bleich geworden, Suleika, wo es dir doch an nichts gebricht! Bist du doch die Gemahlin eines großen und vornehmen Fürsten, könnte dir irgendein Wunsch unerfüllt bleiben? Suleika erwiderte: Heute sollt ihr, Frauen Ägyptens, zu wissen bekommen, wer schuld daran ist, daß ich mich so verändert habe. Und sie befahl ihren Mägden, ein Mahl zu bereiten. Die geladenen Frauen aßen von den dargebotenen Speisen und erquickten sich an den Getränken. Hernach trugen die Mägde Orangen auf und legten Messer zum Schälen der Früchte hin. Hierauf gab Suleika Befehl, daß der hebräische Knabe seine köstlichen Kleider anziehe und vor den Edelfrauen erscheine.

Also trat der Jüngling in das Gemach, und die Ägypterinnen sahen seine Schönheit und konnten ihre Augen von ihm nicht abwenden. Sie schnitten sich in die Hände mit den Messern, mit denen sie die Orangen schälten, daß die Früchte blutig wurden; das Blut floß auf die Kleider, die Herrinnen merkte aber nicht, was ihnen geschehen war, so waren ihre Blicke auf den Knaben geheftet. Suleika sprach zu ihren Gästen: Was ist euch widerfahren? Ich habe euch Orangen vorsetzen lassen, damit ihr euch erlabt, und nun seht, wie ihr euch die Finger verletzt habt. Da schauten die Freundinnen Suleikas auf ihre Hände, und siehe, sie bluteten. Die Frauen sprachen: Dein Knabe war es, der uns so verwirrt hat. Da sagte Suleika: Ihr habt den Jüngling nur eine Weile gesehen, und es ist euch so ergangen, weil ihr nicht ablassen konntet, ihn anzuschauen; wie sollte nun ich, die ich ihn täglich in meinem Hause sehe, von der Lust zu ihm nicht verzehrt werden? Die Edelfrauen erwiderten: Du sprichst die Wahrheit, Suleika. Wer könnte solch einen schönen Knaben in seiner Nähe haben und sich der Liebe erwehren? Aber siehe, er ist doch

dein Knecht und Diener; warum sprichst du nicht mit ihm von dem, was dein Herz erregt, und läßt deine Seele umkommen? Das Weib Potiphars entgegnete:
Wohl suche ich täglich den Knaben zu überreden, er aber hört nicht auf meine Worte; ach, so viel Gutes habe ich ihm versprochen, habe aber keinen Widerhall gefunden; deswegen bin ich abgehärmt, wie ihr mich heute seht.

UND SULEIKA wurde immer leidender vor Lust zu dem hebräischen Knaben, und die Liebe zehrte an ihr gar sehr. Die Hausgenossen wußten nicht, was mit ihr war, und daß das Verlangen nach dem Sklaven sie krank machte. Sie fragten nach dem Grunde ihres Harmes, und Suleika antwortete: Ich wüßte selber nicht zu sagen, was täglich über mich kommt. Wenn aber die befreundeten Edelfrauen sie besuchten und sich nach ihrem Befinden erkundigten, sagte sie: Das rührt allein von meiner Liebe zu dem Kanaaniter her. Die Freundinnen sprachen: Bescheide ihn zu dir, wenn niemand da ist, und bemächtige dich seiner; vielleicht wird er deinen Willen tun, und du wirst diesem Tod entgehen.
Suleikas Liebesschmerz aber ward immer stärker und stärker. Eines Tages, als Joseph bei der Arbeit für seinen Herrn saß, schlich sie sich an ihn heran und warf sich ihm um den Hals. Joseph aber richtete sich auf, befreite sich von der Umklammerung und zwang Suleika auf ihren Sitz. Nun fing sie aus brennender Leidenschaft zu weinen an und sprach wunden Herzens mit flehender Stimme: Hast du je ein schöneres Weib, als ich eins bin, gesehen, oder kennst du ein Weib, das besser wäre als ich? Alle Tage rede ich mit dir von meinem Sehnen; ich vergehe vor Liebe zu dir; ich erweise dir so viel Gunst und Ehren, und du neigst mir

nicht dein Ohr. Fürchtest du deinen Dienstherrn, daß er dich strafe? So wahr der König lebt, dir geschieht nichts von meinem Gemahl. So vernimm denn mein Bitten, o Joseph, und wende von mir das Verderben ab. Soll ich aus Liebe zu dir sterben?

Da Suleika ausgeredet hatte, sprach Joseph zu ihr: Laß ab von mir, Herrin, und bring' eine derartige Rede nicht mehr vor; bewahre, bewahre, daß ich meinem Wohltäter solches antue. Dein Eheherr nimmt sich keines Dinges in seinem Hause an, und alles, was sein ist, hat er mir anvertraut. Sollte ich nun an dieser Stätte einen solchen Frevel begehen? Auch er schätzt und ehrt mich; er hat mich über alle seine Diener erhoben und mir nichts vorenthalten als nur dich allein, die du sein Eheweib bist. Wie sollte ich eine so böse Tat tun und mich wider Gott und wider deinen Gemahl versündigen? Höre auf, mich zu bedrängen, und sprich nicht mit mir in dieser Weise. Fürwahr, ich gehorche dir nicht.

Suleika aber kehrte sich nicht an Josephs Mahnungen und fuhr fort, alle Tage ihn zu locken.

Es KAM DIE ZEIT, da der Nil wie alljährlich anschwoll und aus seinen Ufern trat. Die Einwohner Ägyptens zogen ihrer Gewohnheit gemäß mit Sang und Spiel aus, den sich mächtig ergießenden Strom zu schauen. Der Tag, an dem das Wasser des Nils zu steigen begann, war für die Ägypter ein Freudentag, und sie feierten ihn mit Pauken und Reigen. Auch der König und seine Fürsten wohnten dem Feste bei. Also waren auch alle aus dem Hause Potiphars an diesem Tag am Nil. Allein Suleika war nicht mitgegangen und hatte ihre Krankheit vorgeschützt; sie wollte mit dem hebräischen Knaben allein sein. Als nun alle fort waren, stand sie auf und zog ihre königlichen Kleider an. Sie schmückte ihr Haupt mit köstlichen Edelsteinen, die in Gold und Silber gefaßt waren, schminkte das Gesicht und rieb ihren Körper mit Frauensalben ein. Alsdann durchräucherte sie das Gemach mit Cassien und Weihrauch und streute Myrrhe und Aloe darin aus. Sie setzte sich vor den Eingang der Halle, an dem Joseph vorüberschreiten mußte, wenn er an sein Tagewerk ging.

Und richtig, da kehrte der Jüngling auch vom Felde zurück. Als er aber seine Herrin erblickte, wandte er sich um. Suleika sah Joseph umkehren und rief: Geh an deine Arbeit, ich will dir den Weg frei machen. Joseph gehorchte ihr und suchte seinen Arbeitsplatz auf. Da erschien Suleika wieder, stellte sich vor ihn in ihrem prächtigen Gewand, und der Duft ihrer Kleider erfüllte den Raum. Sie ergriff Joseph bei seinem Mantel und sprach: Beim Leben des Königs! Wenn du mir heute nicht gehorchst, so bist du des Todes! Und sie zog mit der freien Hand einen Dolch hervor, den sie in ihren Kleidern versteckt hielt, und legte ihn Joseph an den Hals. Das Weib schrie: Folge mir! Da erschrak Joseph vor dem, was seine Gebieterin tat, und riß sich mit Gewalt los. Suleika aber hatte sein Überkleid festgehalten. Als er nun eilends davonlief, zerriß der Rock. Joseph ließ ihn in der Hand des Weibes und floh auf die Straße.

ALS SULEIKA SAH, daß das Kleid Josephs zerrissen war, fürchtete sie, daß ihre Tat ruchbar würde. Sie beschloß daher, List anzuwenden; sie legte die kostbaren Gewänder, die sie anhatte, ab und zog ihr Alltagskleid an. Hernach setzte sie sich auf das Ruhebett im Gemach, in dem sie geweilt hatte, als die Hausgenossen an den Nil gegangen waren. Den Rock Josephs behielt sie bei sich. Ein kleiner Knabe war im Hause zurückgeblieben, dem befahl sie, das Hausgesinde zu rufen. Als sie die Diener kommen sah, schrie sie laut: Seht, was euer Herr getan hat! Er hat einen hebräischen Knecht ins Haus gebracht, und dieser wollte mir heute Gewalt antun. Als ihr fort wart, kam der Dreiste hierher, und da er sah, daß ich allein war, überfiel er mich und wollte mir beiwohnen. Ich zerrte an seinem Rock, zerriß ihn und schrie um Hilfe. Da kam eine Angst über ihn, er ließ sein Kleid in meiner Hand und rannte davon.

Die Diener Potiphars hörten das schweigend an und waren voll Zorn über den Hebräer; sie gingen zu ihrem Herrn und berichteten ihm, was seiner Gemahlin widerfahren war. Hierauf eilte Potiphar ergrimmt in sein Haus. Wie Suleika ihren Herrn erblickte, schrie sie und rief: Was mußtest du diesen hebräischen Sklaven in unser Haus aufnehmen? Er wollte seinen Mutwillen an mir treiben, und so und so trug es sich zwischen mir und ihm zu.

Als Potiphar dies vernahm, befahl er, den Frevler mit Schlägen zu strafen. Die Diener holten den Beschuldigten und hieben auf ihn ein. Da schrie Joseph; er erhob seine Augen zum Himmel und rief: Herr, du weißt, daß ich rein bin von dem, was gegen mich vorgebracht wird. Warum soll ich denn heute einer Lüge wegen von der Hand dieser Heiden umkommen? Die Knechte Potiphars aber schlugen ihn immer weiter.

An dem Orte, wo Joseph gezüchtigt wurde, lag ein elf Monate alter Säugling; das war der Sohn eines der Knechte Potiphars. Da tat Gott den Mund des Kindes auf, und es begann zu sprechen. Der Säugling rief: Was wollt ihr von dem Unschuldigen haben? Warum tut ihr ihm

Böses? Unwahrheit spricht die Herrin, Lüge ist ihre Rede. So und so war es. Und das Kind erzählte, wie alles in Wirklichkeit gewesen war, und gab auch die Worte wieder, mit denen Suleika alle Tage auf Joseph einzureden pflegte.

Als der Säugling den Bericht vollendet hatte, war er der Rede nicht mehr mächtig und blieb stille.

Die Umherstehenden waren voll Staunen über das, was sie gesehen hatten. Potiphar aber ward beschämt und befahl seinen Dienern, von Joseph zu lassen.

NACH DIESER GESCHICHTE entschied sich der Kämmerer, den Fall den Priestern, die die Hüter des Rechtes waren, zu unterbreiten. Er stellte Joseph vor sie und sprach: Fällt euer Urteil; wie muß mit einem verfahren werden, der das und das getan hat? Die Priester fragten den Sohn Jakobs: Wie konntest du deinen Herrn so hintergehen? Und Potiphar sprach: Alles, was ich besaß, habe ich diesem hier anvertraut; ihm war nichts verwehrt, allein mein Weib durfte er nicht anrühren; und nun fügt er mir solch ein Übel zu. Joseph erwiderte: So wahr Gott lebt und so wahr deine Seele lebt, mein Herr, es trifft nicht zu, was du von deiner Gemahlin über mich vernommen hast. Siehe, es ist nun rund ein Jahr her, daß ich bei dir im Dienst bin; hast du mich etwas Unrechtes tun sehen? Habe ich mich irgendwie vergangen, wofür ich mit meinem Kopfe büßen müßte? Nachdem die Priester alles angehört hatten, sagten sie zum Kämmerer: Laß das zerrissene Kleid des Knechtes herbringen, wir wollen es untersuchen und sehen, wo sich der Riß befindet. Ist er am Kleide vorn, so ist das ein Zeichen dafür, daß dein Weib ihn zwingen wollte, und daß es nur eine List von ihr ist, wenn sie das Gegenteil behauptet. Also wurde der Rock Josephs geholt, und siehe, der Riß befand sich vorne. Da erkannten die Richter, daß Suleika die Verführerin war, und sprachen: Dieser Knecht ist des Todes nicht schuldig, denn er hat nichts verbrochen; aber er soll ins Gefängnis gebracht werden, wegen des bösen Geredes, das durch ihn über dein Weib ausgestreut worden ist.

So wurde Joseph in das Gefängnis gesteckt, in dem die vor dem Könige Schuldigen saßen. Hier sollte er zwölf Jahre lang verbleiben.

Aber auch während dieser Zeit ließ seine Herrin von ihm nicht ab. Tag für Tag erschien sie im Gefängnis und redete in folgender Weise: Wie lange, Joseph, willst du hier schmachten? Tu meinen Willen, und ich werde dich aus diesem Hause führen. Joseph aber erwiderte: Ich will lieber im Kerker bleiben, als auf deine Worte hören und mich vor Gott versündigen. Suleika sprach: Erfüllst du nicht meinen Wunsch, so steche ich dir die Augen aus, lege eherne Ketten an deine Füße, und du kommst unter die Gewalt eines Wächters, wie du ihn seit gestern und ehegestern nicht gekannt hast. Joseph aber sprach: Der Herr der Erde kann mich von allem erlösen; er tut den Blinden die Augen auf, er befreit die Gefesselten und behütet die Fremdlinge, welche in Ländern wohnen, die sie bislang nicht gekannt haben.

Als das Weib sah, daß all ihr Flehen vergeblich war, ließ sie verzagten Herzens von Joseph ab und hörte auf, zu ihm zu gehen.

UND DER HERR war mit Joseph und machte ihm das Herz des Amtmannes über das Gefängnis geneigt. Da ließ dieser eines Tages den jungen Gefangenen vor sich kommen und sprach zu ihm: Ich merke wohl, daß du ein Mann von gutem und rechtschaffenem Wesen bist; wie konntest du dich von deinem Trieb zum Bösen verleiten lassen? Bei deinem Leben, sage mir, was ist zwischen dir und der Gemahlin deines Herrn vorgefallen? Darauf berichtete Joseph getreulich, wie sich die Dinge zugetragen hatten. Als das der Amtmann vernahm, ereiferte er sich sehr und sprach: Die Wahrheit kommt an den Tag. Und er ging auf die Straße hinaus. Wie er draußen war, sah er den Kämmerer vorbeigehen. Er trat auf ihn zu und erzählte ihm sein Zwiegespräch mit Joseph.

Da ward Potiphar abermals schwankend und beschloß, seine Bedienten wegen Josephs wieder auszufragen. Er begab sich in sein Haus und lenkte seine Schritte nach der Gesindekammer. Als er vor der Tür stand, hörte er die Mägde drinnen sich über seine Gefährtin und Joseph unterhalten. Er horchte auf und erfuhr, daß alles, was die Bediensteten vor dem Gericht gegen den Kanaaniter ausgesagt hatten, ihnen von Suleika eingegeben worden war. Er riß die Tür auf, erschien plötzlich vor den Mägden und zwang sie, ihm die Wahrheit zu bekennen. Da fiel die eine Magd, mit Namen Aduna, Potiphar zu Füßen und sprach: Die Herrin hat uns jene Aussage geboten, wie durften wir ihren Worten zuwiderhandeln? Dein Knecht aber hat jene Untat nie und nimmer begangen, denn er ist treu und rein von Gemüt.

Da entbrannte der Zorn des ägyptischen Kämmerers. Er ging stracks in das Gemach seines Weibes Suleika und sprach: Schäme dich des Bösen, das du getan hast. Hat dich dein übermütiger Sinn dazu getrieben, den Knaben verführen zu wollen, wie hast du dich noch dazu verstiegen, ihn zu verleumden? Es sei nun ferne von mir, dich fortan meinen Namen tragen zu lassen. Du bist nicht mein Weib, und ich will nicht mehr dein Ehemann heißen. Du sollst in einem entlegenen Teile meines Hofes deine Tage zubringen, und ich mag von dir nicht mehr hören.

Hierauf ging Potiphar in das Gefängnis, in dem Joseph eingekerkert war; er redete mit ihm freundlich und bat ihn um Vergebung. Er konnte ihn jedoch nicht befreien, denn Suleika war angesehener Herren Kind, und er fürchtete die Rache ihrer Anverwandten. So blieb Joseph noch weiter im Gefängnis. Potiphar aber ließ ihm des öfteren von seinem Tische Gaben zukommen.

Während der Zeit trauerte Jakob mit seinen Kindern noch um den verschollenen Sohn, und sie weinten um ihn. Jakob konnte den Verlust Josephs nicht verwinden.

Joseph im Gefängnis

Zu der Zeit hatte Pharao, der König von Ägypten, zwei Meister an seinem Hofe, einen Mundschenken und einen Bäcker. Eines Tages setzte der Mundschenk dem Könige Wein vor, und der Bäcker reichte ihm das Brot. Pharao aß von dem Brot und trank von dem Wein, und seine Hofleute wie seine Diener aßen und tranken mit. Da wurden in dem Wein Fliegen gefunden, in dem Brot aber stieß man auf Kreidestücke. Als der König sah, wie unachtsam sein Mundschenk und sein Bäcker in ihrem Amte waren, gab er Befehl, die beiden zu bestrafen und sie ins Gefängnis zu werfen. Das geschah im zehnten Jahre der Gefangenschaft Josephs.

Also kamen die beiden Diener Pharaos mit dem hebräischen Knaben zusammen, und der Hauptmann der Leibwache befahl Joseph, den Hofmeistern des Königs aufzuwarten. So verging wieder ein Jahr.

Da träumten der Schenke und der Bäcker in einer Nacht; ein jeder hatte seinen besonderen Traum. Als Joseph des Morgens darauf zu ihnen kam, um sie zu bedienen, wie er es täglich zu tun pflegte, sah er, daß ihre Gesichter traurig und düster waren. Da fragte er sie: Warum schaut ihr so trübe drein? Die Männer antworteten: Wir haben beide in dieser Nacht Träume gehabt, und es ist niemand da, der sie auslegen könnte. Joseph sagte: Erzählt mir eure Träume, und der Herr möge euren Wünschen Erfüllung gewähren. Da trug der oberste Schenk dem Hebräer seinen Traum vor und sprach: Mir hat geträumt, daß ein großer Weinstock vor mir wäre; der Weinstock hatte drei Reben; er wuchs schnell und blühte, er wurde reif und von Trauben schwer. Da nahm ich die Beeren, drückte sie über einem Becher aus, reichte den Kelch meinem Fürsten, und er trank aus ihm.

Joseph aber wußte den Traum zu deuten und sagte: Die drei Reben, die du gesehen hast, sind drei Tage. Nach Ablauf von drei Tagen wird der König Befehl geben, dich aus diesem Hause zu führen, und er wird dich wieder in dein Amt einsetzen. Du sollst dann Pharao den Wein darreichen wie früher, als du noch sein Schenk warst. Habe ich aber Gnade in deinen Augen gefunden, setzte Joseph fort, so gedenke meiner, wenn es dir wohl geht, und erwähne mich vor dem Könige. Denn ich bin aus dem Lande Kanaan gestohlen und hierher als Sklave verkauft worden; was euch aber von mir und dem Weibe meines Dienstherrn erzählt worden ist, ist nimmer wahr, und man hat mich ohne Schuld in diese Grube geworfen.

Da sprach der Mundschenk: Wenn der König mir wieder gnädig werden sollte, wie du mir weissagst, so will ich alles tun, was du begehrst, und will deine Freiheit erwirken.

Als der Hofbäcker hörte, wie der Traum seines Genossen gedeutet worden war, trat auch er auf Joseph zu und erzählte ihm den seinigen. Er sprach: Mir träumte in der Nacht, daß ich drei weiße Körbe auf meinem Kopfe trüge; im obersten war allerlei Backwerk, und die Vögel fraßen daraus. Darauf sagte Joseph zu dem Diener Pharaos: Die drei Körbe bedeuten drei Tage: nach drei Tagen wird der König deinen Kopf abhauen lassen und dich an den Galgen hängen, und Vögel werden dein Fleisch fressen, wie du es im Traume gesehen hast.

Diese Begebenheit fiel in die Zeit, da die Gemahlin Pharaos schwanger war. Sie kam mit einem Sohne nieder, der der Erstgeborene des Königs war. Darüber herrschte große Freude im Lande und am Hofe Pharaos. Am dritten Tage nach der Geburt des Prinzen machte der König ein Mahl für alle seine Fürsten und Knechte wie für das Heer des Landes Zoan und des Landes Ägypten. Acht Tage lang wurde das Fest gefeiert. Da gedachte Pharao auch des Mundschenken und des Bäckers. Er ließ beider Vergehen nochmals von seinen Richtern überprüfen, und der Schenk ward für unschuldig erkannt, weil die Fliegen unbemerkt in den Wein geraten waren, der Bäcker aber für schuldig, denn er hatte den Teig nicht sorgsam geknetet. So setzte Pharao den Schenken wieder in sein Amt, den Hofbäcker aber befahl er zu henken. Es geschah alles nach der Deutung Josephs.

Der Mundschenk aber vergaß den Hebräerknaben und gedachte seiner nicht vor dem Könige, wie er zu tun versprochen hatte. Das war aber durch den Herrn so gekommen, damit Joseph bestraft würde, weil er auf menschliche Hilfe vertraut hatte. So blieb er denn noch weitere zwei Jahre im Gefängnis.

Josephs Erhöhung

ALS DAS ZWÖLFTE Jahr der Haft Josephs sich seinem Ende näherte, starb Isaak, der Vater Jakobs. Danach verhängte Gott einen Hunger über die ganze Erde.
Zu der Zeit hatte Pharao, der König von Ägypten, in einer Nacht mancherlei Träume. Ihm träumte, daß er am Ufer des ägyptischen Stromes Sihor stände, das ist der Nil. Da sah er sieben schöne, feiste Kühe aus dem Wasser steigen. Nach ihnen aber kamen sieben magere, häßliche Kühe, und diese verschlangen die fetten, aber sie blieben unansehnlich, wie sie zuvor gewesen waren. Der König erwachte, schlief aber bald wieder ein und hatte abermals ein Gesicht. Er sah aus einem Halme sieben schöne, volle Ähren aufgehen, und nach ihnen sproßten aus der Erde sieben dürre, vom Ostwind versengte Ähren, und die dürren verschlangen die vollen. Da erwachte Pharao.
Des Morgens erinnerte sich der König der seltsamen Träume, und sein Geist war bekümmert. Er ließ alle Weisen und Wahrsager Ägyptens zu sich bescheiden. Pharao sprach: Mir träumten in dieser Nacht nacheinander zwei Träume, und ich weiß nicht, was sie zu bedeuten haben. Die Weisen sagten: Offenbare die Träume deinen Knechten, wir wollen sie hören. Da erzählte der König den Traum von den Kühen und von den Ähren. Darauf antworteten die Weisen: Der König lebe ewiglich! Dies ist

die Bedeutung dessen, was du geschaut hast: Die sieben schönen Kühe sind sieben Töchter, die dir geboren werden sollen, daß du aber danach sieben dürre Kühe gesehen hast, die die fetten verschlungen haben, ist ein Zeichen dafür, daß diese sieben Töchter noch zu deinen Lebzeiten alle sterben werden. Die sieben vollkörnigen Ähren, das sind sieben Städte, die du im Lande Ägypten bauen wirst. Die sieben verdorrten Ähren, das sind die Trümmer derselbigen Städte.

So sprachen die Wahrsager eines Mundes. Pharao aber neigte sein Ohr nicht ihrer Rede. Er sprach: Was bringt ihr mir da vor? Lug und Trug ist, was ihr redet. Sagt mir die richtige Deutung meiner Träume, damit ihr nicht sterbet.

Danach ließ Pharao andere Wahrsager kommen und erzählte ihnen seine Geschichte. Aber auch diese wußten sie nicht anders zu deuten als die ersten. Da ergrimmte der König und verjagte sie alle. Danach ließ er im ganzen Lande ausrufen: Im Namen Pharaos und seiner Fürsten hat jeder weise Mann, der Träume zu deuten versteht, vor dem König zu erscheinen, wo nicht, ist er des Todes. Wer aber des Königs Traum richtig auslegen wird, dem soll all sein Begehren erfüllt werden. Also fanden sich die Weisen Ägyptens und die Zauberer der Städte Gosen, Ramses, Tachpanches und Zoan, wie die aus den Grenzen des Landes ein. Auch die Fürsten Ägyptens und alle Edlen versammelten sich um ihren Herrscher. Nun erzählte der König abermals seine Träume. Die Weissager aber waren uneinig in der Deutung. Die einen sagten, die sieben fetten Kühe seien sieben Könige vom Samen Pharaos, die sieben mageren Kühe jedoch sieben Fürsten, die sich gegen jene Könige erheben würden. Die Träume von den Ähren enthielten wiederum die Weissagung, daß dereinst sieben Helden Ägyptens in einem Kriege von der Hand sieben feindlicher, an Macht geringerer Kämpfer fallen würden.

Andere Wahrsager deuteten die Träume so: Die sieben feisten Kühe sollten sieben Königinnen sein, die Pharao zu Weibern nehmen würde. Die sieben hageren Kühe sollten darauf hinweisen, daß die Königinnen nacheinander sterben würden. Die sieben vollen und die sieben hohlen Ähren bedeuteten vierzehn Kinder, die Pharao von diesen Königinnen geboren werden sollten. Aber ein Streit würde unter den Erben entbrennen, und die sieben schwächeren würden die sieben stärkeren umbringen.

Pharao hatte alle Deutungen angehört und wußte, daß die Worte der Traumausleger nicht der Wahrheit entsprachen. Das war aber alles von dem Herrn ausgegangen. Gott hatte die Weisen Ägyptens betört, damit Joseph, der Sohn Jakobs, aus dem Gefängnis befreit und erhoben würde im Lande Pharaos.

Der König ward zornig über die Wahrsager und erließ den Befehl, daß alle Zeichendeuter getötet würden und keiner von ihnen am Leben bliebe.

ZU DIESER STUNDE erschien Mirod, der Mundschenk Pharaos, vor dem Könige und bückte sich vor ihm. Er sprach: Der König lebe ewig, und sein Reich werde groß auf Erden. Es sind jetzt zwei Jahre her, daß du deinem Knechte gezürnt und ihn ins Gefängnis geschickt hast zusammen mit dem obersten Bäcker. Daselbst war mit uns ein hebräischer Knabe, namens Joseph, der dem Hauptmann der Leibwache gehörte. Da träumten mir und meinem Gefährten in einer Nacht zwei absonderliche

Träume, und der Knabe deutete sie uns richtig; was er vorausgesagt hat, das traf ein, auch nicht eines seiner Worte hat sich als falsch erwiesen. Und nun, mein Herr und König, laß nicht umsonst die Weisen Ägyptens sterben. Jener Jüngling ist heute in Gewahrsam. Gefällt es dem Könige, so lasse er ihn vor sich bringen; er wird dir die wahre Bedeutung deines Traumes sagen.

Pharao gehorchte dem Mundschenken und befahl seinen Dienern, den fremden Knaben aus dem Gefängnis zu holen. Er sprach aber zu ihnen: Seid behutsam, erschreckt den Jüngling nicht, damit er nicht verwirrt werde.

Also führten die Diener Pharaos Joseph aus der Grube. Sie schoren sein Haar, ließen ihn die Gefängniskleider ablegen und zogen ihm neue an. Hernach brachten sie ihn vor den König, der, auf dem Throne sitzend, Joseph empfing. Siebzig Stufen führten zu dem Stuhle Pharaos hinauf. Dieses aber war Ägyptens Sitte: Wollte ein vornehmer Mann den König sprechen, so durfte er einunddreißig Stufen emporsteigen. Der König stieg sechsunddreißig Stufen herunter und nahm die Rede entgegen. Wollte aber einer aus dem Volke mit dem König sprechen, so durfte er nur drei Stufen hinaufgehen, und der König ließ sich nur vier Stufen zu ihm herunter. War jedoch einer aller siebzig Sprachen kundig, so durfte er die siebzig Stufen des Thrones besteigen und bis dicht vor das Angesicht des Königs kommen. Wer weniger Sprachen kannte, durfte nur so viel Stufen emporsteigen, wieviel Sprachen er beherrschte.

Als nun Joseph vor Pharao kam, bückte er sich bis zur Erde und stieg drei Stufen des Thrones hinauf. Der König stieg vier Stufen herab, redete den Jüngling an und sprach: Ich habe von dir erzählen hören, daß du sehr weise seist, und daß du jeden Traum auszulegen verstehst. Ich habe in einer Nacht zwei Träume geträumt; ich beschied meine Wahrsager zu mir, allein keiner konnte mir ihren Sinn erklären. Joseph erwiderte: Pharao möge mir das von ihm Gesehene erzählen, der Herr hat die Deutungen alle.

Da schilderte der König seine beiden Gesichte, das von den Kühen wie das von den Ähren. Und der Geist Gottes kam über Joseph, und er erkannte, was für ein Sinn den Gesichten innewohnte. Er fing an und sprach: Der König glaube nicht, daß es zwei verschiedene Träume waren, die er geschaut hat; es ist ein und derselbe Traum. Denn was der Herr des Himmels an den Ländern zu tun gedenkt, das hat er dem Könige im Traume der Nacht offenbart. Die sieben fetten Kühe und die sieben vollen Ähren bedeuten sieben Jahre; die sieben mageren Kühe und die sieben leeren Ähren sind gleichfalls sieben Jahre. Es werden jetzt sieben Jahre eines großen Überflusses in der ganzen Welt anheben. Danach aber werden sieben schwere Hungerjahre über die Lande kommen, in denen alle Fülle vergessen werden und die Not die Menschen hinwegraffen wird. Beide Gesichte enthalten nur eine Weissagung, daß sie aber aufeinander folgten, ist ein Anzeichen dafür, daß dem in Wahrheit so ist, und daß Gott sie eilends in Erfüllung bringen wird.

Da fand Joseph Gnade vor den Augen Pharaos, und er neigte sein Ohr und sein Herz dem Vortrage des jungen Traumdeuters. Joseph aber fuhr fort und sprach: Und nun will ich dir, o König, einen Rat geben, wodurch du dich und die Bewohner des Landes vor dem Jammer des Hungers wirst retten können. Suche in deinem Reiche nach einem weisen, umsichtigen Mann und setze ihn über ganz Ägypten. Dieser von dir Erkorene ernenne Amtleute, die alle Speise der guten Zeiten sammeln und sie in den Kornhäusern verwahren. Diese Vorräte mögen nun für die sieben dürren Jahre aufgespeichert werden, und so wirst du und dein Land durch den Hunger nicht verderben.

Pharao sprach darauf: Wer bezeugt mir aber, daß alles eintreffen wird, wie du es voraussagst? Joseph erwiderte: Dies ist das Zeichen, das ich dir geben kann. Deine Gemahlin wird dieser Tage auf den Bruchstuhl zu sitzen kommen, und sie wird einen Sohn gebären, dessen du dich freuen wirst. Sobald aber das Kind den Mutterleib verlassen haben wird, wird dein ältester Sohn sterben, der dir vor zwei Jahren geboren worden ist, und du wirst dich an dem Neugeborenen trösten. Und Joseph vollendete seine Rede, bückte sich vor dem Herrscher und ging hinaus.

Er hatte aber noch nicht den Palast verlassen, als dem Könige die Botschaft überbracht wurde, daß seine Gemahlin einen Sohn geboren hatte. Sobald aber der Bote, der die frohe Kunde ausgerufen, sich entfernt hatte, fanden die Diener des Königs den ältesten Sohn Pharaos tot auf der Erde liegen. Es war ein großes Geschrei und ein Getümmel im Hause des Königs.

Da glaubte Pharao den Worten des hebräischen Jünglings, denn er erkannte, daß dieser das Verborgene richtig geschaut hatte.

NACH DIESEN BEGEBENHEITEN ließ Pharao alle seine Fürsten und Diener, Vögte und Machthaber um sich versammeln, und er sprach zu ihnen: Ihr habt die Rede des Hebräers wegen der kommenden satten und dürren Jahre vernommen; seine Zeichen haben wir gesehen. Darum weiß ich, daß alles eintreffen wird, wie er gesprochen hat. So sucht denn nach einem Manne, dessen Herz voll Weisheit und Wissen ist, den ich über das Land setzen kann. Denn ihr habt gehört, wie der Rat des Traumdeuters gelautet hat, und ich weiß, daß wir dem Hunger nur dann entrinnen, wenn wir ihm auch darin gehorchen werden. Die Edlen erwiderten: Der Hebräer hat wohl gesprochen. Und nun, unser Herr und König, tu, was dir wohlgefällt. Da sprach Pharao: Weil Gott diesem Fremdling das alles kundgetan hat, ist keiner im ganzen Reiche so weise und verständig wie er. Ist es euch recht, so will ich ihn über Ägypten setzen; er wird durch seine Voraussicht der Not des Landes zu steuern wissen. Darauf erwiderten die Ratmannen dem König: Es steht doch aber in den Satzungen geschrieben, daß in Ägypten König oder Zweitältester nur der sein kann, der aller Sprachen der Erde mächtig ist. Dieser hebräische Mann spricht aber nur die Sprache Kanaans. Wie soll nun einer zum Ersten nach dem Könige erhoben werden, der nicht einmal unsere Sprache versteht?

Und es begab sich in dieser Nacht, da sandte der Herr einen aus der Schar seiner diensttuenden Engel, daß er nach Ägypten hinabfahre und Joseph erscheine. Und der Engel stieg hinab und weckte Joseph aus dem Schlafe. Joseph erwachte, richtete sich auf, und siehe, ein himmlischer Bote stand vor ihm. Und der Engel begann Joseph zu unterrichten und lehrte ihn nacheinander alle Sprachen der Menschen. Er fügte seinem Namen eine Silbe an und hieß ihn *Jehoseph*. Hernach entfernte sich der Sendbote Gottes. Joseph kehrte auf sein Lager wieder und war voll Verwunderung über die Erscheinung, die er gesehen hatte.

Am anderen Morgen versammelte Pharao seine Fürsten und Diener und befahl auch den hebräischen Traumdeuter vor sich zu bringen. Alsbald wurde Joseph abermals geholt, und der König hieß ihn näher treten. Joseph ging die Stufen zum Thron hinauf und redete auf jeder Stufe in einer anderen Sprache mit dem König. So konnte er alle siebzig Stufen hinaufsteigen und stellte sich vor den Herrscher hin.

Und es gefiel Pharao und seinen Ratgebern, den jungen Weisen zum Vizekönig des Landes zu machen. Der König sprach zu Joseph: Du rietest mir, einen verständigen Mann zu erwählen, der das Land vor dem Verderben bewahre. Da dich nun Gott alles so wissen ließ, ist keiner so klug wie du. Du wirst nicht mehr Joseph genannt werden, sondern *Zofnat Paaneach,* denn du sollst mein heimlicher Rat heißen. Du sollst der Zweite nach mir sein, und von deinem Munde sollen alle Dinge im Reiche abhängen. Von dir sollen meine Knechte und meine hohen Diener allmonatlich ihren Sold empfangen; vor dir haben sich alle Bewohner des Landes zu bücken; allein um den Königsstuhl will ich höher sein als du. Und Pharao zog den Ring von seiner Rechten und steckte ihn an Josephs Hand.

Hernach ließ der Fürst den von ihm Ausersehenen ein königliches Gewand anziehen, setzte ihm eine Krone aufs Haupt und legte ihm eine goldene Kette um den Hals. Und Pharao befahl seinen Knechten, Joseph in den zweiten Wagen zu setzen, der sein Gefährt immer begleitete.

Am selben Tage ließ man den Regenten ein feuriges Roß besteigen, es war eines von den Rossen des Königs, und führte ihn durch alle Straßen der Stadt Pharaos. Spielleute mit Zimbeln, Geigen und allerlei Schallgeräten bildeten sein Geleit. Hinter ihm zogen tausend Paukenschläger, tausend Reigentänzer und tausend Fahnenträger, und ihm voran gingen fünftausend Krieger und schwangen die blitzenden Schwerter. Zwanzigtausend Mann von den Großen des Landes, mit goldgezierten Ledergurten, gingen Joseph zur Rechten, und zwanzigtausend Mann gingen zu seiner Linken. Die Frauen und Mädchen Ägyptens standen in den Straßen, viele stiegen auf die Dächer, und alles jauchzte und freute sich an dem Anblick des jungen Regenten und seiner Schönheit. Und auf dem ganzen Wege vorn und hinten räucherten die Diener des Königs mit Weihrauch, Mutterzimt und sonstigen wohlriechenden Spezereien; man streute vor ihm Myrrhe und Aloe. Und zwanzig Männer riefen mit lauter Stimme aus: Seht den Herrlichen, den der König zum Zweiten nach sich erwählt hat! Als die Herolde das verkündigten, fiel alles Volk vor Joseph zur Erde nieder, und sie riefen: Es lebe der König! Es lebe der Vizekönig!

Joseph, auf dem Pferde reitend, erhob seine Augen zum Himmel und sprach: Der den Geringen aus dem Staube aufrichtet und den Armen aus dem Kote erhebt, Herr Zebaoth, wohl dem Menschen, der auf dich vertraut!

JOSEPH ZOG mit den Fürsten und Knechten Pharaos durch die Hauptstadt Ägyptens, und man zeigte ihm alle Bauwerke und alle Schätze des Königs. Und Pharao verehrte ihm einen Besitz von Feldern und Weinbergen im Lande Ägypten, außerdem schenkte er ihm dreitausend Talente Silber und tausend Talente Gold, dazu Edelsteine, Onyx und Bedellion. Auch alle Fürsten und Vornehmen des Landes erwiesen dem neuen Regenten Ehre und brachten ihm reiche Geschenke dar.

Hernach sandte Pharao zu Potiphera, dem Sohne Ahidams, des Priesters zu On, ließ seine jüngste Tochter Asnath holen und gab sie Joseph zur Gemahlin. Das Mägdlein war sehr schön von Gestalt, noch eine Jungfrau, die keinen Mann erkannt hatte. Und Joseph vermählte sich mit ihr. Der König sprach zu Joseph: Ich bin Pharao, aber ohne dich darf kein Mensch seine Hand oder seinen Fuß erheben im Lande Ägypten. Und Joseph war dreißig Jahre alt, als er vor Pharao stand und zum Zweiten nach ihm ernannt wurde.

Und Pharao überwies seinem Vizekönig hundert Knechte, die ihn bedienen sollten, und Joseph kaufte sich noch andere Knechte hinzu. Er baute sich ein Haus unweit des Hofes von Pharao, nach Art der Königshäuser. Darin war eine große Halle, prächtig anzusehen und herrlich zum Verweilen; drei Jahre dauerte der Bau des Palastes. Danach ließ sich Joseph einen kostbaren Thron herrichten; der bestand aus Gold und Silber und war mit Perlen und Edelsteinen geschmückt. Auf dem Throne war das Land Ägypten im Bilde wiedergegeben; auch war der Nil dargestellt, wie er das Land tränkt.

Also saß der Sohn Jakobs sicher auf seinem Stuhl, und Gott verlieh ihm Weisheit über Weisheit. Alle Einwohner Ägyptens sowie die Knechte und Räte Pharaos hatten den Regenten lieb. Und Joseph wurde groß und stieg immer höher und höher, und sein Ruf verbreitete sich über das ganze Land.

JOSEPH, DER VIZEKÖNIG, hatte sein eigenes Heer in einer Zahl von viertausendsechshundert Streitern, das bestimmt war, wider seine Feinde und die Feinde Pharaos zu ziehen. Und er rüstete seine Krieger mit Schilden, Spießen, Helmen, Panzern und Schleudern aus.

Zu der Zeit überfielen die Einwohner von Tharsis die Kinder Ismael; sie stritten mit ihnen und plünderten sie aus. Die Kinder Ismael waren dazumal gering an der Zahl und vermochten nicht gegen die von Tharsis aufzukommen, und so gerieten sie in Not. Da ließen die Ältesten Ismaels dem König von Ägypten eine Schrift überbringen, in der es hieß: Sende deinen Knechten Führer und Heere, um uns zu helfen, damit wir den Kampf mit denen von Tharsis aufnehmen können, denn sie bedrängen uns seit langer Zeit.

Da schickte Pharao den Vizekönig mit seinem Heere und auch viele seiner eigenen Helden. Die Krieger zogen nach dem Lande Hevila zu den Kindern Ismael, um mit ihnen wider die von Tharsis zu streiten. Joseph schlug mit den Ismaelitern die Leute von Tharsis und eroberte ihr ganzes Land. Das wurde von nun an das Wohnland der Kinder Ismael. Die von Tharsis flohen, und als sie sahen, daß sie ihre Heimat verloren hatten, ließen sie sich an den Grenzgebieten der Griechen nieder, die ihre Stammesbrüder waren. Joseph aber kehrte mit seinem Heere und den Kriegerhelden nach Ägypten zurück. Er hatte keinen einzigen Mann verloren.

Josephs Brüder kommen nach Ägypten

ALS DAS ERSTE JAHR der Herrschaft des Vizekönigs um war, bescherte Gott dem Lande Ägypten eine reiche Ernte, und der Überfluß währte sieben Jahre, wie es Joseph vorausgesagt hatte. Der Herr hatte die Fluren gesegnet, und die Landesbewohner aßen und wurden satt. Da setzte der Regent Amtsleute ein, die sammelten die guten Jahre hindurch alles Brot und taten es in die Scheunen. Auf den Befehl des Vizekönigs mußte das Getreide ungedroschen aufgehoben werden, und die Böden der Speicher wurden mit der Erde der Felder bestreut, auf denen das Getreide gewachsen war, damit es nicht verderbe. So machte es Joseph Jahr um Jahr und häufte Brot die Menge; es war soviel wie Sand am Meere; selbst die Kornhäuser konnte man nicht mehr zählen. Auch die Einwohner Ägyptens sammelten ihr Getreide in den sieben reichen Jahren; sie hatten aber nicht die Vorsorge getroffen, die der Vizekönig angewandt hatte.

Währenddessen gebar Asnath, die Tochter Potipheras, das Weib des Regenten, ihm zwei Söhne, Manasse und Ephraim. Vierunddreißig Jahre war Joseph alt, als ihm die Söhne geboren wurden. Die Knaben wuchsen heran; sie wandelten in den Wegen Gottes und in seiner Zucht und wichen nicht von dem Pfade, den ihnen ihr Vater gewiesen hatte, weder zur Rechten noch zur Linken. Sie wurden groß und nahmen zu an Weisheit und an Vernunft und lernten auch die Geschäfte des Staates kennen. Die Fürsten und die Vornehmen Ägyptens hielten die Knaben hoch und ließen sie mit den Königskindern aufwachsen.

Da gingen die sieben Jahre der Fülle zu Ende, und es traten die sieben Jahre der Not ein, von denen Joseph zu Pharao gesprochen hatte; der Hunger verbreitete sich über die ganze Erde. Die Ägypter schlossen ihre Scheunen auf, aber siehe, das Getreide war verfault und nicht zu gebrauchen. Da erschienen sie vor dem Herrscher und sprachen: Gib deinen Knechten Brot; sollen wir vor deinen Augen mit unseren Kindern sterben? Pharao antwortete: War es euch doch befohlen, in den guten Jahren das Getreide für später aufzusparen; warum habt ihr auf die Worte des Regenten nicht gehört? Die Ägypter sprachen zum Könige: So wahr du lebst, Herr, wir haben die Früchte der Felder in den satten Jahren gesammelt und sie in Scheunen aufbewahrt; als wir aber unsere Speicher aufmachten, fanden wir das Brot voller Würmer. Da der König von diesem Ungemach erfuhr, erschrak er sehr. Er sagte zu den Ägyptern: Wo es euch nun so ergangen ist, so begebt euch zu dem Regenten; tut, was er euch anbefiehlt, und handelt nicht wider sein Gebot.

Also kamen die Ägypter vor den Vizekönig und sprachen zu ihm, wie sie vorher zu Pharao gesprochen hatten: Gib uns Nahrung, damit wir vor deinem Angesicht nicht verderben. Wir haben getreu deinem Geheiß den Ertrag unserer Felder aufbewahrt, aber das und das ist uns widerfahren. Wie Joseph vernahm, was den Ägyptern begegnet war, öffnete er seine Kornspeicher und speiste das Volk.

In den Ländern umher nahm der Mangel zu, allein in Ägypten war Getreide feil.

Wie die Einwohner der umliegenden und der entfernteren Länder, die von Kanaan, die Philister, die Stämme jenseits des Jordans und die Völker Mesopotamiens erfuhren, daß in Ägypten Getreide zu haben wäre, zogen sie dorthin, um Brot zu kaufen. Joseph wußte aber, daß auch das Haus seines Vaters des ägyptischen Getreides benötigen würde, und so ließ er im Lande folgendes ausrufen: Im Namen des Königs, des Vizekönigs und dem ihrer Ratgeber! Wer in Ägypten Brot erstehen will, schicke nicht seine Knechte, sondern seine eigenen Söhne her. Wer aber, er sei Ägypter oder Kanaaniter, hier Getreide einkauft, um es dann wieder zu verkaufen, soll mit dem Tode bestraft werden, denn es darf ein jeder nur so viel Brot mitnehmen, als er zur Speisung seines Hauses braucht. Auch darf keiner bei Todesstrafe zwei oder drei Stück Rindvieh mit sich führen, sondern allein ein Rind.

Danach setzte er Wachen vor die Tore Ägyptens und gab ihnen folgenden Befehl: Wer zu uns nach Getreide kommt, den laßt nicht eher in die Stadt herein, als bis er seinen Namen, den Namen seines Vaters und den seines Großvaters vor euch genannt hat. Des Abends aber bringt mir das Verzeichnis aller Namen, damit ich es sehe. Und jeden Tag wurden diese Bestimmungen und Gesetze in Ägypten laut ausgeschrien, und so erfuhren davon die Völker in Ost und West und richteten sich danach. Die Wächter aber walteten ihres Amtes nach dem Willen des Regenten und schrieben die Namen und die Vaternamen aller derer auf, die in der Hauptstadt eintrafen; wenn es Abend wurde, brachten sie die Tafeln ihrem Herrn.

Als nun auch Jakob vernahm, daß in Ägypten Brot vorhanden wäre, rief er seine Söhne und sprach: Warum sollt ihr euch satt stellen vor den anderen? Fahrt auch ihr nach Ägypten hinab und kauft für uns Getreide ein. Die Söhne Jakobs gehorchten der Stimme ihres Vaters und machten sich auf die Fahrt gen Ägypten. Der Erzvater aber sprach noch vorher zu ihnen: Wenn ihr in die Hauptstadt Ägyptens kommt, so geht nicht alle zusammen durch ein Tor, damit ihr von den Eingesessenen des Landes nicht gleich bemerkt werdet. So zogen die zehn Söhne aus, allein den Benjamin ließ sein Vater nicht mitfahren, denn er befürchtete, daß ihm, wie einst Joseph, ein Unglück zustoßen könnte.

Als die Brüder unterwegs waren, überkam sie wieder die Reue um das, was sie dazumal an dem Knaben Joseph getan hatten, und sie sprachen zueinander: Wir wissen, daß unser Bruder nach Ägypten hinabgefahren ist, so wollen wir jetzt, wenn wir dort sind, nach ihm Ausschau halten. Finden wir ihn, so werden wir ihn von seinem Dienstherrn loskaufen; wenn sich dieser aber weigert, ihn freizulassen, so wenden wir Gewalt an. So sprachen die Söhne Jakobs; ihr Wille war fest, Joseph zu befreien.

Als sie sich Ägypten nahten, trennten sie sich voneinander und traten durch zehn verschiedene Tore in die Hauptstadt. Die Wächter schrieben ihre Namen auf und brachten am Abend dem Regenten zehn Tafeln. Joseph las sie durch. Auf der einen stand geschrieben: Durch das Wassertor kam ein Mann, namens Ruben, der Sohn Jakobs, aus dem Lande Kanaan. Auf der zweiten stand: Durch das Falkentor kam ein Mann, namens Simeon, der Sohn Jakobs. Die dritte Tafel enthielt die Worte: Durch das Tor der Störche kam ein Mann, namens Levi, der Sohn Jakobs. Die vierte trug die Inschrift: Durch das Löwentor trat heute ein Mann, mit Namen Juda, der Sohn Jakobs. Auf der fünften stand verzeichnet: Durch das Tor der Esel kam ein Mann, der nannte sich Isaschar, der Sohn Jakobs. Auf der sechsten Tafel war zu lesen: Das Meerestor überschritt ein Mann, genannt Sebulon, der Sohn Jakobs. Auf der siebenten Tafel war eingegraben: Durch das Schlangentor schritt ein Mann, namens Dan, der Sohn Jakobs. Der Wortlaut der folgenden Tafeln war: Durch das Hirschtor kam Naphtali, der Sohn Jakobs. Durch das Heerestor kam Gad, der Sohn Jakobs. Durch das Öltor kam Asser, der Sohn Jakobs. Also las Joseph die Namen seiner Brüder und sah, daß ein jeder von ihnen ein anderes Stadttor benutzt hatte. Daraufhin befahl er den Amtsleuten und sprach: Schließt alle Kornhäuser und laßt nur eins offen. Das befolgten die Beamten. Danach übergab Joseph dem Aufseher über diesen einen Speicher das Verzeichnis mit den Namen seiner Brüder und sprach zu ihm: Wer dich um Getreide angeht, den frage, wie er heißt; wenn nun die Leute erscheinen, die diese Namen tragen, so bringe sie zu mir.

Die Söhne Jakobs hatten sich im Innern der Stadt wieder vereinigt und wollten den verkauften Bruder auffinden. Sie suchten ihn in den Hurengassen, denn sie dachten: Joseph war ein schöner Knabe, und so ist es wohl möglich, daß er hierhergebracht worden ist. So vergingen drei Tage.

Inzwischen wartete der Amtmann des Kornhauses auf die Käufer, deren Namen ihm der Regent gegeben hatte, es war aber kein einziger von ihnen gekommen. So ließ er dem Vizekönig sagen: Die Männer, deren Namen du mir genannt hast, haben bis jetzt die Kornkammer nicht betreten. Da schickte Joseph seine Diener aus, die Fremden in der Stadt aufzuspüren. Die Diener suchten die Kanaaniter in Mizraim, in Gosen und in Ramses, begegneten ihnen aber nicht. Also kehrten sie zum Vizekönig zurück und sagten: Wir haben nach den zehn Männern überall gefahndet, haben sie aber nirgends gesehen. Darauf sandte Joseph andere Diener, und diese zerstreuten sich nach allen vier Teilen der Stadt. So kamen vier von den Knechten nach einer Hurengasse und fanden dort die zehn Söhne Jakobs, die ihren Bruder suchten. Sie nahmen sie alle fest und brachten sie vor Joseph.

Also kamen die Söhne Jakobs in das Haus des Vizekönigs und bückten sich tief bis zur Erde. Joseph saß auf dem Thron, mit feinem Linnen und Purpur angetan und eine goldene Krone auf dem Haupt; rings um ihn standen seine Krieger. Die Söhne Jakobs sahen den Herrscher und waren voll Verwunderung über die Schönheit seiner Gestalt und seines Antlitzes und über seine Würde. Und sie fielen abermals vor ihm zur Erde nieder.

Joseph erkannte seine Brüder, sie aber erkannten ihn nicht, so erhaben war seine Erscheinung. Er sprach zu ihnen: Wo kommt ihr her? Sie erwiderten: Deine Knechte sind aus dem Lande Kanaan hierhergereist, um Brot zu kaufen. Denn groß ist der Hunger in unserer Heimat. Da sprach Joseph: Habt ihr des Brotes wegen die Fahrt unternommen, wie ihr angebt, weshalb seid ihr durch verschiedene Tore in die Stadt eingedrungen? Es ist nicht anders, als daß ihr das Land auskundschaften wolltet. Da erwiderten alle zehn Brüder zusammen: Nein, Herr, wir sind redlich; deine Knechte sind keine Kundschafter und sind nur, durch die Teuerung veranlaßt, hierhergezogen. Unser Vater hat uns, bevor wir gingen, geheißen: Wenn ihr die Hauptstadt Ägyptens erreicht, so geht nicht alle zusammen durch ein Tor, damit ihr nicht auffallt. Darauf sprach der Vizekönig: Das ist es doch, was ich gesagt habe. Ihr benutztet zehn Tore, um zu sehen, wo das Land offen ist. Wer Brot haben will, kauft es und geht seines Weges, ihr aber seid schon drei Tage im Lande; was habt ihr in den Hurengassen gesucht, daß ihr dort verweiltet? Die Söhne Jakobs erwiderten: Es sei ferne von dir, Herr, Übles von uns zu denken. Wir sind zwölf Brüder, die Söhne Jakobs aus dem Lande Kanaan, die Nachkommen Isaaks, des Sohnes Abrahams, des Hebräers. Unser jüngster Bruder ist bei seinem Vater daheimgeblieben, ein zweiter Bruder von uns ist verschollen. So dachten wir, ob er sich nicht in deinem Lande befände, und suchten ihn in der ganzen

Stadt. Der Vizekönig sprach: Wie sollte aber euer Bruder sich in einem Schandhause aufhalten, wo ihr doch, wie ihr sagt, von den Kindern Abrahams seid? Es ist falsch und unwahr, was ihr behauptet. Beim Leben Pharaos, ihr seid Kundschafter und seid in die Hurenhäuser gegangen, damit man euch nicht bemerke. Die Söhne Jakobs erwiderten abermals: Nein, Herr, wir hegten nur den Wunsch, unseren Bruder zu finden und ihn auszulösen. Der Vizekönig fragte: Und hättet ihr ihn gefunden und sein Herr hätte für ihn einen hohen Preis verlangt, hättet ihr das Geld gegeben? Sie erwiderten: Wir hätten für unseren Bruder alles geopfert, was von uns verlangt worden wäre. Der Vizekönig sprach weiter: Und wenn sein Herr ihn auch für ein teures Lösegeld nicht hätte freilassen wollen, wie wäret ihr dann verfahren? Die Brüder entgegneten: Hätte sich der Dienstherr geweigert, ihm die Freiheit wiederzugeben, wir hätten ihn getötet, den Knaben genommen und wären davongegangen. Da sagte der Regent zu den Brüdern: So ist es doch wahr, was ich gesprochen habe: Ihr seid Kundschafter und trachtet danach, die Einwohner dieses Landes zu verderben. Nur dann werde ich glauben, daß ihr rechtschaffen seid, wenn ihr einen von euch nach Kanaan schickt, daß er euren jüngsten Bruder von eurem Vater hole und mir ihn bringe. Danach wandte sich Joseph an siebzig seiner Helden und befahl ihnen, die Männer festzunehmen. Das taten die Streiter Josephs; sie faßten die zehn Hebräer und brachten sie in Gewahrsam. Dort verblieben sie drei Tage.

AM DRITTEN TAGE ließ Joseph seine Brüder aus der Haft holen und sprach zu ihnen: Wenn ihr redlich seid, so tut folgendes, und ihr sollt leben. Einer von euch bleibe als

Leibbürge hier, und ihr anderen kehrt nach Kanaan zurück. Von dort holt aber euren jüngsten Bruder und bringt ihn mir hierher. Hierauf verließ Joseph den Raum, ging in ein anderes Gemach und weinte sehr; denn es übermannte ihn das Erbarmen über seine Brüder. Aber dann wusch er sein Gesicht, kam wieder zu ihnen heraus, trennte den Simeon von ihnen und befahl, ihn zu fesseln. Allein Simeon ließ sich nicht festnehmen, denn er war ein weidlicher Mann. Da rief Joseph seine Mannen, siebzig an der Zahl, und die stellten sich mit bloßen Schwertern um Simeon auf. Der Regent sprach zu ihnen: Ergreift diesen hier und führt ihn ins Gefängnis. Aber da brüllte Simeon laut auf, daß der Schrei weithin drang; die siebzig Männer fielen vor Schreck um.

Manasse, der Sohn Josephs, sah den Widerstand Simeons; er trat auf ihn zu und versetzte ihm mit der Faust einen Schlag auf den Nacken, daß die Wut Simeons bezwungen wurde. Alsdann legte er ihm Fesseln an. Da wunderten sich die Söhne Jakobs über diese Kraft des Jünglings, Simeon aber sprach zu seinen Brüdern: Keiner von euch denke, daß das ein Streich von einer Ägypterhand sei; fürwahr, das ist die Faust eines aus dem Hause unseres Vaters. Und der Gefesselte wurde in das Gefängnis gebracht.

JOSEPH BEFAHL dem Amtmann über das Kornhaus, die Säcke der Kanaaniter mit Getreide zu füllen und in eines jeden Sack das bezahlte Geld zurückzulegen. Außerdem sollte ihnen Zehrung auf den Weg mitgegeben werden. Der Amtmann befolgte in allem den Befehl seines Herrn. Seinen Brüdern aber wiederholte Joseph noch einmal: Habt acht, daß ihr mir nicht zuwiderhandelt und mir euren jüngsten Bruder nicht vorenthaltet. Dann will ich euren redlichen Absichten glauben, und ihr werdet im Lande werben dürfen; auch euren gefangenen Bruder gebe ich euch wieder heraus, und ihr kehrt in Frieden zu eurem Vater heim. Die Söhne Jakobs erwiderten: Was unser Herr uns gesagt hat, das wollen wir tun. Und sie bückten sich vor ihm bis zur Erde. Danach lud ein jeder seinen Sack auf seinen Esel, und sie machten sich auf den Weg nach dem Lande Kanaan.

Als sie unterwegs in einer Herberge einkehrten und einer seinen Sack öffnete, um dem Esel Futter zu geben, fand er das Geld, das er für das Getreide erlegt hatte, in vollem Gewicht wieder. Hernach machten auch die andern ihre Säcke auf, und siehe, in eines jeden Sack lag der Preis für das Getreide in einem besondern Bündel. Da erschraken die Söhne Jakobs alle und riefen: Was hat der Herr an uns getan? Wo ist die Gnade hin, die Gott unsern Vätern stets erwiesen hat, daß er uns in die Hand des Königs von Ägypten gegeben hat und dieser seinen Spott mit uns treiben durfte? Juda sprach: Wir sind schuldig und sündig vor dem Herrn, weil wir unseren Bruder verkauft haben, der unser Fleisch war. Auch Ruben sagte: Habe ich doch damals zu euch gesprochen: Vergreift euch nicht an dem Knaben, und ihr gehorchtet mir nicht.

Die Brüder blieben über Nacht in der Herberge; des Morgens standen sie früh auf, beluden die Esel mit ihrer Last und trieben sie auf Kanaan nach ihres Vaters Hause zu.

Jakob ging mit seinem Hausgesinde seinen Söhnen entgegen und sah, daß Simeon nicht unter ihnen war. Er fragte sie: Wo ist euer Bruder Simeon? Da erzählten die Heimgekehrten alles, was sich mit ihnen in Ägypten zugetragen hatte. Jakob sprach zu den Söhnen: Was habt ihr an mir getan! Ich schickte einst euren Bruder Joseph zu euch, damit er sich nach eurem Wohl erkundige, da kamt ihr und sagtet, ein wildes Tier habe ihn gefressen. Jetzt ging Simeon mit euch, um Brot zu holen, und ihr erzählt von ihm, der König von Ägypten habe ihn als Geisel bei sich behalten. Nun wollt ihr noch den Benjamin mitnehmen, damit auch er umkomme und mein graues Haupt mit Herzeleid in die Grube fahre. Benjamin aber soll nicht mit euch gehen, denn sein Bruder ist tot, und er ist allein von seiner Mutter übriggeblieben. Darauf sprach Ruben zu seinem Vater: Du kannst meine zwei Söhne erwürgen, wenn ich dir deinen Sohn nicht wiederbringe. Jakob sagte: Bleibt hier, fahrt alle nicht mehr nach dem Lande Ägypten. Ich fürchte um Benjamin, daß er nicht sterbe, wie seine zwei Brüder gestorben sind.

Juda aber sprach zu seinen Brüdern: Laßt von unserem Vater ab, bis das Getreide, das wir mitgebracht haben, aufgezehrt ist; dann, wenn im Hause Hunger ist, wird er uns selber heißen, den Benjamin mitzunehmen.

So blieben die Söhne Jakobs ein Jahr und zwei Monate in Kanaan, bis der Brotvorrat zu Ende war.

Die zweite Fahrt der Kinder Jakobs nach Ägypten

ALS ES NUN keine Speise im Hause Jakobs gab und der Mangel sich einstellte, kamen die Enkelkinder des Patriarchen, umringten ihn und riefen: Gib uns Brot! Wie Jakob das Flehen seiner Kindeskinder hörte, wurde er gerührt und weinte sehr. Er rief seine Söhne und sprach zu ihnen: Ihr seht, eure Kinder jammern vor mir und bitten um Brot; so fahrt denn abermals nach Ägypten und holt Getreide. Juda erwiderte darauf: Willst du uns den Benjamin mitgeben, so wollen wir die Reise antreten; wo du ihn aber nicht mitschickst, können wir nicht dorthinfahren, denn der König hat uns damals beschworen und hat gesagt: Ihr werdet mein Angesicht nicht schauen, es sei denn, euer Bruder ist mit euch. Das ist aber ein mächtiger, gar herrlicher Fürst, und erscheinen wir vor ihm ohne Benjamin, so sind wir des Todes. Auch die anderen Söhne Jakobs fingen die Majestät und Weisheit des Vizekönigs zu schildern an und sprachen: Wir wissen nicht, Vater, wer ihm unsere Namen und alles, was uns begegnet ist, verkündigt hat; er fragte selbst nach dir, indem er sprach: Lebt euer Vater noch? Geht es ihm wohl? Zu Anfang, als er uns für Kundschafter hielt, zürnten wir ihm und gedachten mit Ägypten zu verfahren, wie wir mit den Städten der Amoriter verfahren sind; als wir aber wieder vor sein Angesicht traten, überkam uns die Furcht vor ihm. Jakob sprach: Warum habt ihr gegen mich so böse gehandelt und dem Könige gesagt, daß ihr einen Bruder habt? Juda rief wieder: Vertraue den Knaben mir an; wenn wir zurück sind und Benjamin nicht mit uns ist, so bin ich vor dir schuldig mein Leben lang. So wahr Gott lebt, ich kämpfe für Benjamin bis in den Tod, aber ich bringe ihn dir wieder.

Da sprach der Erzvater zu seinen Söhnen: So mag es nun geschehen. Ich vertraue auf den Herrn, meinen Gott, daß er euch beistehen wird und euch wird Gnade finden lassen in den Augen des Königs von Ägypten und seiner Mannen.

Sodann machten sich die Söhne Jakobs auf, suchten auf Befehl ihres Vaters für den Vizekönig ein Geschenk von den Schätzen des Landes aus und nahmen doppelt Geld mit. Benjamin sollte mit ihnen fahren. Jakob ermahnte sie noch einmal seines jüngsten Sohnes wegen und sprach: Habt acht auf den Knaben, trennt euch nicht von ihm weder auf dem Wege noch in Ägypten. Hernach stand der Erzvater auf, breitete seine Hände aus und betete für seine Kinder. Er sprach: Herr, Gott des Himmels und der Erde, gedenke des Bundes, den du mit Abraham, unserem Vater, geschlossen hast; tu Gnade an meinen Kindern und laß sie nicht durch den König von Ägypten in Bedrängnis kommen.

Auch die Frauen der Söhne Jakobs und ihre Kinder erhoben ihre Augen gen Himmel und beteten zum Herrn, daß er ihre Männer und Väter aus Ägypten heil wiederkehren lasse.

JAKOB SCHRIEB einen Brief an den Vizekönig von Ägypten und gab ihn Juda, damit dieser ihn dem Fürsten aushändige. Das Schreiben lautete folgendermaßen:
›Von deinem Knechte Jakob, dem Sohne Isaaks, des Sohnes Abrahams, des Hebräers und des Fürsten Gottes, an den mächtigen weisen König von Ägypten, den Heimlichen Rat mit Friedensgruß! Es ist unserem Herrn, dem König, bekannt, daß der Hunger im Lande Kanaan groß ist, und daß ich meine Söhne zu dir geschickt habe, um für uns Brot zu kaufen. Denn ich bin von siebzig Seelen, Kindern und Kindeskindern, umgeben und bin selber alt, und meine Augen sind vor Alter dunkel; ich weine alle Tage um meinen Sohn Joseph, der mir genommen worden ist. Es war mein Befehl, daß meine Söhne einzeln

durch die Tore Ägyptens gehen sollten, um den Einwohnern des Landes nicht aufzufallen. Du aber hieltest sie für Ausschauer. Wir haben von dir gehört, daß du sehr weise und verständig seist; wie konntest du meine Kinder als Späher verdächtigen? Wir wissen, daß du Pharaos Traum gedeutet, den Hunger, der da gekommen ist, vorausgesagt und in allem wohlgesprochen hast. Wie hast du in deiner Weisheit nicht erkannt, daß meine Söhne keine Kundschafter sind?‹

›Und nun, mein Herr und König, ich sende auch meinen Sohn Benjamin nach Ägypten, wie du es befohlen hast; ich flehe dich an, daß du ihm deine Fürsorge zuwendest und ihn in Frieden mit seinen Brüdern zurückkehren läßt.‹

›Du wirst wohl gehört haben und wohl wissen‹, hieß es weiter in dem Schreiben Jakobs, ›was unser Gott an Pharao getan, als dieser meine Ahne Sara zu sich genommen hat, und wie er Abimelech, den König der Philister, um ihretwillen strafte. Auch weißt du wohl, daß Abraham mit einer kleinen Zahl von Streitern den neun Königen Elams beigekommen ist. Du weißt doch, o König, daß mit uns die Allmacht unseres Gottes ist, daß Gott auf unsere Gebete allemal hört, daß er uns nimmer verläßt. Ich will aber meinen Herrn gegen dich nicht anrufen, denn ich gedenke dessen, daß mein Sohn Simeon bei dir weilt und du ihn vielleicht Gutes erfahren läßt. So vertraue ich denn darauf, daß du auch meinem jüngsten Kinde, das mein Trost nach Joseph ist, kein Leid zufügen wirst. Hiermit habe ich dir, hoher Fürst, alles offenbart, was mein Vaterherz bewegt.‹

Dieses Schriftstück nahmen die Söhne Jakobs samt dem Geschenke mit und fuhren mit Benjamin nach Ägypten.

Die Brüder Josephs kamen nach der Hauptstadt Ägyptens und begaben sich zu dem Haushalter des Vizekönigs. Sie berichteten ihm von dem in ihren Säcken wiedergefundenen Gelde, er aber erwiderte: Gehabt euch wohl, fürchtet euch nicht. Das Geld, das ihr für das Getreide entrichtet habt, ist in der Hand des Amtmannes der Kornkammer. Was ihr aber in den Bündeln gefunden habt, ist ein Schatz, den euch euer Gott hat zukommen lassen. Danach führte er ihren Bruder Simeon zu ihnen heraus. Dieser erzählte: Der Herr von Ägypten war gütig zu mir; er ließ mich nicht in Fesseln liegen, sondern sobald ihr weg wart, befreite er mich und erwies mir Freundliches in seinem Hause.

Hierauf führte der Haushalter die Söhne Jakobs vor den Vizekönig. Die Brüder bückten sich vor dem Regenten und überreichten ihm die Geschenke. Er nahm die Gaben entgegen und ließ die Überbringer sich niedersetzen. Er begrüßte sie und sprach zu ihnen: Geht es euch wohl, geht es euren Kindern wohl, geht es eurem alten Vater wohl? Sie erwiderten: Es ist alles wohl. Alsdann nahm Juda den Brief hervor, den Jakob ihm mitgegeben hatte, und übergab ihn dem Vizekönig. Joseph las den Brief und erkannte die Schrift seines Vaters; es überkam ihn das Weinen, und er konnte sich der Tränen nicht erwehren. Er ging in seine Kammer und weinte laut. Danach kam er zu den Brüdern heraus; und nun sah er den Benjamin in seiner Nähe stehen. Er fragte: Ist das euer Bruder, von dem ihr mir erzählt habt? Und er legte seine Hand auf das Haupt des Knaben und sprach: Gott sei dir gnädig, mein Sohn. Aber da überkam ihn abermals das Weinen angesichts seines Bruders, des Sohnes seiner Mutter. Er eilte in sein Gemach und weinte von neuem. Danach wusch er sich, kam wieder heraus und ließ sich nichts anmerken. Er sprach zu den Dienern: Tragt das Brot auf. Er hatte noch vorher seinem Haushalter befohlen, ein Mahl zu bereiten.

Der Vizekönig Ägyptens hatte einen Pokal, aus dem er trank, der war aus lauterem Silber und mit Perlen und Edelsteinen besetzt. Er klopfte mit dem Trinkgeschirr auf den Tisch und sprach zu den Brüdern: Durch diesen Becher erfahre ich, daß Ruben der Älteste von euch ist; Simeon, Levi, Juda, Isaschar und Sebulon sind mit ihm einer Mutter Söhne; setzt euch nach eurem Alter hin. Auch den anderen wies er die Plätze nach ihren Jahren zu. Sodann sprach er, auf Benjamin zeigend: Ich weiß, daß der Jüngste von euch keinen Vollbruder hat, und ich bin ihm darin gleich, denn auch ich habe keinen Bruder; so mag er denn neben mir sitzen.

Also nahm Benjamin neben dem Regenten Platz, und die Söhne Jakobs wunderten sich untereinander über die Weisheit des Fürsten. Beim Mahl bekam jeder der Brüder den ihm zukommenden Teil. Dem Benjamin aber legte Joseph auch seinen Teil auf. Als Manasse und Ephraim sahen, daß der jüngste Gast von ihrem Vater ausgezeichnet worden war, gaben sie ihm auch ihre Stücke. Auch Asnath, die Gemahlin des Regenten, tat dasselbe. Der Vizekönig ließ Wein herholen, allein die Söhne Jakobs wollten nicht trinken und sprachen: Seit dem Tage, da wir unseren Bruder verloren haben, haben wir keinen Wein getrunken und kein leckeres Mahl eingenommen. Aber der Regent nötigte sie sehr, und sie tranken und wurden trunken.

Danach wandte sich der Fürst an Benjamin, der neben ihm saß, und fragte ihn: Bist du vermählt, mein Sohn?

Sind dir auch Kinder geboren worden? Benjamin erwiderte: Dein Knecht hat zehn Söhne, und das sind ihre Namen: Bela, Bechor, Asbel, Gera, Naaman, Ahi, Ros, Muphim, Huppim und Ered. Da sprach der Regent: Es sind gar seltsame Namen, die du deinen Kindern gegeben hast. Benjamin entgegnete: Ich nannte sie nach den Geschehnissen, die meinem Bruder Joseph zugestoßen sind, wie nach den Eigenschaften, mit denen er ausgezeichnet war. Den Erstgeborenen hieß ich Bela, weil ich meinen Bruder von Feinden verschlungen wähnte. Den zweiten nannte ich Bechor, weil dieser Bruder der erstgeborene Sohn seiner Mutter war. Dem dritten gab ich den Namen Asbel, weil mein Bruder wohl in Gefangenschaft geraten ist. Mein vierter Sohn heißt Gera, weil mein Bruder von seiner Heimat nach einem fremden Lande weggeführt worden ist. Naaman, Ahi und Ros heißen die folgenden Kinder, weil Joseph ein liebliches Wesen hatte, weil er mein leiblicher Bruder und die Krone meines Hauptes war. Muphim nannte ich meinen achten Sohn, weil mein verschollener Bruder gar schön von Angesicht war; Huppim heißt der neunte, weil mein Bruder nicht bei meiner Trauung zugegen war und ich auch nicht das Glück hatte, ihn unter einem Thronhimmel zu sehen. Ered endlich heißt mein Jüngster zur Erinnerung daran, daß mein Bruder ins Elend hinabgestiegen ist. Von diesem Tage an hat auch mein alter Vater sein Ruhebett verlassen und sitzt trauernd auf der Erde.

Wie Joseph diese Worte Benjamins vernahm, wurde er wieder vom Weinen übermannt. Er erhob sich von der Tafel, ging in die Nebenhalle und weinte bitter. Danach kehrte er zurück und setzte sich gefaßt auf seinen Stuhl. Er ließ die Sternentafel bringen, aus der er die Zeiten erken-

nen konnte, und sprach zu Benjamin: Ich habe gehört, daß die Hebräer sich in der Sternenkunde auskennen; weißt auch du darin Bescheid? Benjamin erwiderte: Deinen Knecht hat sein Vater in allem unterwiesen. Da sprach Joseph: Sieh dir diese Tafel an und sage mir, wo in Ägypten sich dein Bruder Joseph aufhält.
Benjamin nahm die Sternentafel aus der Hand des Regenten und begann darin zu forschen. Er teilte das Land Ägypten in vier Teile und fand, daß sein Bruder Joseph der war, der neben ihm auf dem Stuhle saß. Da ward er über die Maßen erstaunt. Der Regent sah, daß der Jüngling voll Verwunderung war, und sprach zu ihm: Was hast du geschaut? Benjamin erwiderte: Ich ersehe aus der Sternkarte, daß mein Bruder sich in diesem Raume befindet. Da sprach der Regent: Ich bin in Wahrheit dein Bruder Joseph, sage es aber nicht den anderen Brüdern. Ich will dich heute mit ihnen gehen lassen, und wenn ihr fort seid, rufe ich euch zurück und trenne dich von ihnen. Werden sie dann ihre Seele für dich einsetzen und um deinetwillen kämpfen, so weiß ich, daß es sie reut, was sie an mir getan haben, und ich werde mich ihnen zu erkennen geben. Lassen sie dich aber bei mir, so behalte ich dich hier; sie ziehen heim und werden von mir nicht erfahren. – Die Söhne Jakobs waren vom Weine berauscht und hatten das Gespräch der beiden nicht gehört.

JOSEPH BEFAHL dem Amtmann des Kornhauses, die Säcke der Kanaaniter mit Getreide zu füllen, wieder in eines jeden Sack das bezahlte Geld zu tun und seinen eigenen Trinkbecher in den Sack des Jüngsten zu legen; außerdem ließ er ihnen wie das vorige Mal Zehrung auf den Weg geben. Der Amtmann tat, wie der Regent ihn geheißen.

Des anderen Morgens standen die Brüder auf, luden das Brot auf die Esel und machten sich zusammen mit Benjamin und Simeon auf den Weg nach der Heimat. Als sie die Hauptstadt verlassen hatten, sie waren noch nicht weit weg, rief der Vizekönig seinem Haushalter und befahl: Auf und verfolge die elf, ehe sie sich entfernt haben, und wenn du sie ereilt hast, sage ihnen: Warum habt ihr den Becher meines Herrn gestohlen?

Da machte sich der Haushalter auf, lief den Hebräern nach, erreichte sie und stellte sie des Pokals seines Fürsten wegen zur Rede. Als die Brüder die Beschuldigung vernahmen, verdroß es sie sehr, und sie sprachen: Bei welchem von uns der Becher gefunden wird, der soll sterben, und wir wollen alle deines Herrn Knechte sein. Sie warfen ihre Säcke von den Eseln ab, suchten darin, und siehe, der Becher fand sich im Sacke Benjamins. Da zerrissen sie ihre Kleider und traten verzagt den Rückweg nach der Stadt des Regenten an. Sie ließen ihren Zorn an Benjamin aus und sprachen: Du Sohn einer Diebin! Deine Mutter hat von ihrem Vater Laban die Teraphim gestohlen, und du bringst uns heute durch einen Diebstahl ins Verderben.

Nun wurden die Söhne Jakobs abermals in das Haus des Vizekönigs gebracht und fanden ihn wie das erstemal auf dem Throne sitzen, seine Helden zur Rechten und zur Linken. Der Regent sprach: Was habt ihr getan? Ich habe euch Gunst erwiesen und euch vor den anderen Fremden ausgezeichnet, und nun entwendet ihr mir meinen kostbaren Becher und zieht eures Weges. Oder stahlt ihr ihn, um durch seine Zauberkraft zu erfahren, wo euer verschollener Bruder hier im Lande weilt? Juda antwortete darauf: Was sollen wir dir sagen, Herr, was sollen wir vorbringen, und wie sollen wir uns rechtfertigen? Gott hat deine Knechte um ihrer Missetat willen heute heimgesucht, und daher ist es uns so ergangen.

Joseph aber ließ den Benjamin abführen und sprach zu den Brüdern: Ihr zieht heim zu eurem Vater; ich habe nur den festgenommen, der den Becher gestohlen hat.

DA TRAT JUDA hervor, näherte sich dem Vizekönig und sprach: Der Herr möge nicht zürnen, wenn sein Knecht ein Wort vorbringen wird. Joseph erwiderte: Rede. Da begann Juda als Fürsprecher seiner Brüder und sagte: Herr, als wir das erstemal nach Ägypten kamen, um Getreide zu kaufen, da verdächtigtest du uns, wir seien Kundschafter. Da wir nun mit unserm Bruder Benjamin vor dir erschienen sind, spottest du unser von neuem. Was sollen wir aber unserem Vater sagen, wenn er sieht, daß sein jüngster Sohn nicht zurückgekommen ist, und er sich um ihn grämt? Joseph entgegnete: Sagt ihm, der Strick sei dem Eimer gefolgt. Zieht von dannen, allein euren Bruder laßt hier; denn er hat ein kostbares Gefäß entwendet, und unser Gesetz lautet: Wer gestohlen hat, wird als Sklave behalten. Juda sprach dawider: Es ist fern von Benjamin, einem vom Samen Abrahams, einen Fürsten oder auch nur einen gemeinen Mann zu berauben. Überdies, aus eines Königs Schloß fließt manches Gold und Silber an das Volk ab; du aber machst viel Wesens um einen Becher, der auf dein Geheiß in den Sack unseres Bruders gesteckt worden ist. So rede nicht weiter darüber, damit man nicht sage: Um ein wenig Silber hat Ägyptens Vizekönig mit fremden Männern einen Streit angefangen. Unser Gott wird seines Bundes mit unserem Ahnen Abraham gedenken und wird über dich Unglück kommen lassen, weil du eines Vaters Herz bekümmert hast.

Fürwahr, wir suchten nicht Händel mit dir. Gib uns unseren Bruder wieder. Wo du dich aber weigerst, das zu tun, so wisse, es geht um deine Seele und um die Seele aller Einwohner Ägyptens. Es ist dir wohl bekannt, was meine Brüder, Simeon und Levi, an der Stadt Sichem und an den sieben Städten der Amoriter um ihrer Schwester Dina willen vollbracht haben. Was werden wir nun um eines Bruders willen tun? Wir werden uns wider dich und dein Land erheben und dich umbringen.

Der Regent erwiderte: Du läßt dich gegen mich weit aus und rühmst dich deiner Stärke; beim Leben Pharaos, hätte ich meinen Kriegern befohlen, mit euch zu streiten, ihr wäret in dem Schaum ihres Mundes ertrunken. Darauf sprach Juda: An dir und deinen Mannen ist es eher, euch zu fürchten. Ich brauche nur meinen Mund aufzutun, so bist du verschlungen und bist mit deinem Königreich von der Erde vertilgt. Joseph entgegnete: Öffnest du deinen Mund so weit, so hab' ich wohl die Kraft, ihn zu schließen. Und sollten alle Könige Kanaans mit euch kommen, ihr entreißt mir den Knaben nicht. Und der Regent sprach weiter: Nehmt euch meinen Becher und zieht eure Straße, euer Bruder aber bleibt hier. Da versetzte Juda: Wir sollten unseren Bruder um einen Becher vertauschen? Und gibst du uns tausendmal soviel Gold, als dein Pokal wert ist, wir lassen den Jüngling nicht bei dir. Joseph sagte: Habt ihr doch schon einst einen Bruder um geringes Geld verkauft; solltet ihr heute nicht das nämliche tun? Da sprach Juda: Das Feuer Sichems glimmt noch in meinem Herzen; ich werde dich und dein Land in Asche legen. Joseph antwortete: Die Flamme deiner Schnur Tamar, die deine Söhne getötet hat, wird das Feuer Sichems aufzehren. Juda sprach: So wahr Gott lebt, hätte ich nur ein Haar aus meinem Körper gezogen, es flösse so viel Blut, daß das ganze Land Ägypten davon bedeckt würde. Darauf sprach Joseph: Das ist ja seit jeher eure Art; auch das Gewand eures Bruders habt ihr in Blut getaucht und es so seinem Vater überbracht.

ALS JUDA die Worte des Regenten wegen des blutigen Hemdes vernahm, loderte der Zorn in ihm auf. Er schnellte empor und sprach zu Naphtali: Geh eilends hinaus und sieh, wieviel Märkte es in Ägypten gibt. Der Knabe rannte, wie ihm sein Bruder befohlen hatte, denn er war leichtfüßig wie ein junger Hirsch und konnte auf Ähren treten, ohne sie zu knicken. Er zählte die Märkte der Hauptstadt und fand ihrer zwölf; er kam zu Juda zurück und richtete es ihm aus. Da sprach Juda zu seinen Brüdern: Auf, gürtet eure Schwerter um, wir wollen über Ägypten herfallen und alle erschlagen, daß keiner am Leben bleibe. Juda sprach weiter: Ich will allein drei Märkte zerstören, und ihr verwüstet ein jeder einen Marktplatz.
Joseph hörte alles, was die Brüder miteinander sprachen, sie aber wußten nicht, daß er hebräisch verstand. Er fürchtete sich, daß die Zürnenden das Land verderben würden, und sagte zu seinem Sohne Manasse: Mache dich auf, rufe alle Einwohner Ägyptens zusammen, die Krieger und das Volk, die Reiter und die Kämpfer zu Fuß; sie mögen alle mit ihren Waffen herkommen. Manasse tat so.
Alsbald erschienen die Ägypter, alle gerüstet. Es waren ihrer fünfhundert Reiter, zehntausend Mann Fußvolk und vierhundert auserlesene Streiter, die kein Schwert und keinen Spieß trugen und mit bloßer Hand den Feind niederwarfen. Die Heere umringten den Platz, wo die

Söhne Jakobs standen, und erhoben ein Kriegsgeschrei. Da sprang Juda auf, zog sein Schwert, schwang es in die Höhe und brüllte wie ein Löwe. Das ganze Land Ägypten erbebte, die Mauern Mizraims und Gosens sanken ein, die schwangeren Frauen ließen die Frucht vor der Zeit fallen, selbst in dem fernen Sukkoth war das Gebrüll zu hören.

DA ENTSETZTE sich Pharao, der König von Ägypten, und er ließ Joseph sagen: Hast du diese Hebräer hierhergebracht, um unser Land zu verwüsten? Was hast du an diesem diebischen Knecht gefunden? Laß ihn und seine Brüder fahren. Wo du das aber nicht befolgen willst, so lege die Herrscherwürde ab, die ich dir verliehen habe, und ziehe mit den Kanaanitern in ihr Land, wenn du an ihnen Gefallen hast.

Als die Worte Pharaos dem Regenten überbracht wurden, ward ihm bange. Juda und seine Begleiter standen noch vor ihm, und ihr Zorn brauste wie die Wellen des Meeres. Joseph fürchtete die Söhne seines Vaters und fürchtete Pharao, und so begann er zu sinnen, wie er sich seinen Brüdern zu erkennen geben sollte. Er befahl seinem Sohne Manasse, auf Juda zuzugehen und ihm seine Hand auf die Schulter zu legen. Das tat Manasse, und siehe da, Judas Zorn wurde beschwichtigt. Er sprach zu seinen Brüdern: Nicht ein ägyptischer Jüngling hat das vermocht, eine Hand aus meines Vaters Hause hat meinen Sinn verwandelt.

Da nun der Vizekönig sah, daß Judas Grimm sich gelegt hatte, ging er auf ihn zu und fing an, milde mit ihm zu reden. Er sprach: Sage mir, warum streitest du als einziger unter deinen Brüdern um diesen Knaben? Juda erwiderte: Ich habe meinem Vater für ihn gebürgt und ihm gesagt, wenn ich ihn nicht wiederbrächte, wolle ich mein Lebelang in seiner Schuld bleiben. Darauf sprach der Regent: Nun, ich will euch euren Bruder Benjamin herausgeben, wenn ihr mir seinen leiblichen Bruder hierherbringt, von dem ihr erzählt habt, er sei nach Ägypten verkauft worden. Da trat Simeon hervor und sagte zu Joseph: Wir haben dir doch schon gesagt, daß wir nicht wissen, ob dieser Bruder noch am Leben oder tot ist; warum spricht also der Herr solches zu uns? Der Regent sprach: Ihr sagt, daß euer Bruder tot oder verschollen sei; wie, wenn ich ihn nun riefe, und er vor euch käme? Und er fing an zu rufen: Joseph! Joseph! Komm und zeige dich deinen Brüdern! Als nun der Regent den Namen Joseph nannte, schauten die Söhne Jakobs hin und her. Joseph sah die Unruhe seiner Brüder und sprach: Blickt nicht umher, ich bin Joseph, euer Bruder!

Da fiel ein Zittern über die Söhne Jakobs, und sie traten vor Schreck zurück. Joseph sprach: Fürchtet euch nicht. Ich bin euer Bruder, der nach Ägypten verkauft worden ist! Es soll euch aber nicht gereuen, was ihr an mir getan habt; denn um euch vor dem Hunger zu bewahren, hat mich Gott vorausgesandt.

Wie nun Benjamin hörte, daß Joseph sich den Brüdern zu erkennen gegeben hatte, eilte er herbei, fiel seinem Bruder um den Hals, umarmte ihn, und sie weinten beide. Da fielen auch die anderen Brüder Joseph um den Hals, umarmten ihn und weinten laut mit ihm zusammen.

Jakobs freudiger Lebensabend

DIE KUNDE davon, daß die Leute aus Kanaan, mit denen der Vizekönig gehadert hatte, seine Brüder waren, drang bis in das Haus Pharaos. Der König sandte seine Hofleute zum Regenten, daß sie an seiner Freude teilnehmen sollten, und ließ ihm übermitteln: Sage deinen Brüdern, sie möchten alle ihre Habe herbringen und sich in dem besten Teile des Landes seßhaft machen.

Danach verteilte Joseph Geschenke unter seine Brüder und verehrte einem jeden zwei Ehrenkleider. Benjamin aber gab er fünf Ehrenkleider, in Gold und Silber gewirkt. Hierauf sollten die Brüder allesamt in das Land Kanaan zu ihrem Vater ziehen. Joseph ließ elf königliche Wagen mit ihnen fahren; für seinen Vater Jakob aber schickte er den Wagen, in dem er an dem Tage ausgefahren war, da er Vizekönig von Ägypten wurde. Er wies einem jeden seiner Brüder zehn Mann Begleitung zu, die sollten ihnen aufwarten und ihnen auf dem Rückwege nach Ägypten zur Seite stehen. Seinem Vater sandte Joseph zehn Esel, mit allen Gütern Ägyptens beladen, und zehn Eselinnen, die Getreide trugen. Das Brot sollte als Zehrung für die Reise nach Ägypten dienen. Darauf gab Joseph seinen Brüdern Kleider für ihre Kinder mit und für jedes einzelne hundert Silberlinge. Benjamins Kinder aber zeichnete Joseph noch besonders aus. Desgleichen ließ er den Gemahlinnen seiner Brüder und den Gemahlinnen Benjamins Gewänder senden und außerdem Räucherwerk und Salben. Auch seiner Schwester Dina gedachte Joseph und schickte ihr prächtige Tücher sowie Weihrauch, Myrrhe und allerlei Frauenspezerei. Was er an Schätzen besaß, damit beschenkte er die Seinen. Er begleitete die Brüder

bis zu der Grenze Ägyptens. Hier ermahnte er sie und sprach: Zankt nicht miteinander auf dem Wege; alles ist vom Herrn so gefügt worden, damit ein großes Volk vom Untergang errettet würde, denn noch fünf Jahre wird die Teuerung anhalten. Und er sprach weiter: Wenn ihr nach Kanaan kommt, so tretet nicht plötzlich vor unseren Vater, sondern überlegt erst weise, wie es zu machen.
Nachdem Joseph mit seinen Brüdern so geredet hatte, kehrte er nach der Hauptstadt zurück; die Söhne Jakobs aber zogen freudigen Herzens zu ihrem Vater.

Als die Söhne Jakobs sich dem Lande Kanaan näherten, sprachen sie zueinander: Wie stellen wir es mit unserem Vater an? Erscheinen wir unverhofft und bringen ihm die Kunde, so wird er ob unserer Worte erschrecken. Sie setzten aber ihren Weg fort. Unweit von Hebron sahen sie Serah, die Tochter Assers, ihnen entgegengehen. Das war ein schönes und weises Mägdlein, und sie verstand die Laute zu spielen. Sie eilte auf die Brüder zu und küßte sie alle. Da gaben sie ihr eine Laute und sprachen: Geh uns voran, begib dich in das Zelt unseres Vaters, spiele vor ihm auf der Laute und teile ihm während des Spieles mit, wie wir Joseph gefunden haben, und daß er noch lebt.
Da nahm das Mägdlein die Laute aus der Hand der Brüder, lief ihnen voran und betrat das Zelt Jakobs. Sie setzte sich vor den Patriarchen, begann zu spielen und sang mit lieblicher Stimme dabei: Joseph, mein Oheim, der lebt noch und ist nicht tot; über das Land Ägypten ist er Regent! Und sie spielte weiter, sang und wiederholte: Joseph, mein Oheim, der lebt noch und ist nicht tot; über das Land Ägypten ist er Regent! Das hörte Jakob, und es

klang ihm süß. Und als Serah dasselbe immer wieder spielte und sang, kam eine Freude in das Herz des Erzvaters, und der Geist Gottes geriet über ihn. Er segnete Serah und sprach zu ihr: Tochter, möge der Tod nie über dich Gewalt haben, denn du hast meinen Geist neu belebt. Sprich nur immer diese Worte vor mir, sie erfreuen mich gar sehr.

Da Jakob mit dem Mägdlein noch redete, kamen seine Söhne mit Pferden und Wagen an, in königliche Kleider gehüllt, und Knechte schritten ihnen voran. Jakob stand auf, ging seinen Kindern entgegen und sah die Pracht, mit der sie ausgestattet waren, und den Zug, der ihnen folgte. Sie riefen ihrem Vater: Vernimm die frohe Kunde, daß unser Bruder Joseph lebt und Herr über ganz Ägypten ist! Da entfiel Jakob das Herz, und er wollte ihren Worten nicht glauben, bis er die Gaben gewahrte, die Joseph gesandt, und die Zeichen vernahm, durch die sich sein Sohn zu erkennen gegeben hatte. Dann wurde er froh und sprach: Es ist zu viel des Glückes, daß Joseph noch lebt; nun will ich hinfahren und ihn sehen, ehedenn ich sterbe.

Hierauf erzählten die Söhne ihrem Vater, wie sie erfahren hatten, daß der Vizekönig Ägyptens Joseph sei; sie öffneten die Säcke, teilten unter den Hausgenossen die Geschenke aus und gaben einem jeden, was für ihn bestimmt war. Jakob wusch sich und ließ sich zum ersten Male seit dem Verschwinden Josephs die Haare scheren; danach zog er die Feierkleider an, die ihm sein Sohn geschickt, und setzte den Hut auf, den Joseph für ihm mitgegeben hatte. Alle im Hause Jakobs, auch die Frauen, hüllten sich in die neuen Gewänder und freuten sich, daß Joseph noch lebte und über Ägypten regierte.

Als die Einwohner Kanaans dies vernahmen, kamen sie zu Jakob und freuten sich mit ihm. Jakob machte ein großes Fest, das drei Tage dauerte, und alle aßen und tranken und waren fröhlich mit ihm. Zu dem Feste aber waren auch die Könige Kanaans und alle Vornehmen des Landes erschienen.

NACH DIESEN BEGEBENHEITEN sprach Jakob: Ich will mich aufmachen und nach Ägypten ziehen, um meinen Sohn zu sehen; aber ich kehre hernach nach dem Lande Kanaan zurück, das Gott Abraham zugewiesen hat. Da erschien ihm der Herr und sprach: Mache dich auf, fahre hinab nach Ägypten mit deinem Hausgesind, bleibe daselbst und fürchte dich nicht, du sollst dort ein großes Volk werden! Jakob sprach in seinem Herzen: Ich will hinabfahren und will sehen, ob mein Sohn unter den Einwohnern Ägyptens die Gottesfurcht bewahrt hat. Da erwiderte ihm der Herr: Sei unbekümmert, Joseph hält noch fest an seinem frommen Wandel und dient mir. Nun ward Jakob sehr froh. Er befahl seinen Söhnen, alsbald mit ihm nach Ägypten zu ziehen, wie der Herr mit ihm gesprochen hatte. Also machten sie sich alle auf und zogen aus Beer-Seba im Lande Kanaan nach dem Lande Ägypten mit Freuden und guten Mutes. Als sie sich der Hauptstadt näherten, ließ Jakob Juda vorausgehen und Joseph auf ihre Ankunft vorbereiten.

Da tat Juda, wie ihm Jakob befohlen hatte. Und Joseph schirrte seinen Wagen, versammelte seine Diener, seine Helden und alle Vornehmen Ägyptens, um seinem Vater entgegenzugehen. Danach ließ er in der Hauptstadt ausrufen, daß, wer seinem Vater nicht entgegengehen wollte, des Todes sein würde. Und Joseph fuhr, seinen Vater zu empfangen. Hinter ihm gingen die Ägypter, ein großes Heer, zahlreich und mächtig, alle mit Purpur und Leinen angetan, mit Gold und Silber geschmückt und mit Waffen behängt. Joseph aber fuhr voran, das Haupt mit der Krone Pharaos geziert, die ihm der König für diesen Tag gesandt hatte.

Als Joseph sich seinem Vater auf fünfzig Ellen genähert hatte, verließ er den Wagen und ging ihm nunmehr zu Fuß entgegen. Und ebenso taten alle Vornehmen Ägyptens, die in Josephs Gefolgschaft waren. Da sprach Jakob zu Juda: Wer ist der Mann im Purpurmantel mit der königlichen Krone auf dem Haupt, der aus seinem Wagen ausgestiegen ist und uns entgegengeht? Juda antwortete: Das ist dein Sohn Joseph, der König. Da freute sich Jakob über die Hoheit seines Sohnes. Und nun kam Joseph an seinen Vater heran und bückte sich vor ihm, und all sein Gefolge warf sich vor Jakob nieder. Aber Jakob eilte auf seinen Sohn zu, fiel ihm um den Hals, küßte ihn und weinte. Da umarmte und küßte Joseph seinen Vater und weinte mit ihm, und alle Ägypter weinten gleichfalls. Jakob sprach: Nun kann ich in Ruhe sterben, nachdem ich dein Angesicht gesehen und dich am Leben und in solchen Ehren gefunden habe. Und auch die Söhne Jakobs, ihre Weiber, ihre Kinder und Knechte umarmten und küßten Joseph und weinten lange mit ihm.

JOSEPH SPRACH zu seinem Vater und zu seinen Brüdern: Ich will zu Pharao hingehen und ihm ansagen, daß ihr gekommen seid und im Lande Gosen, das er euch zugewiesen hat, wohnen werdet. Joseph wählte von seinen Brüdern Ruben, Isaschar, Sebulon und Benjamin und stellte sie Pharao vor. Er sprach zum Könige: Meine

Brüder und all meines Vaters Haus ist aus dem Lande Kanaan hierhergezogen, um in Ägypten zu wohnen; sie haben auch ihre Herden mitgebracht, denn der Hunger drückt gar sehr. Da sprach Pharao: Versage den Deinigen nichts und speise sie reichlich. Joseph erwiderte: Ich lasse sie, deinem Befehl gemäß, in der Landschaft Gosen wohnen; sie sind Hirten und können dort ihr Vieh fern von den Ägyptern weiden. Pharao sprach: Was deine Brüder von dir wünschen, gewähre ihnen. Da verbeugten sich die vier Söhne Jakobs vor dem Könige und schieden von ihm in Frieden. Hernach brachte Joseph seinen Vater vor Pharao, und der Patriarch segnete den König.

Also ließ sich Jakob mit seinem Hausgesinde im zweiten Hungerjahre im Lande Gosen nieder. Er war damals hundertsechzig Jahre alt. Und Joseph versorgte seinen Vater und seine Brüder die knappen Jahre über mit Brot, einen jeden nach der Zahl seiner Kinder, daß es ihnen an nichts mangelte. Und das Haus Jakobs genoß der Ruhe all die Zeit, da Joseph lebte. Der Erzvater und seine Söhne saßen bei Tische immer mit Joseph, und sie speisten zusammen des Morgens und des Abends.

Auch das ägyptische Volk wurde während der teueren Zeit aus den Kornhäusern Josephs ernährt. Joseph erwarb die Äcker und Felder der Ägypter für Pharao. Viele Landeinwohner wurden des Brotes wegen Leibeigene des Königs.

Da gingen auch die Hungerjahre zu Ende, und die Menschen konnten wieder säen und ernten, wie in den Jahren vor der Teuerung. Und Joseph regierte über Ägypten, und das Land stand unter seinem Rat. Sein Vater Jakob wurde alt und wohlbetagt, und die zwei Söhne Josephs, Ephraim und Manasse, saßen immer im Hause Jakobs, zusammen mit seinen anderen Enkelkindern und lernten die Zucht Gottes und seine Wege.

Also wohnten Jakob und seine Söhne im Lande Gosen und hatten es inne. Sie waren fruchtbar und vermehrten sich überaus.

MOSE,
DER MANN
GOTTES

Die Fron

Es geschah aber nach Josephs Tode, daß die Ägypter die Kinder Israel zu bedrücken anfingen. Pharao, der König von Ägypten, nahm die Zügel der Gewalt in seine Hand und herrschte allein über das Volk.

Die Schrift sagt: Und es kam ein neuer König auf in Ägypten. War es denn nicht der alte Pharao? So hat es sich nämlich zugetragen:
Die Ägypter sprachen zu Pharao: Laß uns dieses Volk bekämpfen! Darauf antwortete der König: Ihr Toren, verdanken wir ihnen nicht das Leben? Wäre nicht Joseph, wir wären nicht erhalten geblieben. Wie können wir da Streit anfangen mit ihnen? Wie die Ägypter sahen, daß Pharao ihnen nicht gehorchen wollte, stürzten sie ihn für drei Monate von seinem Throne, bis er sagte: Alles, was ihr wünscht, werde ich tun. Da setzten sie ihn wieder ein.

Als die Kinder Israel Knechte der Ägypter waren, kam einst ein schwangeres Weib, um ihrem Manne beim Kneten des Tons behilflich zu sein, doch von der schweren Arbeit entfiel ihr die unfertige Leibesfrucht und sank in den Lehm. Und das Weib bereitete aus dem Lehm einen Ziegel. Da stieg Gabriel herab, nahm den Stein, brachte ihn vor den Heiligen, gelobt sei er, und sprach: Siehe, wie deine Kinder erlahmen; sie sind in harter Fron. Und der Herr legte den Ziegel vor sich hin und hielt ihn als ein Andenken all die Zeit, da Israel in Ägypten war. Als nachher das Volk erlöst wurde, tat der Herr den Stein unter seine Füße, und Licht und Herrlichkeit strahlten aus dem Ziegel. Daher heißt es: ›Unter seinen Füßen war es wie heller Saphir.‹ Als aber der Tempel zerstört wurde, warf der Herr den Ziegel auf die Erde, und so wehklagt der Prophet: ›Er hat die Herrlichkeit Israels vom Himmel auf die Erde geworfen und des Schemels seiner Füße nicht gedacht.‹

Preis den tugendreichen Frauen, die in diesem Geschlecht lebten und durch die Israel aus Ägypten erlöst wurde. Was taten diese? Sie gingen mit zwei Eimern Wasser schöpfen, und da ließ Gott sie in dem einen Fische fangen, die brachten sie ihren Eheherrn auf das Feld; sie speisten und tränkten sie, wuschen und salbten sie und vereinigten sich mit ihnen in der Liebesumarmung. Wurden sie schwanger, so suchten sie ihre Wohnungen auf und verblieben daselbst; kam die Zeit, daß sie gebären sollten, so gingen sie in den Schatten eines Fruchtbaumes und hielten da ihre Niederkunft. Der Herr aber sandte vom Himmel seinen Engel, und der säuberte und putzte den Neugeborenen und schenkte einem jeden zwei Kugeln; die eine gab Fett, die andre Honig, wie es im Liede Moses heißt: ›Er ließ ihn Honig saugen von dem Felsen und Öl aus dem harten Stein.‹ Stießen die Ägypter auf die Kinder, so wollten sie sie töten, aber da geschah immer das Wunder, daß die Erde die Kleinen verschlang. Auf ihrem Rücken gleichsam wurden die Ackerfurchen gezogen; danach kamen die Kinder aus der Erde hervor ähnlich dem Gras des Feldes.

Andre erzählen es so:
Wenn eine Frau gebären mußte zu der Zeit, da Israel in Ägypten war, so ging sie aufs Feld und genas da ihres Kindes. War die Geburt vorüber, so wandte sie sich an den

Herrn und sprach: Gebieter der Welt! Ich habe das Meinige getan, tu du das Deinige. Alsbald fuhr der Herr hernieder in selbsteigner Gestalt, durchschnitt die Nabelschnur des Kindes, wusch und salbte es. Darauf gab er ihm zwei Steine, der eine troff von Honig, der andere von Öl; davon nährten sich die Kinder und wurden groß auf freiem Felde.

Nun sie erwachsen waren, suchten sie das Haus ihrer Eltern auf. Diese fragten: Wer pflegte euer da draußen? Die Kleinen erwiderten: Ein Jüngling, lieblich und herrlich anzuschauen, kam von der Höhe zu uns herab und wartete unser.

Als danach Israel ans Rote Meer kam und der Herr sich dort offenbarte, waren die Kinder die ersten, die ihn erkannten, und sie riefen aus: Dieser ist es, der sich unser annahm und uns mit allem versah, als wir hilflos dalagen in Ägypten.

Der Traum Pharaos

IM HUNDERTDREISSIGSTEN JAHR, nachdem die Kinder Israel nach Ägypten gekommen waren, hatte Pharao diesen Traum: Er saß auf seinem Thron und sah einen greisen Mann vor sich stehen; der hielt in der Hand eine Waage, wie sie die Krämer brauchen zum Wägen. Dann nahm er alle Ältesten Ägyptens, seine Fürsten und Gewaltigen, band sie zusammen und legte sie auf die eine Schale der Waage; auf die andere Waagschale tat er nur ein einziges Lämmchen, und das Lamm überwog die Männer. Da erstaunte Pharao ob dieses Gesichtes.

Des Morgens stand Pharao früh auf und erzählte seinen

Knechten den Traum; die wurden von großer Furcht ergriffen. Der König sprach: Deutet mir das Gesicht, daß ich es verstehe. Bileam ben Beor, der Ratgeber, antwortete dem König: Ein großes Unheil wird über Ägypten kommen, wenn die Zeit erfüllt ist. Es wird unter den Hebräern ein Knabe geboren werden, der wird das Land Ägypten zerstören, wird alle, die drin wohnen, vernichten und mit starker Hand Israel aus Ägypten führen. Nun aber laßt uns einen Rat ersinnen, wie wir die Hoffnung der Juden zuschanden machen, ehedenn dieses Unglück über uns hereinbreche. Der König sprach zu Bileam: Was vermögen wir noch zu tun? Hat man uns doch dies und das schon geraten, und wir haben nichts ausgerichtet. Oder weißt du einen neuen, guten Ausweg?

Bileam sagte: Laß erst deine zwei Ratgeber rufen und laß uns ihre Vorschläge hören; danach wird dein Knecht sprechen. Der König ließ seine zwei Ratmannen rufen, Reguel, den Midianiter, der auch Jetro hieß, und Hiob, den Mann aus Uz. Pharao sprach zu ihnen: Ihr habt doch wohl von dem Traum gehört, den ich gehabt habe, und was er bedeutet. So ratet denn gut und sagt, wie wir dem Verderben begegnen sollen.

Als erster antwortete Reguel, der Midianiter; er sprach: Der König lebe ewiglich! So es dem König gefällt, so lasse er ab von den Juden und erhebe seine Hand nicht wider sie. Denn ihr Gott hat sie vormals erwählt und sie zur Schnur seines Erbes gemacht. Welcher Herrscher an ihnen Böses getan, sodann aber das Böse wiedergutgemacht hat, der ist vor der Rache ihres Gottes verschont geblieben. So war es mit dem Könige von Ägypten, welcher dem Abraham seine Frau Sara genommen und dann zurückgegeben hat. Dasselbe geschah mit dem Philisterkönige Abimelech, der zu Gerar wohnte; dasselbe mit dem andern Philisterkönig Abimelech, der dem Erzvater Isaak seine Frau Rebekka geraubt, sie ihm aber hernach zurückerstattet hat. Ihr dritter Erzvater Jakob entrann seinem Bruder Esau und seinem Schwäher Laban aus Aram, welche beide ihm nach dem Leben getrachtet hatten. Auch führte er einen glücklichen Krieg mit den Königen von Kanaan, die gekommen waren, ihn und seine Kinder zu vernichten. – Und weißt du denn nicht von dem Pharao, dem Vater deines Vaters, der Joseph, den Sohn Jakobs, so groß gemacht hat? Dieser Joseph aber hat dann das Land Ägypten vom Hunger gerettet. So laß denn von ihnen ab und suche sie nicht zu verderben.

Als Pharao diese Worte Reguels, des Midianiters, vernahm, ergrimmte er über ihn sehr und vertrieb ihn mit Schande von seinem Angesicht. Reguel mußte nach seinem Lande fliehen; er hatte aber noch schnell den Stab Josephs ergriffen und mitgenommen. Danach wandte sich Pharao an Hiob und fragte ihn um seine Meinung. Hiob antwortete: Ist doch das Leben aller im Lande in der Hand Pharaos; er tue an ihnen, wie es ihm wohlgefällt.

Nunmehr sprach der König zu Bileam: Laß du uns jetzt deinen Rat hören. Da erwiderte Bileam dem König: Wolltest du die Kinder Israel durch Feuer vertilgen, du vermöchtest es nicht; denn ihr Gott hat den Erzvater Abraham errettet aus dem Schmelzofen Chaldäas. Denkst du, sie mit dem Schwert umzubringen, es würde dir nicht glücken; ward doch der Erzvater Isaak vor dem Schwerte bewahrt und an seiner Statt ein Widder geopfert. Wähnst du, sie niederzudrücken durch Frondienst und schwere Arbeit, du erreichtest dein Ziel nicht; der Erzvater Jakob ward dem Laban ein Knecht zu schwerer Arbeit, und das

schlug ihm nur zu seinem Glück aus. Gefällt es aber dem König, so lasse er ihre Knaben, die jetzt und fürderhin geboren werden, ins Wasser werfen; so wird es dir gelingen, ihres Namens Gedächtnis auszumerzen, denn diese Prüfung hat keiner von ihnen und keiner ihrer Ahnen bestanden.
Der König vernahm Bileams Worte, und sie fanden Gnade in seinen Augen.

Die Kohle

ES WAR IM DRITTEN JAHRE nach Moses Geburt, da saß Pharao bei Tische und speiste; zu seiner Rechten saß Alparanit, die Königin, und zu seiner Linken seine Tochter Bitja, und der Knabe Mose saß auf ihrem Schoße. Bileam ben Beor mit seinen zwei Söhnen und alle Fürsten des Königreiches saßen ebenfalls an der Tafel vor dem Könige. Da streckte der Knabe seine Hand nach dem Haupt des Königs aus, ergriff die Königskrone und setzte sie sich selbst auf.
Der König und die Fürsten entsetzten sich über die Dreistigkeit des Knaben, Schrecken packte den Herrscher und seine Großen, und alle erstaunten sehr. Und Pharao sprach zu seinen Fürsten: Wie, dünkt euch, soll ich mit dem hebräischen Knaben verfahren, der solches getan hat?
Der Zauberer Bileam gab zur Antwort: Mein Herr und König, gedenke doch an den Traum, der dir geträumt hat vor langer Zeit und den dein Knecht dir hat deuten dürfen; und nun sieh: das ist ja der Knabe von den hebräischen Kindern, in dem der göttliche Geist ist. Der König wähne ja nicht, daß das Kind das begangen hat, weil es

klein und unverständig ist. Er ist ein Knabe von den Hebräern, und Weisheit und Wissen sind ihm eigen; er hat sich die Krone aufgesetzt, denn er strebt nach der Herrschaft über Ägypten. Gefällt es also dem Könige, so wollen wir sein Blut auf die Erde gießen, daß er nicht groß werde.

Allein Pharao sprach zu Bileam: Wir wollen noch die Richter Ägyptens und die Weisen befragen, ob dem Knaben hier wirklich der Tod zukommt.

Und Pharao berief alle weisen Männer in Ägypten; die erschienen, und mit ihnen zusammen kam auch ein Engel des Herrn in der Gestalt eines der Weisen. Der König sprach zu ihnen: Ihr wißt ja, was der hebräische Knabe, der hier im Schlosse ist, begangen hat. So und so hat Bileam in dieser Sache entschieden. Und nun richtet auch ihr und sagt, was für eine Strafe der Knabe verdient hat.

Da antwortete der Engel in Richtergestalt: Ist's dem Könige recht, so lasse er Edelsteine und glühende Kohlen bringen und beides vor den Knaben legen. Streckt nun der Knabe seine Hände nach den Steinen aus, so wissen wir, daß seine Tat mit Vorbedacht erfolgt ist, und er muß sterben. Greift er aber nach den Kohlen, dann hat er den Frevel aus Unverstand begangen und kann leben bleiben.

Pharao ließ nunmehr einen Edelstein und eine glimmende Kohle holen, und der Knabe wollte die Hand nach dem Edelstein ausstrecken; allein der Engel lenkte die Hand des Kindes, daß es die Kohle griff, und sie brannte in seiner Hand. Er steckte sie noch in den Mund, und sie versehrte ihm Lippen und Zunge; das ist der Grund, daß er eine schwere Sprache bekam.

Der König und die Fürsten erkannten, daß der Knabe nicht aus List oder Mutwillen nach der Krone gegriffen hatte. Und Pharao ließ ab von dem Plan, das Kind umzubringen, und der Knabe Mose wuchs auf in Pharaos Hause und nahm immer mehr zu, und der Herr war mit ihm.

Bei Jetro

JETRO, der auch Reguel genannt wird, war Priester einer Gemeinde, die Götzendienst übte. Aber die Abgötterei ist von jeher verhaßt bei denen, die in ihrem Dienste stehen; um so mehr war sie Jetro verleidet, der das Treiben der Zeichendeuter beobachtete. So sann er darauf, das Amt aufzugeben. Er rief alle Bürger der Stadt zusammen und sagte: Bislang habe ich bei euch den Dienst eines Priesters versehen; nun aber bin ich alt, und so wählt euch einen andern Priester. Und er holte alle Geräte des Götzendienstes hervor und übergab sie ihnen. Da sagten sich die Leute von ihm los und gelobten, daß von nun an keiner für ihn irgendwelche Arbeit tun dürfte; auch seine Schafe sollten nicht von andern geweidet werden. Daher mußten Jetros Töchter das Vieh hüten.

UND MOSE ZOG nach dem Midianiterlande, denn er fürchtete sich davor, nach Ägypten zurückzukehren und vor Pharao zu treten.* Wie er ankam, setzte er sich an einen Brunnen und ruhte von der Reise aus. Währenddessen waren die sieben Töchter des Midianiters Reguel hinausgegangen, die Schafe ihres Vaters zu weiden. Sie kamen an den Brunnen und schöpften Wasser, die Tiere zu trän-

* Siehe 2. Buch Mose 2,15 ff.

ken. Da traten midianitische Hirten hinzu und vertrieben die Mädchen. Mose aber erhob sich, ihnen zu helfen, und tränkte die Schafe.

Die Jungfrauen eilten zu ihrem Vater und erzählten ihm, was sich mit ihnen begeben hatte. Sie sprachen: Ein ägyptischer Mann hat uns vor den Hirten beschützt; er schöpfte für uns Wasser und tränkte unsre Schafe. Darauf sagte Reguel zu seinen Töchtern: Warum habt ihr den Mann draußen gelassen? Und Reguel ließ Mose holen; er führte ihn in sein Haus und reichte ihm Speise und Trank.
Nunmehr erzählte Mose dem Reguel von seiner Flucht aus Ägypten, daß er vierzig Jahre lang König der Mohren gewesen wäre, und wie ihn das Volk mit Ehren hätte ziehen lassen.* Als aber Reguel diese Geschichte vernahm, sprach er in seinem Herzen: Ich will diesen Mann ins Gefängnis stecken und will mir so die Mohren geneigt machen, denn er ist vor ihnen geflohen. Und er warf Mose in eine Grube; daselbst verblieb Mose zehn Jahre. Doch Zippora, die Tochter Reguels, erbarmte sich seiner und brachte ihm Brot und Wasser.

NACH ABLAUF DER ZEHN JAHRE – es war das erste Jahr der Regierung Adikos' über Ägypten – sprach Zippora zu ihrem Vater Reguel: Daß doch niemand nach dem hebräischen Mann fragt, den du vor zehn Jahren gefangengenommen hast! Vater, wir wollen doch zu ihm gehen und sehen, ob er noch am Leben ist oder nicht. Reguel aber wußte nicht, daß sie ihn die Zeit über gespeist und erhalten hatte. Er sprach zu seiner Tochter: Ist's denn

---

* Ein besonderer Sagenkreis, der auf eine Überlieferung zurückgeht, wonach Mose in zweiter Ehe eine Mohrin geheiratet habe.

möglich, daß ein Mensch, der zehn Jahre im Gefängnis liegt und nicht zu essen bekommt, lebendig bleibe? Da antwortete Zippora ihrem Vater: Hast du denn nicht gehört, wie groß und mächtig der Gott der Hebräer ist und welch große Wunder er an ihnen tut? Er war es doch, der Abraham aus dem Kalkofen errettete, der Isaak unter dem Messer seines Vaters nicht sterben ließ, der Jakob den Sieg verlieh, da er an der Furt Jabbok mit dem Engel rang! Und auch unsern Mann hat er Wundersames erfahren lassen: er ist den Wellen des Nils entgangen und dem Schwerte Pharaos und der Verfolgung der Mohren – also konnte Gott ihn auch vor dem Hunger bewahrt haben.

Diese Worte Zipporas gefielen Reguel, und er ging nach der Grube, um nach Mose zu sehen. Und wirklich stand der Gefangene aufrecht in der Grube und ließ Lobgesänge und Gebete zu dem Gott seiner Väter erschallen. Da befahl Reguel, ihn aus dem Gefängnis zu führen, und er mußte sich scheren lassen und seine Kleidung wechseln und Brot essen bei Tische. Danach stieg Mose in den Garten Reguels, der hinter dem Hause war, und pries den Herrn, seinen Gott, der so wunderbar an ihm gehandelt hatte.

Wie er so betete, erblickte er sich gegenüber einen herrlichen Stab, mit Saphirsteinen besetzt, der aus der Erde wuchs. Er trat nahe heran, und siehe, der unverstellte Name Gottes war auf ihm eingeschnitten. Er sprach den Namen aus, ergriff den Stab und riß ihn heraus aus der Erde, so leicht, wie man ein Sträuchlein herausreißt. Das war der Stab, mit dem alle göttlichen Werke vollbracht worden waren, nachdem vollendet worden war die Schöpfung von Himmel und Erde und all ihrem Heer.

Als nämlich Gott den ersten Menschen aus dem Garten Eden vertrieben hatte, da nahm Adam diesen Stab in die

Hand und baute den Acker, aus dem er gebildet war. Der Stab gelangte dann zu Noah, und dieser übergab ihn Sem und seinem Geschlecht, bis er danach an Abraham, den Hebräer, kam. Als aber Abraham alles, was sein war, seinem Sohne Isaak übergab, gab er ihm auch diesen Stab. Danach geschah es, daß Isaaks Sohn Jakob nach Mesopotamien floh; er hatte nichts denn diesen Stab, da er über den Jordan ging. Er kehrte dann zu seinem Vater zurück, allein den Stab vergaß er nicht und nahm ihn mit, als er nach Ägypten hinabfuhr. Er schenkte ihn Joseph als ein Teil mehr über den andern Brüdern, das er mit Gewalt seinem Bruder Esau entrissen hatte. Nach dem Tode Josephs kamen die Fürsten Ägyptens in das Haus des Regenten, und sein Stab wurde Eigentum des Midianiters Reguel. Dieser verpflanzte ihn dann in seinen Garten.

Nunmehr versuchten sich alle Helden der Keniter daran, den Stab aus der Erde zu reißen, denn, welchem es gelänge, der sollte Zippora als Gemahlin heimführen. Allein keiner vermochte es zu vollbringen. Also blieb der Stab im Garten Reguels stecken, bis der kam, mit dem das Recht war. Da nun Reguel den wundersamen Stab in der Hand Moses gewahrte, staunte er über die Maßen und gab ihm seine Tochter Zippora zum Weibe.

Am Berge Horeb

ALS MOSE DIE HERDEN Jetros in der Wüste weidete, entfloh ihm einst ein Zicklein. Mose lief ihm nach, bis es vor einer Wiese stehenblieb. Hier fand es ein Bächlein und trank daraus. Als Mose das sah, sprach er zu dem Tier: Ich wußte nicht, daß du, weil du durstig warst, davongesprungen bist. Und er nahm das Zicklein auf seine Schultern und trug es zurück. Da sprach der Herr zu Mose: Du bist voll Erbarmen und gehst mitleidig mit den Tieren um. Bei deinem Leben! Du sollst meiner Herde Israel Lenker sein.

MOSE WEIDETE DIE SCHAFE seines Schwähers Jetro, und er weidete sie vierzig Jahre lang; es geschah ihnen kein Leids von den wilden Tieren des Feldes. Diese nennt die Schrift: eine heilige Herde. Er war Hirte, bis er an den Berg Horeb kam.
Hier aber offenbarte sich ihm der Herr aus dem feurigen Busch, wie es heißt: Ein Engel des Herrn erschien ihm in einer feurigen Flamme aus dem Busch. Mose sah, wie der Busch brannte und dennoch vom Feuer nicht verzehrt wurde; hinwieder wurde das Feuer vom Busch auch nicht ertötet, wiewohl der nicht in der Erde wurzelte, sondern im Wasser zu stecken schien. Mose staunte über den seltsamen Anblick und sprach in seinem Herzen: Wie herrlich ist dies alles! Ich will dorthin und will das große Gesicht beschauen, warum der Busch nicht verbrennt. Aber da rief der Herr dazwischen: Mose, Mose, bleib stehen, wo du bist, denn daselbst werde ich dereinst Israel die Lehre geben. Tritt nicht herzu, zieh deine Schuhe aus, denn der Ort, darauf du stehst, ist heiliges Land. – Daher rührt der Brauch, an einer heiligen Stätte die Schuhe auszuziehen.

DER DORNBUSCH BRANNTE mit Feuer und ward nicht verzehrt. Was wollte Gott Mose damit bedeuten? Mose hatte nämlich bei sich gedacht: Werden die Ägypter nicht Israel ganz und gar ausrotten? Nun ließ ihn der Herr den Dornbusch sehen, den das Feuer nicht verzehren konnte, und machte ihm somit klar, daß, gleichwie der Busch nicht vernichtet wurde, so auch Israel nicht vertilgt werden könnte.

Warum verliess Gott den Himmel und redete mit Mose aus dem Dornbusch? Der Dornbusch, das war ein Gleichnis für die Knechtschaft Ägyptens. Wie der Dornbusch durch seine Stacheln der grausamste Baum ist, dergestalt daß ein Vogel, der in ihm Zuflucht sucht, nicht heil mehr herauskommt, sondern mit zerfetzten Flügeln – also war auch die Knechtschaft Ägyptens härter und peinvoller als jemals in der Welt irgendeine Knechtschaft.

Das Siegeslied

Es folgt die Menge immer dem, der an der Spitze steht. Irrt der Hirte, so irrt auch die Herde; geht der Hirte sicher seines Weges, so gehen auch die Schafe nicht den falschen Weg. Solch ein treuer Hirte war Mose. Als er das Dankeslied anstimmte zum Lobe des Herrn, da folgte ihm Israel und sang mit.
Mirjam fing an zu singen und zu tanzen, und alle Frauen zogen hinter ihr her und sangen und tanzten mit. Wo hatten sie aber in der Wüste Pauken und Lauten her? Ja, die Gerechten wissen es immer und vertrauen stets darauf, daß der Herr Wunder tun wird. Gleich beim Auszug aus Ägypten wurden Schall- und Spielgeräte von ihnen mitgenommen.

In der Stunde, da die Kinder Israel aus dem Roten Meere stiegen, erhoben sie ihre Augen und stimmten einen Ge-

sang an. Wie aber sangen sie das Lied? Das junge Kind hatte auf dem Schoß der Mutter gesessen, das saugende hatte an den Brüsten der Mutter gesogen; als sie aber die Gottheit erblickten, da reckte das junge Kind seinen Hals, der Säugling riß seinen Mund von der Mutterbrust, und sie sprachen: Das ist der Herr, ihn wollen wir preisen.
Daher heißt es auch: ›Aus dem Mund der jungen Kinder und Säuglinge hast du dir eine Macht zugerichtet.‹

DEM HERRN ist es nicht lieb, daß man jubelt, wenn der Feind fällt. In jener Stunde, als die Ägypter ertranken, wollten die Engel Gott ein Loblied singen. Er aber rief: Menschen, von mir geschaffen, gehen unter im Meer, und ihr wollt jauchzen?

ALS DIE WORTE ERTÖNTEN: *Alsdann* sangen Mose und die Kinder Israel dies Lied – da hüllte sich der Herr in ein Gewand voller Glanz, das bemalt war mit allen fröhlichen Versen aus der Schrift, die mit dem Worte *alsdann* anheben. Da war zu lesen: ›Alsdann werden die Jungfrauen fröhlich sein am Reigen‹; ›alsdann wird der Lahme löcken wie ein Hirsch‹ und andre mehr. Nachdem aber Israel Sünde getan hatte, zog der Herr das Gewand aus und zerriß es.
Dereinst wird er es wieder anziehen, denn es heißt: ›Wenn er die Gefangenen Zions lösen wird, *alsdann* wird unser Mund voll Lachens sein.‹

IN DEN TAGEN des Auszugs aus Ägypten sah eine Magd Dinge, die selbst Hesekiel und die anderen Propheten nicht gesehen haben!

Die Zehn Gebote

Es steht geschrieben: ›Mein Kind, wirst du Bürge für deinen Nächsten, so bist du verknüpft durch die Rede deines Mundes.‹ Der Satz ist auf Israel gemünzt, auf Israel, als es die Lehre empfangen sollte.

Denn da der Herr seine Lehre dem Volke Israel zu verleihen gedachte, sprach er zu ihnen: Stellet mir Bürgen, daß ihr alles, was darin geschrieben steht, befolgen werdet. Sie erwiderten: Sind doch unsre Väter Bürgen für uns! Gott sprach: Eure Väter haben an mir gesündigt, möchten sie nur für sich selbst einstehen! Da fragten sie: Wer ist denn vor dir ohne Schuld? Gott antwortete: Die jungen Kinder sind's. Also brachten sie vor ihn die, die noch an der Mutterbrust sogen, dazu die schwangeren Frauen; deren Leib aber ward durchsichtig wie Glas, und die Ungeborenen vermochten es, den Herrn vom Mutterleib aus zu schauen, und sie redeten mit ihm. Der Heilige, gelobt sei er, sprach zu ihnen: Ihr bürgt mir heute für eure Väter; sollten sie nicht die Gebote erfüllen, so straft ihr sie. Die Unmündigen sprachen: Wir wollen Bürgen sein. Der Herr sprach zu ihnen: Ich bin der Ewige, euer Gott. Sie antworteten: Du bist's. Weiter sprach der Herr: Ihr sollt keine anderen Götter haben neben mir. Sie gaben zur Antwort: Jawohl. Und so sagte Gott ihnen jedes von den Zehn Geboten, und sie erwiderten auf jedes Ja mit Ja, auf jedes Nein mit Nein. Da sprach der Herr zu ihnen: Durch euren Mund gebe ich Israel die Lehre.

Die Zehn Gebote kamen in einem Zuge aus dem Munde der Allmacht – ein Ding, schwer zu fassen für den Menschen, dessen Mund so zu sprechen nicht vermag, dessen

Ohr dies zu hören nicht die Kraft hat. Die Stimme des Herrn teilte sich aber in sieben Stimmen und erscholl sodann in siebzig Sprachen.

›GOTT DONNERT mit seinem Donner wunderbarlich und tut große Dinge und wird nicht erkannt.‹ Wann hat denn der Herr wunderbarlich gedonnert? Das war, als er die Lehre am Sinai gab. Der Herr redete, und die Stimme erscholl und hallte in der ganzen Welt wider. Israel glaubte die Stimme als von Süden kommend zu hören und wandte sich gen Süden. Hier klang aber die Stimme, als käme sie von Norden, und das Volk eilte gen Norden. Hier tönten die Worte, als kämen sie von Osten, und sie liefen gen Osten. Im Osten aber war's ihnen, als käme die Stimme von Westen. Im Westen dünkte es sie gar, als käme sie vom Himmel. Sie richteten ihre Augen zum Himmel empor, aber die Stimme schien aus den Tiefen der Erde zu ihnen zu dringen. Da sprachen die Kinder Israel zueinander: ›Wo ist die Weisheit zu finden, und wo ist die Stätte des Verstandes?‹ Wo mag der Herr weilen? In Ost oder West, in Nord oder Süd?

MOSE STAND mit seinen Füßen auf dem Berge, mit seinem Körper aber war er im Himmel, der ihn wie ein Zelt umgab. Er schaute umher und sah alles, was da oben vorging, und der Herr redete mit ihm wie mit einem Freund von Angesicht zu Angesicht.
Und der Herr sprach diese Worte: Ich bin der Herr dein Gott, der ich dich hinausgeführt habe aus dem Lande Ägypten. Die Stimme erscholl, und die Himmel entsetzten sich, die Meere und Ströme flohen davon, die Berge und Hügel begannen zu beben, die Bäume fielen um, die

Toten in den Gräbern richteten sich auf und standen auf ihren Füßen, und alle Menschen, die noch geboren werden sollten bis an der Welt Ende, waren da und umstanden den Berg Sinai.

ALS DIE KINDER ISRAEL über Gottes Erscheinung und seine mächtigen Worte von Furcht ergriffen dastanden, sandte der Herr jedem einzelnen von Israel zwei Engel: der eine legte ihm die Hand aufs Herz, damit die Seele nicht verginge; der andre hielt ihm den Kopf, damit er den Herrn anschauen konnte. Und die Stimme der Allmacht dröhnte und rief: Wollt ihr die Lehre auf euch nehmen, die da zweihundertachtundvierzig Tatgebote enthält? Die Kinder Israel antworteten laut: Jawohl! Und wiederum ertönte die Stimme von Gottes Mund und drang in ihre Ohren: Wollt ihr euch auf die Schrift verpflichten, in der es von dreihundertfünfundsechzig Dingen heißt: Das darfst du nicht tun –? Und zum zweitenmal antworteten die Juden: Jawohl! Nunmehr floß das göttliche Wort, das die Kinder Israel vernommen hatten, heraus aus ihrem Ohr und küßte sie auf ihren Mund. Hernach öffnete ihnen der Herr die sieben Himmel und die sieben Abgründe und ließ sie die sieben Welten schauen; so erkannten sie, daß es im Weltall keinen gab außer ihm.

ALS DER HERR die Lehre verkündigte, da schwamm kein Fisch, da flog kein Vogel, kein Ochse brüllte, die göttlichen Räder standen still, die Seraphim waren stumm, das Meer bewegte sich nicht, die Geschöpfe ließen keinen Laut fallen. Die ganze Welt verharrte in Schweigen, und eine Stimme erscholl: Ich bin der Herr, dein Gott.

Das Lager

SIEBEN WOLKEN BEGLEITETEN die Kinder Israel auf ihrer Wanderung durch die Wüste: eine zog vornan, die zweite hintennach, zwei waren zu beiden Seiten, eine war über ihnen und kühlte die Glut und wehrte dem Frost, eine war in der Wolkensäule, die wies ihnen den Weg und ermunterte die Zagen und dämpfte die Übermütigen; die siebente aber schwebte über den Bannern der Stämme, und das Licht der göttlichen Majestät war in ihr geborgen.

Auf welche Weise aber das Licht in dieser Wolke gefangen war, das wird folgendermaßen erklärt. Es gab vier Banner, nach den vier Richtungen der Windrose. Das Banner Judas war östlich, und es stellte einen Löwen dar; der Haken oben war golden und hatte die Gestalt eines Schwertes; über der Spitze des Schwertes ließ der Herr eine Elle von der siebenten Wolke hängen, und darin leuchteten die Anfangszeichen der Erzväternamen. Das Banner Rubens, das im Süden war, trug das Abbild eines Menschen, welcher gestaltet war wie die Dudaim, die der Stammvater Ruben auf dem Felde fand. Auch der Haken dieses Banners war wie ein Schwert geformt, und in dem Teil der Wolke, die darüber hing, leuchteten die zweiten Buchstaben der Erzväternamen. Im Westen prangte das Banner Ephraims; darauf war das Bild eines Fisches, getreu dem Verse: Und sie mögen sich vermehren wie die Fische des Meeres. In dem Stück der Wolke, das über dem Haken dieses Banners hing, waren die dritten Buchstaben der Erzväternamen zu lesen. Das letzte Banner war das Banner Dans, das im Norden war; es trug das Abbild einer Schlange, und in dem Wolkensaum, der über dem Haken schwebte, strahlten in heller Schrift die Endbuchstaben der Erzväternamen. Zu dem Buchstaben, der von Abrahams Namen übriggeblieben war, welcher doch fünf Schriftzeichen enthält, fügte Gott eines von seinem Namen hinzu und bildete so seine erhabene Benennung *Jah,* von der es heißt, sie sei ein Fels ewiglich. Diese zwei* heiligen Schriftzeichen setzte er in die Wolkensäule, die über der Lade war, allwo alle Paniere zusammengeflochten waren. Und die Säule zog sieben Tage lang durch das Lager Israels, leuchtete des Tags wie die Sonne und des Nachts wie der Mond, und daran erkannte man, ob's Tag war oder Nacht. Wollte Gott das Lager in Bewegung bringen, so hob sich die Wolke mit dem Namen Jah, die über der Lade hing, und die vier Wolken mit den Schriftzeichen der Erzväternamen folgten nach. Alsdann stießen die Priester in die Drommeten, und die Winde der Welt wehten den Duft von Myrrhe und Aloe herbei. Die Drommeten aber waren dazu da, die Gemeinde zusammenzurufen und das Lager zum Aufbruch zu bewegen; sie gaben das Zeichen zum Kriege und kündigten die Sabbate und Festtage an. Die Drommete war hohl und tönte mit lauter Stimme; ihre Spitze bildete ein Rohr, durch das der Wind blies, wodurch Töne hervorgebracht wurden. Wenn es galt, die Gemeinde zu berufen oder die Fürsten zu versammeln, so wurde von den Söhnen Aarons die Drommete geblasen, einmal, schlicht und ohne lauten Schall. Galt es aber, dem Lager ein Zeichen zum Aufbruch zu geben, so wurden mit lautem Schall beide Drommeten geblasen. Beim ersten Ton setzten sich die drei Stämme in Bewegung, die unter dem Banner Judas im Osten lagen; beim zweiten Schall erhoben sich die, die unter dem Banner Rubens im Süden lagerten; beim dritten Schall

* Im hebräischen Alphabet zählen nur die Konsonanten.

brachen die Stämme vom Westen auf, die unter dem Banner Ephraims geschart waren; beim vierten Schall schlossen sich an den Zug die drei Stämme des Banners Dan, die im Norden waren.

Ebenso wurden beide Drommeten mit lautem Schall geblasen, wenn es zum Streite ging, wenn froher Jubel im Volke war, wenn Festtag und Neumond gefeiert werden sollten.

Die vier Banner entsprachen den vier Elementen. Von den zwölf Stämmen wurde ein jeder durch einen entsprechenden Edelstein im Brustschild Aarons dargestellt. Das Banner Judas im Morgenland verkörperte gleichsam das Feuerelement; unter den Gestirnen entsprachen den drei Stämmen, die unter ihm vereinigt waren, die Sternbilder des Widders, des Löwen und des Bogenschützen; unter den Edelsteinen des Brustschildes entsprach ihnen die erste Reihe: der Rubin, der Topas, der Smaragd.

Das Banner Rubens im Mittagland war ein Sinnbild des Elements Erde. Die Bilder des Tierkreises, die dazu gehörten, waren: der Stier, die Jungfrau, das Zicklein; von den Edelsteinen des Brustschildes entsprachen ihnen der Sarder, der Saphir, der Demant.

Dem Banner Ephraims im Abendland entsprachen von den Elementen das Wasser, von den Sternbildern die Zwillinge, die Waage und der Wassermann, von den Steinen des Brustschildes die dritte Reihe, nämlich der Hyazinth, der Achat, der Amethyst.

Das Banner Dans zuletzt, das im Mitternachtland war, war ein Sinnbild des Windes; von den Gestirnen entsprachen ihm der Krebs, der Skorpion und die Fische; von den Steinen des Brustschildes wiederum der Türkis, der Onyx und der Jaspis.

Und die vier Lager der Hauptbanner waren rund um die Stiftshütte gruppiert. Zwischen dem Heiligtum und den einzelnen Lagern war noch ein Raum frei, wie eine Straße breit. Drei Stämme waren jeweils unter einem Banner vereinigt, so daß jedes Lager eigentlich in drei Lager zerfiel und einer mächtigen, festen Stadt ähnlich sah. Im Osten waren die Lager Judas, Isaschars und Sebulons; Ruben, Simeon und Gad lagerten im Süden. Im Westen hatten ihre Lager Ephraim, Benjamin und Manasse; Dan, Asser und Naphtali lagerten im Norden. In dem Raum, der zwischen dem Stiftszelt und den zwölf Lagern war, wohnten die Leviten, auch nach den vier Richtungen der Windrose geteilt; eine freie Fläche blieb noch zwischen ihnen und dem Heiligtum, zwischen ihnen und den Lagern der anderen Stämme, doch waren sie dem Heiligtum näher als den Stämmen.

Das ganze Bild stellte sich nun folgendermaßen dar: in der Mitte erhob sich die Stiftshütte; diese wurde an den vier Seiten von den Leviten umstanden; hinter den Leviten lagerten die Stämme mit ihren Bannern; die Wolken der Herrlichkeit aber hüllten ganz Israel ein.

Der Mirjam-Brunnen

ALS ISRAEL durch die Wüste zog, da zog die Wolkensäule ihnen voran, und der Opferrauch stieg zum Himmel empor. Zwei Feuerzungen aber liefen von den Tragstangen der Lade aus und verbrannten die Schlangen und Skorpione vor ihnen. Die Völker der Erde sahen die seltsamen Zeichen und sprachen: Das scheinen Götter zu sein, die da kommen, denn sie bedienen sich allein des

Feuers. Da sprach Mose zu den Kindern Israel: All dieses Lob, das der Herr euch bereitet hat, rührt nur daher, daß ihr seine Lehre am Sinai empfangen habt.

Zwei Lehrer unterhielten sich miteinander über die Wanderung durch die Wüste. Der eine fragte: Wie war es wohl, als die Kinder Israel aus Ägypten zogen: zogen da auch Weber mit? Der andere antwortete: Es sind keine mitgezogen. Da fragte der erste: Wie war es da also um die Kleidung der Kinder Israel bestellt? Der andere erwiderte: Sie waren gekleidet wie die diensttuenden Engel, in köstlich gemustertes Zeug.
Weiter fragte der eine Lehrer: Aber wurden denn den Kleinen die Kleider nicht zu knapp? Die Antwort lautete: All die Zeit, da das Kind im Wachsen war, wuchs seine Hülle mit ihm. – Verdarben aber nicht die Kleider? – Die Wolken der Herrlichkeit machten sie immer neu und glänzend. – Rochen sie aber nicht nach dem Schweiß des Körpers? – Der Wunderbrunnen ließ Gewürze und duftende Kräuter aufsteigen, und mit denen wurden die Kleider abgerieben und dufteten so herrlich wie diese.

Der Brunnen, der mit Israel durch die Wüste zog, glich einem durchlöcherten Felsen, und das Wasser tröpfelte heraus und stieg darin wieder hoch. Das Wasser des Brunnens erklomm die höchsten Berggipfel und lief die tiefsten Täler hinab, je nachdem, wo Israel lagerte; und immer war sein Platz am Eingang der Stiftshütte. Die Fürsten Israels standen um ihn herum mit ihren Stäben und sangen das Brunnenlied, das mit den Worten anhebt: Brunnen, steige auf! Singet von ihm! Und das Wasser quoll und hob sich einer Säule gleich in die Höhe. Ein jeder von den Vornehmen ergriff seinen Stab im Namen seines Stammes und seines Geschlechts, getreu dem Liede: ›Das ist der Brunnen, den die Fürsten gegraben haben, die Edlen im Volk haben ihn gegraben mit dem Zepter, mit ihren Stäben.‹

WER DEN MIRJAM-BRUNNEN sehen will, der steige auf die Spitze des Karmel und schaue von dort auf das Meer herab; er erblickt etwas, das einem Siebe gleicht, mitten im Meere, und das ist der Mirjam-Brunnen.

Der Aufstand Korahs

EINE ARME FRAU hatte ein Schaf, das hielt sie wie ihr eigenes Kind; von ihrem Brot gab sie ihm zu essen, und aus ihrem Becher ließ sie es trinken. Als die Zeit der Schafschur kam, schnitt sie ihm die Wolle ab. Da erschien der Priester Aaron und nahm die Wolle für sich. Alsbald lief das Weib zu Korah und klagte vor ihm: Herr, ich bin ein armes Weib und habe nichts als nur dieses einzige Schaf; ich habe es geschoren, um mir aus der Wolle ein Kleid zu machen, denn ich bin nackend und bloß. Nun kam Aaron, der Priester, und hat die Wolle mit Gewalt hinweggenommen! Was tat Korah? Er begab sich sogleich zu Aaron und sprach zu ihm: Genügen dir nicht der Zehnte und die Priesterhebe, die du von Israel erhältst? Mußt du noch die Wolle eines armen Weibes nehmen, das um ihrer Armut willen ohnehin zu den Toten zu zählen ist? Aaron aber erwiderte und sprach: Du wirst eines gräßlichen Todes sterben; dir zulieb werde ich keinen Buchstaben des Gesetzes ändern, und es steht geschrieben: ›Die Erstlinge von der Schur deiner Schafe gehören *mir*.‹

Nach drei Monaten warf das Schaf der armen Frau ein Lämmchen, und alsbald meldete sich Aaron und holte es hinweg. Und abermals weinte die Frau vor Korah und sprach: Mein Herr, sieh, Aaron hat kein Erbarmen. Gestern erst nahm er die Wolle meines Schafes für sich, und heute hat er mir ein Lamm gestohlen. Aaron aber sprach: Die Schrift sagt: ›Alle Erstgeburt deiner Schafe und Rinder, welche männlich ist, hast du dem Herrn, deinem Gott, zu weihen.‹

Nunmehr ging das Weib und schlachtete das Schaf. Aber sogleich fand sich Aaron ein und nahm den Bug, die Kinnlade und den Magen. Da schrie das Weib laut auf und rief in ihrem Gram: So mag denn das ganze Fleisch dein sein! Aaron aber erwiderte: Mein ist nunmehr das ganze Fleisch; ich nehme es, denn es ist mein Teil geworden, wie es auch geschrieben steht: ›Alles Gebannte in Israel soll dein sein.‹

Da wandte sich das Weib wieder an Korah und erzählte ihm die ganze Geschichte. Korah geriet in großen Zorn und sprach voller Empörung zu Aaron: Aaron, wie kannst du nur die arme Frau hier so bedrücken? Du hast ihre Wolle geraubt, das erstgeborene Schäflein genommen und nun auch das ganze Schaf dir zugeeignet. Aaron aber erwiderte: Dein Zorn wird mich nicht bewegen, auch nur ein Zeichen in der Schrift zu ändern, und es heißt daselbst: ›Alles in Israel soll dein sein!‹

KORAH SPRACH: Mein Vater war einer von den vier Brüdern: Amram, Izahar, Hebron und Usiel. Dem Erstgeborenen Amram fiel es zu, daß von seinen Söhnen beide die Macht erbten: Aaron das Priestertum und Mose das Königtum. Wem aber sollte gerechterweise die zweite der

Würden gehören? Doch dem Geschlecht des zweiten Sohnes, welcher mein Vater Izahar war. Ich bin der Sohn Izahars, und ich sollte der Fürst über meine Sippe sein. Nun aber hat Mose den Sohn Usiels, den jüngsten von meines Vaters Brüdern, zum Fürsten gemacht. Einer, der vom jüngsten Bruder abstammt, soll größer sein als ich, der ich vom zweiten abstamme?
Das war der Grund zu Korahs Aufstand.

König Salomo sagt: ›Durch weise Weiber wird ein Haus erbaut; eine Närrin aber zerbricht's mit ihren Händen.‹ Eine kluge Frau, die ihr Haus erhalten hat, war das Weib Ons, des Sohnes Pelets. Sie sprach zu ihrem Mann: Höre auf meinen Rat! Ob Korah der Fürst ist, ob Mose der Fürst ist – du bleibst doch nur ein Jünger; was hast du also von der Zwietracht? So laß es dir denn gesagt sein, daß du nur auf deine Rettung bedacht sein mußt und dich nicht einmengen darfst. Der Sohn Pelets sprach: Was soll ich aber machen, wo ich mich dem Korah durch einen Eid bereits verpflichtet habe? Die Frau sagte darauf: Deinem Schwur geschieht kein Abbruch, wenn du zu Mose hältst, denn ganz Israel ist heilig. Und der Ehemann fügte sich den Worten seines Weibes.
An dem Tage, da das Böse hereinbrechen sollte, bereitete sie ein fettes Mahl und ließ ihren Mann so viel essen und trinken, bis er vor Trunkenheit einschlief. Sie legte ihn ins Bett, selbst aber ging sie zur Tür des Hauses hinaus und setzte sich draußen hin. Sie deckte ihren Kopf auf, zerzauste ihr Haar und tat, als wollte sie es reinigen. Wer nun ihren Mann holen wollte, sah die Frau mit dem wirren Haar und prallte vor Unwillen zurück. So verging die Zeit, und On ward vor dem Untergang bewahrt.

Die Närrin aber zerstört es mit ihren Händen – das ist das Weib Korahs, die ihren Mann in den Zwist mit Mose hetzte; so kam er um und verlor das Diesseits und das Jenseits.

Der Riese Og

NACHDEM DIE KINDER ISRAEL aus Ägypten gezogen waren und der Herr Wunder an ihnen vollbracht hatte, fiel die Angst vor ihnen auf alle Völker der Erde. Als es dann zum Kriege mit Sihon und Og kam, fragten die Amoriter einer den anderen: Ob wohl das Volk, das uns Kampf angesagt hat, auch streitbare Helden hat? Wieviel Stämme mögen es sein? Die Gefragten erwiderten: Es sind Nachkommen dreier Stammväter. Da sprachen Sihon und Og: Also dies ganze Volk besteht aus drei Stämmen? Gürten wir unsere Waffen um und ziehen wir wider sie aus; wir erschlagen sie alle.

ALS MOSE MIT ISRAEL vor die Stadt Edrei in Basan kam, sprach er zu ihnen: Wir wollen hier unser Lager aufschlagen; morgen in der Frühe wollen wir vordringen und die Festung nehmen. Als Mose aber des Morgens aufstand, konnte er die Mauer nicht mehr sehen; er schaute angestrengt in die Ferne, und da sah er den König Og auf der Mauer sitzen, seine Füße aber berührten die Erde. Er sprach: Ich weiß nicht, was meine Augen sehen; es ist, als ob über Nacht eine zweite Mauer aufgerichtet worden sei. Da sagte Gott zu ihm: Mose, was du siehst, ist Og!

OG, DER KÖNIG VON BASAN, kannte sein Lebtag keinen hölzernen Stuhl, keine Bank aus Holz, kein Holzbett; niemals hatte er auf Holz gesessen, denn Holz vermochte ihn nicht zu tragen, es wäre zerbrochen unter seiner Last. Alle seine Geräte waren aus Eisen, sein Tisch war aus Eisen, sein Stuhl war aus Eisen, seine Bank war eisern. Von Eisen war alles, was er gebrauchte. ›Sein Lager war ein eisernes Lager‹, sagt die Schrift.

UNSERE LEHRER SAGEN: Dies ist die Geschichte des Steines, den Og auf Israel werfen wollte: Og sprach: Das Lager Israels wird drei Meilen messen; ich reiße einen Berg aus, der drei Meilen hoch ist und werfe ihn über sie; so sind sie alle mit einem Male tot. Und wirklich riß er einen solchen Berg aus der Erde und tat ihn auf sein Haupt. Allein der Herr ließ von Ameisen in den Stein ein Loch bohren, und er fiel Og um den Hals. Er versuchte ihn abzuwerfen, um seiner ledig zu werden, aber da wuchsen ihm die Zähne nach allen Seiten aus dem Munde heraus, und sie ließen ihn den Stein nicht hochschieben.
Moses Wuchs betrug zehn Ellen; da nahm er ein Beil von zehn Ellen Länge, tat einen Sprung von zehn Ellen Höhe und hieb gegen den Knöchel Ogs, daß der tot niederfiel.

ABBA SAUL ERZÄHLT: Ich war Totengräber und verfolgte einst einen Hirsch; da geriet ich auf den Hüftknochen eines Toten, der dalag auf dem Felde. Ich lief drei Meilen weit und konnte den Hirsch nicht erjagen, der Knochen aber nahm kein Ende. Als ich mich rückwärts wandte, wurde mir gesagt: Das war der Hüftknochen Ogs, des Königs von Basan.

Der Tod Moses

›Wenngleich seine Höhe in den Himmel reicht und sein Haupt an die Wolken rührt‹, heißt es im Buche Hiob. Damit ist Mose gemeint, denn er war in den Himmel gestiegen, hatte die Wolken in seiner Nähe gefühlt und war in allem gleich geworden den himmlischen Heerscharen; er hatte mit dem Herrn von Angesicht zu Angesicht gesprochen und aus seiner Hand die Lehre empfangen. Dennoch nahte sein Ende heran, und er vernahm von dem Herrn die Worte: Der Tag deines Sterbens ist nicht fern! Da sprach Mose: Gebieter der Welt! Vergeblich also hat mein Fuß die Wolken getreten, vergeblich rannte ich wie ein Roß deinen Kindern voran; auch mein Ende soll bei den Würmern sein? Der Herr aber sprach: Mose, bereits über Adam, den ersten Menschen, habe ich den Tod verhängt. Mose antwortete: Herr der Welt! Adam hat es verdient, den Tod zu erleiden; ihm war nur ein leichtes Gebot gegeben worden, und dieses hat er nicht gehalten, also mußte er sterben. Da sprach der Herr: Und Abraham, der doch meinen Namen geheiligt hat, ist er nicht gestorben? Mose erwiderte: Abraham hat Ismael gezeugt, dessen Stamm dich erzürnt hat als Zerstörer von Hütten und Gewalttätige. Der Herr sprach weiter: Da hast du auch Isaak, der seinen Hals willig dem Messer dargeboten hat und doch gestorben ist! Mose antwortete: Isaak? Von ihm kam Esau, der dereinst deinen Tempel verwüsten und deinen Palast verbrennen wird. Der Herr sprach weiter: Nun aber Jakob; an diesem ist doch kein Fehl zu finden! Mose gab zur Antwort: Jakob war aber nie im Himmel, sein Fuß hat keine Wolke berührt, und du hast mit ihm nicht von Angesicht zu Angesicht gesprochen; auch hat er keine Lehre aus deiner Hand empfangen. Nunmehr sprach der Herr: Es ist genug! Rede kein Wort mehr mit mir.

Mose sprach: Ich weiß wohl, daß die späteren Geschlechter von mir sagen werden, ich hätte nur in der Jugend deinen Willen getan, im Alter aber nicht. Der Herr aber erwiderte: Ich hab es schon längst gesagt: ihr habt euch gegen mich versündigt. Mose sprach: Laß es deinen Willen sein, daß ich in das Land nur für kurze Zeit komme; danach will ich sterben. Der Herr antwortete: Du wirst das Land nicht betreten. Mose sprach: Komm ich auch nicht zu meinen Lebzeiten hin, so laß mich nach meinem Tode dahingelangen. Der Herr entgegnete: Nicht bei Lebzeiten und nicht nach dem Tode. Mose fragte: Warum bloß all dieser Zorn über mich kommt? Der Herr gab zur Antwort: Weil ihr mich nicht geheiligt habt. Mose sprach: Mit allen Geschöpfen gehst du um nach dem Maß der Barmherzigkeit und erzeigst ihnen Gnade zwei- und dreimal; mir aber, der ich nur eine Sünde begangen habe, willst du nicht vergeben. Darauf sagte Gott: Mose, du hast sechs Missetaten begangen; ich habe dir nur bislang keine von ihnen offenbart. Du hast dich erstlich geweigert, zu Pharao zu gehen, und gesagt: ›Sende, welchen du senden magst.‹ Du hast zum zweiten mir zu sagen gewagt: ›Und du hast dein Volk nicht errettet.‹ Du bist zum dritten mir mit Unglauben begegnet, als ich sagte, ich würde das Volk einen Monat lang mit Fleisch speisen; da sagtest du: ›Soll man Schafe und Rinder schlachten, daß es ihnen genug sei!?‹ Zum vierten sagtest du bei dem Aufruhr der Rotte Korahs: ›Werden sie sterben, wie alle Menschen sterben, so hat mich der Herr nicht gesandt.‹ Zum fünften sprachest du mit der Gemeinde, als ich dir befahl, Wasser aus dem Felsen zu schlagen, und sagtest: ›Hört, ihr Ungehorsamen, werden wir euch auch Wasser bringen aus diesem Fels?‹ Zum sechsten sprachst du: ›Ihr seid aufgetreten an eurer Väter Statt, eine Brut von Sündern.‹ Waren denn Abraham, Isaak und Jakob Sünder, daß du so zu sprechen dich vermaßest?

Darauf sprach Mose: Ich bin einer, und der Kinder Israel sind sechzig Myriaden; wievielmal hatten sie Sünde vor dir getan, und jedesmal, wenn ich für sie um Vergebung bat, vergabst du ihnen. Auf sechzig Myriaden sahest du hin, und auf mich siehst du nicht hin! Der Herr erwiderte: Mose, es ist nicht gleich, ob ein einzelner oder eine Gemeinschaft gestraft werden. Noch vor kurzem warst du Herr über dein Leben, nun bist du es nicht mehr. Mose sprach: Gebieter der Welt! Steh auf von dem Stuhl der Strenge und setze dich auf den Stuhl der Milde. Laß mich sterben und laß meine Missetaten gesühnt sein durch Schmerzen, die du über meinen Leib bringen magst. Laß mich nicht in den Fangstrick des Würgers fallen, ich will dann dein Lob verkünden allen, die zur Welt kommen. Der Herr aber antwortete: Das ist das Tor des Herrn, die Gerechten werden dahin eingehen; es steht seit jeher offen da, und der Tod ist den Geschöpfen von alters her bestimmt.

Wie nun Mose sah, daß der Herr sich nicht erweichen ließ, wandte er sich an den Himmel und die Erde und sprach zu ihnen: Bittet für mich um Erbarmen. Diese aber sagten: Ehe wir für dich bitten, bitten wir für uns um Erbarmen. Sagt doch der Prophet: ›Der Himmel wird wie ein Rauch vergehen und die Erde wie ein Kleid veralten.‹

Da ging Mose zu den Sternen und Planeten und bat sie um Fürsprache. Aber auch diese antworteten wie der Himmel und die Erde und sprachen: Auch von uns heißt es: ›Des Himmels Heer wird verwelken.‹ Er ging zu den Bergen und Höhen und bat um ihre Fürbitte. Aber er erhielt dieselbe Antwort; sie sprachen: Auch uns tut Erbarmen not, denn es steht geschrieben: ›Die Berge sollen weichen und die Hügel hinfallen.‹ Hierauf begab sich Mose zum großen Meer und sprach zu ihm: Bitte für mich um Erbarmen. Da sagte das Meer: Du Sohn Amrams, womit ist dieser Tag anders als die anderen? Bist du nicht der Mose, der zu mir mit dem Stabe kam, der durch einen Schlag in mir zwölf Straßen bahnte und dem ich nicht widerstehen konnte, weil der Herr dich geführt hat mit seinem übermächtigen Arm? Was ist dir nun widerfahren? Wie aber das Meer die Jugendtaten Moses erwähnte, schrie dieser laut auf und weinte: Oh, daß ich wäre wie in den vorigen Monden, in den Tagen, da mich Gott behütete! Als ich durch dich hindurchschritt, da war ich König der Welt; nun wälze ich mich im Staube, und keiner sieht mich an.

Zuletzt ging Mose zu Metatron, dem inneren Fürsten, und bat ihn, er möge sein Fürsprech sein. Der aber antwortete: Mose, wozu all diese Mühe? Ich hörte es schon hinter dem Vorhang laut verkünden, daß dein Gebet nicht hingenommen werden wird. Da schlug Mose die Hände über dem Kopfe zusammen, weinte und schrie und rief: Bei wem soll ich nun um Erbarmen bitten?

In dieser Stunde ging der Herr selbst vor Moses Angesicht vorüber, und Mose rief: Herr, Herr, Gott, barmherzig, gnädig und langmütig und von großer Gnade und Treue! Da legte sich der Sturm, und Gott sprach zu Mose: Zwei Schwüre habe ich getan: der eine ist, daß du sterben sollst, der andere, daß ich dafür Israel nimmer verderben werde;

hebe ich den einen Eid auf, so muß ich auch den andern aufheben. Willst du am Leben bleiben, so muß Israel verderben. Da rief Mose: Herr, du schmiedest Ränke gegen mich, du fassest den Strick an beiden Enden; mögen Mose und tausend seinesgleichen ein Ende nehmen, wenn nur von Israel keiner umkommt!

Und dennoch sprach Mose weiter: Gebieter der Welten! Die Füße, die den Himmel bestiegen haben, das Angesicht, das von dem hehren Schein deiner Majestät widerglänzte, die Hände, die die Lehre von deiner Hand empfangen haben – das alles soll zu Staub werden? Werden nicht da die Geschöpfe alle sprechen: Wenn Mose, der wie die Engel war und mit dem Gott von Angesicht zu Angesicht gesprochen hat, keine Antwort zu geben wußte, als er sterben sollte – soll da ein schlichtes Wesen von Fleisch und Blut, das dahinlebt ohne Gesetz und ohne Gebote, sich Rat wissen? Der Herr sprach darauf: Worüber grämst du dich so bitter? Mose erwiderte: Ich fürchte mich vor dem Würgengel. Da sprach der Herr: Du sollst ihm nicht überantwortet werden. Mose sagte: Herr aller Welten! Noch sind die Zähne meiner Mutter Jochebed stumpf von dem Tode ihrer beiden Kinder; sollen sie noch stumpfer werden durch meinen Tod? Der Herr entgegnete: Dies ist mein Ratschluß, und dies ist der Lauf der Welt; die Geschlechter kommen und vergehen und ebenso ihre Förderer, Ernährer und Lenker. Bislang war es dein Teil, vor mir Dienst zu tun, nun tritt dein Schüler Josua an deine Stelle. Da sagte Mose: Herr, geschieht es um Josuas willen, daß ich sterben muß, so will ich sein Schüler werden. Gott antwortete: So geh hin und tu, wie du gesprochen hast.

Also machte sich Mose frühe auf und stellte sich vor die Tür Josuas. Josua saß da und lehrte, Mose aber stand gebückt da und legte die Hand auf den Mund; er blieb Josua verborgen. Die Kinder Israel zogen zum Zelte Moses und fragten: Wo ist unser Meister? Es wurde ihnen geantwortet: Der hat sich früh aufgemacht und ist in die Hütte Josuas getreten. Und sie fanden ihn auch richtig daselbst; sie sahen den Josua dasitzen, den Mose aber demütig stehen. Da sprachen sie zu Josua: Wie seltsam benimmst du dich doch! Mose, unser Meister, verharrt in stehender Haltung, du aber sitzest auf deinem Stuhl. Nun erst erblickten Josuas Augen den Mose; er zerriß seine Kleider, schrie, weinte und rief: Mein Herr, mein Vater, mein Meister! Und ganz Israel sprach zu Mose: Mose, lehre uns das Gesetz! Mose aber erwiderte: Ich darf es nicht mehr tun. Und eine Stimme erscholl und rief: Josua soll fürder euer Lehrer sein. Und der Sohn Nuns saß nunmehr obenan, Mose saß zu seiner Rechten, die Söhne Aarons zu seiner Linken, und er erklärte die Schrift im Beisein von Mose.

Ein Weiser erzählt: Als Josua den Satz sprach: Gelobt, der die Gerechten erwählt hat – da wurden die Kennzeichen der Weisheit von Mose genommen und Josua übergeben, und Mose wußte nicht mehr, was Josua redete. Als die Unterweisung zu Ende war, sprachen die Kinder Israel zu Mose: Sage du das Schlußwort zu dem heutigen Abschnitt. Da antwortete er: Ich weiß euch nichts mehr zu sagen. Und er war wie gestrauchelt und geknickt. In diesem Augenblick rief er zu Gott: Herr der Welt! Bis zu dem heutigen Tage flehte ich dich um Leben an; nun aber ist meine Seele dein.

Wie aber Mose in den Tod einwilligte, da fing der Herr

selbst an zu rufen und sprach: Wer steht mir bei wider die Boshaftigen? Wer steht Israel bei in der Stunde meines Zornes? Wer wird ihre Kriege führen, wer wird für sie um Erbarmen bitten? Nun fiel Metatron zu Gottes Füßen und sprach vor ihm: Gebieter der Welt! Mose ist dein, ob lebendig, ob tot!

Ein König hatte einen Sohn, mit dem er in Unfrieden lebte und den er töten wollte, weil er das Gebot der Ehrfurcht gegen ihn nicht erfüllte. Aber die Mutter des Knaben war seine Fürsprecherin und wandte stets das Böse von ihm ab. Nach Jahr und Tag geschah es, daß die Königin starb, und der König vergoß Tränen um sie. Die Hofleute sprachen: Weswegen weinst du? Der Fürst antwortete: Es ist nicht allein der Verlust meines Weibes, den ich beklage; ich traure um sie und um meinen Sohn zugleich; denn, wann immer ich über ihn ergrimmte, stellte sich seine Mutter schützend zwischen ihn und mich. – Also antwortete der Herr auch dem Metatron: Ich gräme mich nicht allein um Mose, sondern um ihn und um Israel; denn, sovielmal sie mich auch erzürnten, sovielmal trat er ein für sie und wandte meinen Zorn von ihnen ab.

Alsdann wurde Mose angesagt: Die Stunde ist gekommen, da du von der Welt scheiden sollst. Er antwortete: Wartet nur noch, bis ich Israel gesegnet habe; sie hatten, solange ich lebte, keine Ruhe vor mir, vor meinen Züchtigungen und Zurechtweisungen. Und er fing an, jeden Stamm besonders zu segnen. Wie er aber sah, daß die Zeit drängte, schloß er sie alle in einen großen Segen ein. Und richtig, es wurde ihm wieder gesagt: Deine letzte Stunde hat geschlagen! Da sprach er zu den Kindern Israel: Ich hab euch viel Angst gemacht mit dem Gesetz und den

Geboten; nun aber vergebt mir. Sie antworteten: Unser Herr und Meister, dir ist vergeben. Und die Kinder Israel sprachen ihrerseits: Mose, du unser Führer und Lenker! Wir haben dich oft erzürnt und dir viel Mühe und Plage bereitet; vergib uns! Er antwortete: Euch ist vergeben. Aber nun wurde wieder zu Mose gesagt: Der letzte Augenblick ist da! Da sprach er: Gelobt der Name dessen, der da lebt und besteht für und für! Und er sprach zu Israel: Gewährt mir die Bitte und gedenket meiner Gebeine, wenn ihr ins Land kommt, und sprecht: Wehe dem Sohn Amrams, der wie ein Roß vor uns her gerannt ist und dessen Gebeine in der Wüste geblieben sind. Aber zum drittenmal erscholl die Mahnung: Im Nu ist das Ende da! Da faltete Mose seine Hände, legte sie auf sein Herz und sprach: Seht den Menschensohn und sein Ende! Das Volk sprach: Die Hände, die die Tora empfangen haben, sollen in die Erde versinken! Und die Seele Moses entstieg seinem Leibe durch einen Kuß, wie es heißt: ›Daselbst starb Mose, der Knecht Gottes, durch den Mund des Herrn.‹

BEVOR ER STERBEN SOLLTE, flehte Mose vor dem Herrn und sprach: Gewähre mir die Bitte, überantworte mich nicht dem Todesengel. Der Herr erwiderte ihm darauf: Fürchte dich nicht, ich selbst will dein warten, dein Tod und dein Begräbnis sollen meine Sorge sein.
Da richtete sich Mose auf und wurde ganz lauter und den Seraphim gleich. Der Herr aber fuhr vom Himmel hernieder, um Moses Seele in Empfang zu nehmen, und drei diensttuende Engel geleiteten ihn: Michael, Gabriel und Zagzagael. Michael stellte das Lager auf für Mose, Gabriel breitete darauf ein Byssustuch aus, Zagzagael aber stand zu den Füßen Moses. Der Herr sprach zu seinem Knecht:

Mose, schau mit deinem einen Auge über das andere hinweg. Das tat Mose. Danach sprach Gott: Lege deine Hand auf deine Brust. Mose befolgte den Befehl. Der Herr sprach weiter: Tu deine Füße einen auf den andern. Auch das geschah. Nun rief der Herr der Seele Moses, die noch in seinem Leibe war, und sprach: Tochter, hundertzwanzig Jahre waren die Zeit, die in dem Körper Moses zuzubringen ich dir bestimmt hatte; nun ist die Stunde gekommen, da du ihn verlassen sollst; entsteige und säume nicht. Die Seele aber antwortete: Herr der Welt! Ich weiß, daß du der Gott aller Geister und aller Seelen bist, die Seelen der Lebendigen und der Toten sind in deiner Hand. Du hast mich erschaffen und hast mich gebildet und hast mich in dem Körper Moses wohnen lassen hundertundzwanzig Jahre lang. Gibt es denn aber einen Leib, der reiner wäre als der Moses? Der von üblem Geruch nie behaftet sein wird, den Wurm und Made nicht fressen werden? Dafür liebe ich ihn; darum will ich seinen Leib nicht verlassen. Der Herr aber sprach: Du Seele Moses, steig aus dem Körper, verweile nicht länger darin; ich will dich in den obersten aller Himmel heben und will dich unter dem Throne meiner Herrlichkeit wohnen lassen zusammen mit den Cherubim, den Seraphim und den anderen Heerscharen. Die Seele sprach dennoch weiter: Herr der Welt! Von den Höhen herab fuhren einst zwei von deinen Engeln, Aza und Azaël, auf die Erde; sie begehrten die Menschentöchter und verderbten ihren Weg auf Erden; dafür ließest du sie hängen zwischen Himmel und Erde. Dieser Sohn Amrams aber – seitdem du ihm im Dornbusch erschienen bist, ist er zu seinem Weibe nicht eingegangen; ich flehe dich an, laß mich in seinem Leibe verbleiben ...
In dieser Stunde drückte der Herr einen Kuß auf Moses

Lippen und nahm ihm die Seele durch den Kuß seines Mundes. Und Gott weinte und sprach: Wer wird mir wider die Gottlosen beistehen, wer wird mir zur Seite stehen wider die Missetäter? Der Heilige Geist rief: Es stand hinfort kein Prophet auf wie Mose. Die Himmel weinten und riefen: Die Frommen sind nicht mehr im Lande. Die Erde weinte und sprach: Die Gerechten sind nicht mehr unter den Leuten. Josua suchte seinen Lehrer und fand ihn nicht; da weinte er und sprach: Die Heiligen haben abgenommen, und der Gläubigen sind wenig unter den Menschenkindern. Die Heerscharen sprachen: Er hat Gerechtigkeit geübt. Und Israel rief: Und auch die Rechte Israels. Die einen und die andern sprachen: Und die richtig vor dir gewandelt sind, kommen zum Frieden und ruhen auf ihren Lagern.

Der Gerechten Andenken ist zum Segen, und ihrer Seele ist ewiges Leben beschieden.

UNSER MEISTER MOSE, der der Mann Gottes genannt wird, war von den Hüften abwärts wie ein Mensch, von den Hüften aufwärts aber wie ein Engel des Himmels gestaltet.

ALLER GERECHTEN LOHN, den sie dereinst erben werden, der ist von Gott vorbestimmt noch von der Schöpfungszeit her. Der Schatz der Gnade aber, der dereinst vor Mose sich auftun wird, dem fügt der Herr Tag um Tag ein neues Heil zu.

DIE SEELE MOSES breitet sich aus und ist da in jedem Geschlecht und Zeitalter; sie erlebt ihre Urständ in jedem weisen und gerechten Manne, der in der Lehre forscht.

JUDA
UND
ISRAEL

Von Josua

NOCH WAR MOSES Sonne nicht untergegangen, da ging schon das Licht Josuas auf; noch war das Licht Josuas nicht verlöscht, da begann schon die Sonne Otniels, des Sohnes Kenas', zu strahlen.

Noch war Elis Sonne am Himmel, und schon brach die Sonne Samuels, des Propheten, an.

Bevor der Herr das Licht des einen Gerechten vergehen läßt, entzündet er das Licht des anderen Gerechten.

ALS JOSUA bei Jericho war, erhob er seine Augen, und siehe, ein Mann stand vor ihm, der hatte ein bloßes Schwert in der Hand. Da fiel Josua mit dem Angesicht zur Erde und sprach: Bist du unser oder unsrer Feinde? Wie der Engel dies vernahm, kam ein Schrei unter den Nägeln seiner Zehen hervor, und er rief: Nein, ich bin der Feldhauptmann des Herrn. Zum zweitenmal erscheine ich jetzt, um Israel zu führen; ich bin es, der ich kam zur Zeit Moses, deines Meisters; der verstieß mich aber und wollte nicht, daß ich mit ihm ginge. Und nun komme ich wieder.

Alsbald fiel Josua zur Erde nieder und sprach: Was sagt mein Herr seinem Knecht?

NEBUKADNEZAR, der König von Babylon, fragte einst den Weisen Jesus, den Sohn Sirachs: Warum ist die Schnauze des Ochsen unbehaart? Der Weise erwiderte: Als Israel unter der Führung Josuas die Stadt Jericho erobern sollte, konnte sich der Sohn Nuns einer großen Körperkraft rühmen. Man führte ihm ein Pferd, einen Esel und ein Maultier zum Reiten zu, und alle diese Tiere brachen unter dem Helden zusammen. Alsdann ließ man ihn einen Ochsen besteigen, und dieser trug den Gewaltigen auf seinem Rücken. Als Josua sah, was er an dem Stier gewonnen hatte, küßte er ihn auf die Schnauze, und seit der Zeit wachsen an dieser Stelle keine Haare.

Das Geheimnis des fünfzigsten Tors der Erkenntnis, das Mose versagt geblieben war, es ist von Josua erlangt worden; daher wurde er der Sohn Nuns genannt.*

Als die Kinder Israel in Gilgal das Lager hatten, hielten sie das Passah und aßen vom Getreide des Landes am Tag nach dem Passah, und das Manna hörte auf des anderen Tages, da sie des Landes Getreide aßen.
Solange Mose am Leben war, fiel Tag um Tag das Manna vom Himmel; da er starb, blieb sogleich das Himmelsbrot aus. Aber es geschah doch erst vierzig Tage nach dem Tode Moses, daß die Kinder Israel begannen, von des Landes Früchten zu essen? Ja, von dem Maß Manna, das am letzten Tag des Lebens Moses herniederfiel, wurde so viel aufgelesen und eingesammelt, daß es für neununddreißig Tage reichte.
Hätte das Manna kein Ende genommen, die Israeliten hätten sich nie dazu bequemt, von der Frucht der Erde zu essen. Nur wer keinen warmen Trunk haben kann, nimmt mit dem kalten vorlieb; wem Weizenbrot versagt ist, der begnügt sich mit Gerstenbrot; wer den Feigenkuchen nicht hat, stillt seinen Hunger mit Johannisbrot.

In Josua, dem Sohne Nuns, ward Joseph, der Sohn Jakobs, lebendig. Und weil dieser sich gescheut hatte, die

* Der Buchstabe Nun bedeutet als Zahlzeichen fünfzig.

Gemahlin seines Herrn Potiphar zu nehmen, sollte Josua die Rahab ehelichen, in welcher die Ägypterin aufs neue auf die Welt kam.

Rahab verführte jeden Mann, der nur ihren Namen aussprach; Jael machte die Männer gefügig durch den Klang ihrer Stimme; Abigail riß hin, wenn man an sie dachte; Michal dann erst, wenn man sie sah.
Wer den Namen Rahab ausspricht, dessen Same ergießt sich.
Dies sind die vier schönsten Frauen, die es auf der Welt gegeben hat: Sara, Rahab, Abigail und Esther.

Das ist das Geheimnis Josuas: Er hatte keine Kinder gezeugt, denn er war auf die Welt gekommen, nur um sie zu vervollkommnen. Josua mußte erscheinen, um die Kinder Israel über den Jordan zu bringen und sie in das Land zu führen.
Gott speiste im Eden, mit den Gerechten und forderte einen jeden auf, den Tischsegen zu sprechen. Er sprach zu Josua: Sage du den Segen. Der antwortete: Ich kann keinen Segen sprechen, denn mir war es nicht vergönnt, Samen in der Welt zu hinterlassen.

Josua ward in seinem Erbteil begraben, zu Timnat-Serach auf dem Gebirge Ephraim. Der Ort wird aber auch Timnat-Cheres, das ist: Erbbesitz der Sonne, genannt. Ein Abbild der Sonne war auf dem Stein zu Josuas Grab, das sollte besagen: Hier ruht der Mann, der die Sonne hat stillstehen heißen. Und wer auch an dem Grabe Josuas vorüberkam, der rief aus: Wehe, daß einer, der solches vollbracht, hat sterben müssen!

Jephtahs Tochter

VON JEPHTAH, dem Gileaditer, ist zu sagen, daß er seine Tochter ins Verderben gebracht hat, weil er die Schrift nicht kannte. Als er nämlich mit den Ammonitern stritt, da tat er ein Gelübde und sprach: So du die Kinder Ammon in meine Hand überlieferst, will ich das erste, was zu meiner Haustür heraus mir entgegentritt, wenn ich heimgekehrt bin, dir zum Brandopfer opfern.
In dieser Stunde zürnte ihm der Herr und sprach bei sich: Und wenn ihm als erstes ein Hund, ein Schwein oder ein Kamel entgegentritt, so will er mir ein unreines Tier als Opfer darbringen? – Und er ließ ihn seiner Tochter begegnen.

JEPHTAH SCHLUG die Ammoniter aufs Haupt und demütigte sie vor Israel. Alsdann kehrte er nach Mizpa zurück, und die Frauen und Jungfrauen eilten ihm entgegen mit Pauken und Reigen; aber seine Tochter Scheïla war das erste, was ihm in seiner Vaterstadt begegnete, und war sein einziges Kind, und er hatte außer ihr kein anderes, weder eine Tochter noch einen Sohn. Wie er sie nun sah, zerriß er seine Kleider und sprach: Ach, meine Tochter, wie beugest, wie betrübest du mich! Nun liegt für mich in der einen Waagschale die Freude über den Untergang der Feinde, in der anderen mein eigenes Fleisch und Blut; was wiegt mir schwerer? Mitten in der Trunkenheit des Sieges fügst du mir solchen Schmerz zu. Denn ich habe meinen Mund aufgetan vor Gott und kann es nicht zurücknehmen. Da sprach seine Tochter Scheïla zu ihrem Vater: Worüber grämst du dich denn? Schmerzt dich mein Tod, nachdem du an deinen Feinden Rache genommen hast?

Gedenke unsrer Väter, denke daran, wie einst ein Vater seinen Sohn geopfert hat und beide, der Opfernde und der Dargebrachte, dem Herrn angenehm waren. Tu also an mir, Vater, wie du gesprochen hast. Nur eine Bitte gewähre mir, ehe ich sterbe. Gib mir eine Frist von zwei Monaten, daß ich bete zu dem, dem ich meine Seele zurückgeben werde, daß ich die Berge ersteige und wieder hinabgehe, auf den Hügeln nächtige und über die Felsen ziehe, meine Jungfrauschaft zu beweinen mit meinen Freundinnen und Tränen darüber zu vergießen. Ich will meinen Sinn kühlen über die dahingegangene Jugend, und es sollen mich beweinen die Bäume des Waldes und die Tiere des Feldes. Es ist mir nicht leid darum, daß ich sterben muß und daß mein Vater gelobt hat, mich als Opfer darzubringen; mir ist nur angst darum, daß mein Opfer nicht genehm und mein Tod vergeblich sein könnte.

Da willigte Jephtah in den Wunsch seiner Tochter ein, und sie zog mit ihren Freundinnen hinaus in die Welt. Sie suchte die Weisen ihres Volkes auf und erzählte ihnen von ihrem Geschick, allein keiner wußte ihr Antwort zu geben. Da stieg sie auf das Gebirge Telag, und hier erschien ihr der Herr in der Nacht und sprach zu ihr: Ich habe den Mund der Weisen meines Volkes verschlossen, daß sie keine Antwort zu geben wußten der Tochter Jephtahs; nun soll ihr durch mich Antwort werden: ihr Tod ist mir ein liebes Geschenk, denn die Weisheit aller Weisen wohnt ihr inne.

Danach ging Scheïla, die Tochter Jephtahs, zu ihrer Mutter und warf sich in ihren Schoß. Sie zog weinend fort in das Gebirge Telag und klagte und rief: Hört, ihr Berge, das Seufzen meiner Seele; ihr Hügel, seht hin auf die Tränen meiner Augen; ihr Felsen seid Zeugen des Jammers meines Herzens, des Herzens, das dem Tode geweiht ist. Doch nicht vergeblich wird mein Tod sein. Meine Worte werden im Himmel ihre Sühne finden, und meine Tränen werden droben abgewischt werden. Der Vater hat keinen Streit geführt mit der Tochter, die er hat opfern wollen, und hat sein einziges Kind hingegeben, nicht auf eines Fürsten Geheiß. Ich aber soll meinen Brauthimmel nicht schauen und die Hochzeitskrone nimmer tragen; nie werde ich in den Gewändern prunken, in die die Jungfrau gehüllt wird am Tag ihrer Vermählung. Nie wird Myrrhe mein Zelt durchduften und Salböl meine Stirne benetzen. Oh, meine Mutter, umsonst hast du mich geboren! Deiner Tochter Trauung wird im Grabe vor sich gehen; umsonst ist die Mühe, die du mit mir gehabt hast. Meine schönen Kleider werden die Motten fressen, und die Blumen meines Kranzes werden welk und trocken werden. Die Bäume werden ihre Wipfel neigen über meine Jungfrauschaft, und die Tiere des Feldes werden sie zertreten, denn meiner Jahre Lauf wird gehemmt, und die Zeit meines Lebens soll im Dunkel vollendet werden.

Nach zwei Monaten kehrte die Tochter Jephtahs zurück zu ihrem Vater, und er tat an ihr, wie er gelobt hatte. Da kamen die Jungfrauen in Israel, trugen sie zu Grabe und beweinten sie. Und es ward eine Gewohnheit in Israel, daß die Töchter Israels Jahr um Jahr hingingen, zu klagen um die Tochter Jephtahs, des Jahrs vier Tage.

Simson

DAS WEIB MANOAHS gebar einen Sohn und hieß seinen Namen Simson, und der Knabe ward groß, und Gott segnete ihn. Womit segnete ihn Gott? Mit Manneskraft. Sein Zeugungsglied war so groß wie ein ausgewachsener Mensch. Sein Same floß einer Quelle gleich.

FÜNF MENSCHEN sind mit einem göttlichen Abzeichen bedacht worden, und alle sind sie daran auch zugrunde gegangen: Simson an seiner Kraft, Saul an seinem Hals, Absalom an seinem Haar, Zedekia an seinen Augen, der König Asa an seinen Füßen.

DER GEIST GOTTES trieb den Simson ins Lager Dan zwischen Zorea und Eschtaol.
Was soll das heißen: zwischen Zorea und Eschtaol? Simson riß zwei Berge aus und rieb sie aneinander, gleichwie einer zwei Scherben in die Hände nimmt und aneinander reibt.
Zu der Stunde, da der Heilige Geist über Simson ruhte, da standen seine Haare hoch und schlugen aneinander wie Schellen; dieser Klang aber war zwischen Zorea und Eschtaol zu hören.
Andre meinen, die Majestät Gottes wäre ihm vorangegangen und hätte einer Glocke gleich geläutet.

DER RAUM zwischen den Schultern Simsons war sechzig Ellen breit. Heißt es doch von ihm, daß er um Mitternacht aufstand und beide Türflügel des Stadttors ergriff samt den beiden Pfosten, daß er sie aus den Riegeln hob, sie auf seine Schultern legte und hinauftrug auf die Höhe des Berges.
Die Tore Gazas aber waren breit nicht weniger denn sechzig Ellen.

DELILA BEDRÄNGTE IHN mit ihren Worten und zerplagte ihn. Wodurch zerplagte sie ihn? Wenn er zu ihr einging, so riß sie sich aus seinen Armen, kaum daß sie vereinigt waren, und so ward seine Seele matt bis an den Tod. Ihre Seele aber ward nicht matt, denn sie stillte ihren Trieb an anderen Männern.

Simson folgte zeit seines Lebens der Lust seiner Augen; darum war auch sein Ende, daß die Philister ihm die Augen ausstachen.

Und die Philister griffen Simson, stachen ihm die Augen aus, banden ihn mit zwei ehernen Ketten, und er mußte im Gefängnis mahlen.
Mahlen, das bedeutet hier: Kinder zeugen. Jeder Philister brachte ihm sein Weib ins Gefängnis, damit sie von ihm schwanger würde.

Es heisst im Segen Jakobs: ›Dan wird eine Schlange sein auf dem Wege.‹ Damit ist Simson gemeint.
Die Schlange sucht der Frauen Nähe, war sie es doch, die die Eva verführt hat; so suchte auch Simson die Frauen. Alle Stärke der Schlange liegt in ihrem Kopf, und dasselbe war bei Simson der Fall, dessen Kraft in seinen Haaren hing. Und wie das Schlangengift seine tötende Wirkung behält, auch wenn das Reptil längst tot ist, so war es mit Simson: der Toten, die in seinem Tode starben, waren mehr denn derer, die bei seinem Leben gestorben waren.

Von Saul

Die Kinder Israel drängten darauf, daß ein König über sie gesetzt würde, und so genossen sie die Frucht des

Königtums, ehedenn sie herangereift war. Hätten sie geduldig gewartet, so wäre David ihr erster König geworden und Jonatan sein Kanzler, und die beiden hätten ein Reich von Bestand und Dauer errichtet.
Aber sie verachteten den Herrn und beteten Michas Götzenbild an, und dies Bild verführte sie dazu, daß sie einen König begehrten. Saul hieß er, der Geforderte, denn sie hatten ihn aufgefordert, die Krone vor der Zeit zu tragen.

Saul und sein Knecht begegneten Mägden, die herausgingen, Wasser zu schöpfen. Als sie sie nach dem Seher fragten, sprachen die Wasserträgerinnen: ›Ja, siehe, da ist er; eile, denn er ist heute in die Stadt gekommen, weil das Volk heute zu opfern hat auf der Höhe. Wenn ihr in die Stadt kommt, so werdet ihr ihn finden, ehe er hinaufgeht auf die Höhe, zu essen. Denn das Volk wird nicht essen, bevor er da ist und das Opfer gesegnet hat; danach essen die, die geladen sind.‹
Was sollte diese lange Rede? Ein Weiser gab zur Antwort: Der Grund ist, daß die Weiber geschwätzig sind. Ein zweiter sagte: Sie konnten sich nicht satt schauen an der Schönheit Sauls, darum redeten sie so lang. Ein dritter führte aus: Jedes Königtum hat seine feste Zeit, und es darf auch nicht um die Breite eines Haars verkürzt werden zugunsten eines neuen Königs. Noch war die Zeit Samuels nicht abgelaufen, als Saul schon auf dem Wege zu ihm war; da hielten die Wasserschöpferinnen den Jüngling durch ihre Rede so lange auf, bis Samuels im voraus bestimmte Richterzeit zu Ende war.

Gott liess den Mose vor seinem Tode alle künftigen Geschlechter sehen, die Könige jedes Zeitalters, die Weisen, die Führer, die Richter, die jeweils erstehen würden, und auch die Bösewichter, die da kommen sollten, alle Räuber und Mörder, und wiederum alle Propheten. So zeigte er ihm auch Saul und seine Söhne, wie sie den Tod fanden im Kampf mit den Philistern. Da sagte Mose zu Gott: Der erste König, der über deine Kinder herrschen wird, soll durchs Schwert umkommen? Der Herr antwortete: Was stellst du diese Frage an mich? Frage lieber die Priester, die er töten wird; denn diese klagen ihn an.

SAUL HATTE DIE ZAUBERER und Zeichendeuter aus dem Lande vertrieben. Zu der Zeit aber sammelten sich die Philister wider Israel. Da sprach Saul zu seinen Knechten: Sucht mir ein Weib, das weissagen kann, daß ich sie befrage. – Wem ist Saul in dieser Stunde zu vergleichen? Einem König, der, als er in ein fremdes Land drang, Befehl gab, alle Hühner abzuschlachten. Da er aber die Stadt verließ, fragte er: Gibt es hier keinen Hahn, der krähen kann? Ihm wurde geantwortet: Du warst es doch selber, der alle Hühner hat ausschlachten lassen.

Die Knechte antworteten Saul: Es gibt wohl ein Weib, das weissagt, zu Endor. Also begab sich Saul auf die Suche. Er machte sich frei von den Geschäften des Staates, zog schlichte Bürgerkleider an und ging hin, von zwei Männern begleitet, von Abner und Amasa. Die Schrift lehrt uns die Normen des Lebens: wer eine Reise unternimmt, muß zwei Begleiter haben.

Er kam zu der Frau in der Nacht, das heißt, es war dunkel, als wäre es Nacht. Und er beschwor sie bei Gott und sprach zu ihr: So wahr Gott lebt, dich trifft keine Schuld. – Wem ist Saul hierin zu vergleichen? Einer Frau, die zu ihrem Liebhaber geht und ihm ihre Liebe mit den Worten beschwört: So wahr mein Mann lebt! –

Die Hexe zu Endor sprach: Wen soll ich dir emporholen? Einen, der gesagt hat: Wer ist der Herr? Oder einen, der gesagt hat: Wer ist wie du, o Herr? Saul antwortete: Ruf mir den Samuel herauf. Da tat sie dies und das, murmelte dies und das, und siehe da, Samuel schwebte empor. Das Weib erbebte selbst bei dem Anblick.

Dreifach ist die Art, wie sich ein Toter denen gibt, die seinen Schatten heraufbeschwören. Der ihn kommen läßt, der sieht die Gestalt, hört aber nicht die Stimme; der seiner Hilfe bedarf, hört die Stimme, sieht aber nicht die Gestalt; die aber, die sonst zugegen sind, sehen und hören nichts. So war es in Endor: die Hexe sah den Samuel und hörte ihn nicht sprechen; Saul hörte ihn sprechen, schaute aber nicht die Erscheinung; die zwei Knechte aber, Abner und Amasa, die sahen und hörten nichts.

Das Weib sprach: Ich sehe Götter aus der Erde emporsteigen. Samuel hatte geglaubt, das Jüngste Gericht sei gekommen, und war emporgestiegen zusammen mit Mose.

Und Samuel sprach zu Saul: Was richtest du Fragen an mich? Der Herr ist von dir gewichen, und du hast den Urteilsspruch hinzunehmen; morgen bist du und deine Kinder bei mir, in meinem Gehege. Alsbald fiel Saul, so lang er war, zur Erde nieder.

Des andern Tages nahm Saul seine drei Söhne Jonatan, Abinadab und Malchisua und zog mit ihnen in den Streit. In dieser Stunde sprach der Herr zu den diensttuenden Engeln: Seht den Helden, den ich geschaffen habe. Wenn ein Mensch zu einem Feste geht, so scheut er sich, seine Kinder mitzunehmen, aus Furcht vor dem bösen Auge. Dieser aber zieht in den sicheren Tod und nimmt seine drei Söhne mit; er sieht mit Freuden dem Verhängnis entgegen, das ihn treffen soll!

Der fromme David

IN FÜNF BEHAUSUNGEN wohnte David, und aus jeder sang er ein Loblied. Da er noch im Mutterleibe war, sprach er einen Segen; als er die Luft dieser Welt zu atmen anfing und die Gestirne und Planeten am Himmel erblickte, da sang er eine Hymne; wie er an den Brüsten seiner Mutter sog, dichtete er ein Preislied; später, als er die Feinde bezwungen sah, rief er einen Siegesgesang aus; und sogar, als er seinen Todestag nahen fühlte, lobte er den Herrn.

EINE HARFE HING über dem Bette Davids. Wenn es Mitternacht wurde und der Nordwind wehte, da tönte die Harfe von selbst. Alsbald wachte David vom Schlafe auf, und mit ihm seine Jünger, die in der Schrift forschten; sie schüttelten den Schlaf und die Müdigkeit ab, vertieften sich in die Lehre und saßen über ihr, bis es Morgen wurde.

DU KANNST DIE MACHT der Buße ersehen an dem Beispiel Davids, des Königs in Israel. Hatte doch der Herr den Vätern geschworen, ihren Samen zu mehren wie die Sterne des Himmels, und nun kam David und vermaß sich, das Volk zu zählen. $_2$Da sprach der Herr zu ihm: David, du weißt, was ich den Vätern verheißen habe; nun willst du meinen Schwur zunichte machen! Durch deine Schuld wird die Herde vernichtet werden. – Und richtig, binnen drei Stunden fielen von Israel siebzigtausend Mann.

Wie David das erfuhr, zerriß er seine Kleider, zog einen Sack an, streute Asche auf sein Haupt und fiel mit seinem Antlitz zur Erde vor der Lade Gottes. Er bat Gott um Vergebung und sprach: Herr aller Welten! Ich bin es, der gesündigt hat; sieh über meine Sünde hinweg. Seine Buße ward angenommen, und Gott sprach zu dem Engel, dem Verderber: Es ist genug, laß deine Hand von ihnen.

Da nahm der Engel sein Schwert und trocknete es an Davids Mantel ab. David sah das Messer des Todesengels, und seine Glieder erbebten und hörten nicht auf zu beben bis zu seinem Tode. Daher heißt es von ihm: Er konnte nicht mehr hingehen, Gott zu suchen – so war er erschrocken vor dem Schwert des Engels.

DAVID RIEF vor Gott: Herr, laß mich mein Ende wissen; lehre mich, was das Ziel meines Lebens ist; sage mir, wann ich aufhören werde zu sein. Der Herr aber antwortete: Es ist in meinem Rat bestimmt, daß die Zahl der Lebenstage keinem Sterblichen offenbart wird. Willst du aber wissen, wann du sterben wirst, so vernimm: an einem Sabbattage wird dein Leben ein Ende nehmen! David sagte darauf: Laß mich lieber an dem Tag, der auf den Sabbat folgt, sterben. Der Herr aber sprach: Dann wird bereits die Herrschaft deines Sohnes begonnen haben, und es darf nicht sein, daß ein Regiment das andre streife, und sei es nur um eines Haares Breite. Da sprach David: So laß mich am Tag vor dem Sabbat sterben. Der Herr aber sprach: ›Ein Tag in den Vorhöfen ist besser denn sonst tausend‹; mir ist ein Tag, an dem du in der Schrift forschest, lieber als tausend Brandopfer, die dein Sohn Salomo am Altar einst darbringen wird.

Alle Tage hindurch saß David über die Lehre, und so war

es auch an dem Tage, an dem er sterben sollte. Der Todesengel kam, er konnte aber David nicht überwinden, denn dieser unterbrach das Lesen nicht. Der Würgengel sprach bei sich: Was ist zu tun? David aber hatte einen Garten hinter dem Hause, in den schlich sich der Bote des Todes und machte die Zweige der Bäume rascheln. Da ging David hinaus, um zu erfahren, was das Geräusch bedeute. Aber eine Stufe brach entzwei unter seinen Füßen; er hörte für einen Augenblick mit dem Hersagen der heiligen Worte auf und schwieg, und in dem Augenblick entwich seine Seele.

Schamir und Asmodäus

ALS KÖNIG SALOMO den Tempel baute, mußte er viel Steine haben, aber kein Eisenwerkzeug durfte gebraucht werden. Er sprach zu den Weisen: Wie soll die Arbeit getan werden ohne Beil und Hammer? Die Lehrer antworteten: Es gibt ein Wesen, das noch in den ersten sechs Tagen erschaffen worden ist, den Wurm Schamir, dem kein Stein und kein Fels Widerstand leisten. Diesen Wurm gebrauchte schon Mose für die Steine des priesterlichen Brustschildes; er hielt den Wurm davor, und der Gottesname grub sich von selbst in die Edelsteine ein.

DER SCHAMIR, das ist ein Wurm, wie ein Gerstenkorn groß, und er wurde gehalten in einem bleiernen mit Werg gefüllten Kasten. Hätte man ihn auch auf einen Berg oder einen Felsen gelegt, er würde sich bis zu dem Fuß desselben durchgefressen und ihn gesprengt haben. Mit diesem Wurm spaltete Salomo die Steine, die er zum Bau des

Tempels nahm, und er befolgte somit die Worte der Schrift, die da befiehlt: ›Daß ja kein Eisen über die Steine fahre.‹

Durch wen gelangte aber der Schamir zu dem König? Der Adler holte ihn aus dem Garten Eden. Denn Salomo konnte mit den Tieren und den Vögeln sprechen, und so fragte er sie: Wo ist der Wurm Schamir zu finden? Alsbald flog der Adler nach dem Paradies und fing das Tier samt seinem Käfig.

Andre aber sagen, nicht der Adler habe ihn geholt, sondern der Wiedehopf.

Die Weisen rieten dem König Salomo, er solle einen Dämon und eine Dämonin zu sich bescheiden und sie durch Qualen zähmen, worauf sie ihm sagen würden, wo er den Schamir finden könnte.

Das tat Salomo, aber die Dämonen wußten nichts über den Schamir zu berichten und verwiesen Salomo auf ihren König, den Geisterfürsten Asmodäus. Salomo fragte: Wo weilt euer König, daß ich ihn zwinge, mir den Wurm herzuholen? Die Dämonen erwiderten: Er sitzt im Inneren eines Berges, dort hat er sich eine Grube gegraben, sie mit Wasser gefüllt und mit einem Stein zugedeckt, auf den er sein Siegel gedrückt hat. Jeden Tag steigt er aus der Grube empor und begibt sich nach oben in das himmlische Lehrhaus; danach fährt er zurück auf die Erde und sucht das irdische Lehrhaus auf. Jedesmal, wenn er in seine Grube zurückkehrt, prüft er das Siegel genau und sieht, ob es nicht von einem Menschen berührt worden ist; hernach hebt er den Stein, trinkt von dem Wasser, kriecht in das Loch und deckt es wieder zu.

Nun ließ Salomo seinen Kanzler Benaja, den Sohn Jojadas, kommen und gab ihm eine Kette, auf die der heilige Name geschrieben war, desgleichen einen Ring mit dem heiligen Namen, Wollfasern und einen Schlauch voll Wein. Benaja begab sich stracks an den Ort, wo Asmodäus war, und grub vorerst ein Loch unterhalb der Höhle des Geisterfürsten, wonach er eine winzige Öffnung in der Wand machte, die die beiden Gruben voneinander schied, und so das Wasser aus der oberen in die untere abfließen ließ. Die Öffnung verstopfte er dann mit den Wollfasern, die er mitgebracht hatte. Sodann machte er eine zweite Grube, oberhalb der von Asmodäus, und goß seinen Wein hinein, welcher sogleich in die Höhle des Geisterfürsten sickerte. Die zwei Löcher, die Benaja gemacht hatte, schüttete er wieder mit Erde zu. Danach kletterte er auf einen Baum und schaute von da hinunter. Bald kam Asmodäus, prüfte das Siegel und fand es unversehrt; er stieg in seine Grube und sah sie mit Wein gefüllt. Erst mochte er davon nicht trinken, allein der Durst quälte ihn so sehr, daß er ihn schlürfen mußte. Nun wurde er trunken und schlief ein.

Da stieg Benaja vom Baum, näherte sich dem schlafenden Dämonenkönig, warf ihm die Kette um den Hals und verschloß sie fest, daß Asmodäus seinen Kopf nicht herausziehen konnte. Wie der Geisterfürst erwachte, suchte er sein Haupt vergeblich zu befreien und tobte und raste vor Wut. Aber Benaja sprach: Der heilige Name ist auf dir!

Nun ließ der Dämon sich führen. Sie kamen an einen Baum, und Asmodäus rieb sich die Hände an der Rinde; da fiel der Baum um. Sie kamen an ein Haus, Asmodäus berührte es nur, und es stürzte ein. Danach kamen sie an die Hütte einer armen Witwe, und die Frau ging heraus und bat den Dämon, ihr Haus zu verschonen. Da neigte er seine Gestalt zur Seite und zerbrach sich dabei einen Knochen.

Bald darauf begegneten sie einem Blinden, der vom Wege abgeirrt war, und Asmodäus hob ihn hoch und brachte ihn auf die richtige Straße. Sie trafen einen Trunkenen, der sich gleichfalls verirrt hatte, und der Dämon wies ihm den rechten Weg. Hierauf stießen sie auf eine Gruppe fröhlicher Menschen, die eine Hochzeit feierten, und der Geisterfürst weinte bei dem Anblick. Nun hörte er einen Mann bei einem Schuster Stiefel bestellen, die sieben Jahre halten sollten, und er fing an zu lachen. Hernach sahen sie einen Zauberer seine Künste treiben, und auch darüber lächelte Asmodäus.

Als er endlich an dem Schlosse Salomos anlangte, ließ ihn der König anfangs nicht in seine Nähe kommen. Asmodäus fragte nach der Ursache dieses Verhaltens, und da sagte man ihm, der König habe viel getrunken. Nun nahm Asmodäus einen Ziegel und legte ihn auf einen zweiten. Das wurde Salomo erzählt. Da sagte der König: Damit wollte er euch gleichsam sagen: Gebt ihm noch mehr zu trinken! Am zweiten Tage fragte Asmodäus wieder, warum Salomo ihn nicht empfangen wollte. Man gab ihm wieder an, daß der König noch immer beim Trinken sei. Da nahm Asmodäus den einen Ziegel von dem anderen hinunter und legte ihn auf die Erde. Als das Salomo überbracht wurde, sagte er: Damit wollte er euch bedeuten, daß ihr mir nun weniger Speise und Wein geben sollt.

Nach drei Tagen durfte Asmodäus vor dem König Salomo erscheinen. Der Dämon nahm einen Stab, der vier Ellen lang war, warf ihn vor Salomo hin und sprach: Wenn der Mensch stirbt, so nimmt er nicht mehr Raum ein. Du aber, die ganze Welt hast du erobert, und es ist dir nicht genug; auch mich mußtest du zu deinem Sklaven machen. Salomo erwiderte: Ich will von dir nicht mehr, als daß du mir den Schamir herbringst; denn ich will Gott einen Tempel bauen und muß den Wurm haben, der die Steine sprengt. Asmodäus sprach darauf: Nicht mir gehört der Wurm Schamir, sondern dem Fürsten des Meeres; dieser aber hat ihn dem Auerhahn der Gefilde geliehen, welcher geschworen hat, ihn zurückzugeben. Salomo fragte: Was stellt denn der Auerhahn mit dem Schamir an? Asmodäus entgegnete: Er bringt ihn an die kahlen Felsen, auf denen kein Baum und keine Pflanze wächst; der Wurm macht einen kleinen Riß in dem Berg, wohinein der Vogel dann Samen streut, so daß Gewächse sprossen und er seine Nahrung findet.

Nun wurde geforscht und gesucht, und man fand das Nest des Vogels, von dem Asmodäus berichtet hatte. Der Auerhahn war gerade ausgeflogen, und in dem Nest sah man die Küchlein liegen. Die Diener Salomos bedeckten den Eingang zum Nest mit weißem Glas, damit der Vogel seine Jungen wohl sehen, aber zu ihnen nicht gelangen könnte und den Schamir zu Hilfe rufen müßte.

Und es lief alles so ab. Der Auerhahn holte den Schamir, daß er ihm die Glasdecke sprenge. Allein, noch bevor dies geschehen konnte, schrien die Boten Salomos den Vogel an, und er ließ den Wurm fallen. Die Diener hoben ihn auf und trugen ihn zum König. – Der Auerhahn aber, der zurückgeblieben war, erhängte sich aus Gram darüber, daß er seinen Schwur an den Meeresfürsten gebrochen hatte.

Benaja indes gedachte noch immer des seltsamen Betragens, das Asmodäus auf ihrer Reise zum König an den Tag gelegt hatte, und so fragte er ihn: Warum halfst du dem Blinden, den richtigen Weg zu beschreiten? Der Dämon erwiderte: Weil von ihm im Himmel ausgerufen ward, daß er ein Gerechter vollauf sei; wer aber einem Gerechten eine Freude bereitet, erlangt das zukünftige Leben. Zum andern fragte Benaja: Und warum ließest du den Trunkenbold nicht weiter umherirren? Der Geisterfürst antwortete: Weil er ein abgefeimter Bösewicht ist, der nichts als Strafe zu erwarten hat, und so wollte ich ihm einen hellen Augenblick in diesem Leben verschaffen. Und weiter fragte Benaja: Warum weintest du, als du Bräutigam und Braut ihr Freudenfest feiern sahst? Asmodäus erwiderte: Weil es der beiden Verderben war; der Bräutigam sollte nach dreißig Tagen sterben, und dann muß die Braut dreizehn Jahre lang auf seinen jüngeren Bruder warten, denn sie ist zur Schwagerehe verpflichtet. Warum lachtest du aber, fuhr Benaja fort zu fragen, als der Mann den Handwerker bat, ihm Schuhe zu machen, die er sieben Jahre lang tragen könnte? Der Dämon entgegnete: Weil der Mann kaum sieben Tage noch zu leben hatte. Und zum Schluß fragte Benaja noch den Asmodäus, warum er sich auch über den Zauberkünstler lustig gemacht hätte. Der Geisterfürst sprach: Der Zauberer saß auf einem Schatz von Gold und Silber; hätte er seine Kunst doch angewandt, zu erfahren, was unter ihm ist! Und Asmodäus wurde bei Salomo so lange aufgehalten, bis der Tempel erbaut war.

Salomos Weisheit

GOTT SPRACH zu Salomo: Bitte, um was du willst, ich werde es dir geben. Und Salomo antwortete und sprach:

Gib deinem Knechte ein gehorsames Herz.
Wer weiß ein Gleichnis dazu? Ein König hatte einen Ratgeber, den hielt er sehr hoch, und so sprach er eines Tages zu ihm: Erbitte dir eine Gnade, ich will sie dir gewähren. Da bedachte sich der Weise und sprach bei sich selbst: Heische ich Silber und Gold von dem König, er wird es mir nicht vorenthalten; begehre ich Edelsteine und Kostbarkeiten, er wird sie mir schenken. Aber ich will ihn bitten, daß er mir seine Tochter zum Weibe gebe, denn dieser eine Besitz schließt alles ein.

Bevor Salomo kam, da war die Lehre mit einem Bau zu vergleichen, der viele Tore und Türen hatte und in dem man sich nicht zurechtfinden konnte. Nun trat eines Tages ein kluger Mann ein, der befestigte an der einen Tür einen Faden und ging durch das ganze Schloß, den Knäuel vor sich herschiebend. Also konnte er an dem Faden den Weg, den er gegangen war, wieder zurückfinden, und wer das Schloß betrat, wußte darin aus und ein.
Oder nehmen wir ein Dickicht, mit Rohr bewachsen, wo niemand hindurch konnte. Nun kam ein Kluger, der ergriff eine Sichel und schnitt sich eine Straße durch das Schilf. Also war das Gestrüpp nicht mehr unwegsam.
Oder nehmen wir einen Korb, der voller Früchte ist und schwer, daß man ihn nicht fortbewegen kann. Nun kommt ein Kluger und macht zwei Henkel dran – alsbald kann der Korb hin und her gerückt werden.
Oder nehmen wir einen Krug, gefüllt mit heißer Flüssigkeit. Kein Mensch kann ihn anfassen und heben. Nun kommt ein Kluger und bringt einen Griff an dem Gefäß an, und siehe da, man kann es neigen und tragen.
Oder es findet sich ein tiefer Brunnen mit klarem, kühlem

Wasser. Wie holst du dir einen Trunk daraus? Es kommt ein kluger Mann, bindet Strick an Strick und an das Ende einen Topf und schöpft das Wasser aus der Quelle.

In Salomos Hand war der große Schlüssel, mit dem die Tore aller Weisheit geöffnet werden. Er verstand die Sprache der Vögel, ebenso die der zahmen und wilden Tiere. Rehe und Antilopen liefen ihm voran, Löwen und Panther kämpften für ihn; die Zungen aller Völker waren ihm geläufig. Die Fürsten der fernsten Reiche zollten ihm Ehrfurcht, und der, der Kronen verleiht, ließ ihn über alle den Sieg erringen.

Alles, was Salomo betrifft, war dreifältig. Drei Sphären des Lebens hat er durchmessen: er war König und ward zum schlichten Bürger, dann aber wurde er wieder Fürst auf dem Throne; er war ein Weiser, wurde zum Narren und ward darauf wieder zum weisen Mann; er hatte Reichtümer, ward zum Bettler und wurde dann wieder reich.
Drei Sünden sind Salomo nachzusagen: er hatte der Rosse zu viel, er hatte der Weiber zu viele, er häufte der Schätze zu viel. Mit drei Namen wurde er benannt: Jedidia, Salomo und Kohelet.
Drei Werke hat Salomo geschrieben: das Buch der Sprüche, das Buch des Predigers und das Lied der Lieder. Das Hohelied dichtete er zuerst, danach verfaßte er die Sprüche der Weisheit, und zuletzt schrieb er das Buch Kohelet. Denn so ist der Mensch: in seiner Jugend singt er Lieder, als Mann prägt er weise Sprüche, als Greis ruft er aus: Alles ist eitel!

Von Elia

Des Herrn Wort kam zu Elia und sprach zu ihm: Mache dich auf und geh gen Zarpat, das bei Sidon liegt, und bleibe daselbst. Ich habe dort einer Witwe geboten, daß sie dich ernähre.

Wie aber sollte Elia das Weib herausfinden? Er nannte sich selbst vorher die Merkmale, an denen er sie erkennen wollte, und sprach bei sich gleichwie Elieser, der Knecht Abrahams, als er Rebekka für Isaak freien sollte: Diejenige, die ich um einen Trunk bitten werde und die ihn mir darreicht, ist die Frau, der mich der Herr zugewiesen hat.

Und er streifte in der Gegend umher und sah eine Frau, die Holz las. Er sagte zu ihr: Gib mir etwas Wasser zu trinken. Sie antwortete: Ich hole es dir alsbald. Er sprach: Bring mir auch etwas Brot. Da erwiderte sie: Gott der Herr weiß, daß ich kein Brot im Hause habe; ich habe nur eine Handvoll Mehl und ein wenig Öl. Nun suche ich noch Reisig zusammen, um uns etwas zu backen; danach wollen wir sterben. Elia sprach zu ihr: Vorerst bereite mir etwas Nahrung, danach versorge dich und deinen Sohn. Denn so hat Gott gesprochen: Das Mehl im Trog soll nicht verbraucht werden, und das Öl im Krug wird nicht ausgehen, ehedenn der Herr wird regnen lassen auf Erden. Dies aber ist das Zeichen, weshalb du mir vorher die Speise zurichten sollst: Ich bin es, der dereinst als erster die Botschaft von der Erlösung bringen wird; danach wird dein Sohn auftreten, der Messias aus dem Stamme Joseph.

Als Elia am Berge Karmel mit den Priestern Baals um das Gottesurteil wettete, ließ er zwei Farren holen; den einen sollten die Diener Baals zuerst darbringen, und nach ihnen

wollte er den anderen opfern. Wessen Opfer vom himmlischen Feuer verzehrt würde, der sollte Sieger sein.
Elia aber hatte befohlen, zwei Zwillingsfarren zu bringen, und wirklich wurden zwei Tiere gefunden, die von einer Mutter waren und aus einer Krippe gefressen hatten. Man warf Lose über sie, und das eine sollte dem Herrn, das andre aber Baal geopfert werden. Der Farre, der Elia zugewiesen wurde, folgte bald williglich dem Propheten; der andre aber, der Baal geopfert werden sollte, blieb stehen, und weder die vierhundertfünfzig Priester des Baal noch die vierhundertfünfzig Priester der Aschera konnten ihn von der Stelle bewegen, bis endlich Elia zu dem Farren sprach: Folge ihnen. Das Tier aber antwortete Elia vor allem Volk: Ich und mein Bruder, wir sind beide einer Mutter Kinder und sind auf einer Weide, an einer Krippe groß geworden. Nun soll er als Opfer zum Ruhme des Herrn dargebracht werden; ich aber soll dem Baal zufallen und meinen Schöpfer erzürnen. Da sagte Elia: Folge ihnen, damit sie hieraus keinen Grund ziehen, mich zu verdächtigen, und so wird auch durch dich, wie durch den Farren, der mit mir ist, der Ruhm des Herrn erhöht werden. Hierauf sprach der Ochse: Dies ist also dein Rat? Nun wohl, ich schwöre es, ich rühre mich nicht von der Stelle, als bis du selbst mich ihnen übergibst.
Und Elia gab den Ochsen in die Hand der Diener Baals.

Als Elia in den Himmel fahren sollte, stellte sich der Todesengel ihm entgegen. Der Herr sprach: Nur deswegen habe ich den Himmel geschaffen, damit Elia hinauffahren kann. Der Engel aber sagte: Nun werden die Menschen alle auf ihn hinweisen und nicht sterben mögen. Der Herr antwortete darauf: Elia ist nicht wie die anderen

Menschen; er kann selbst dich aus der Welt bringen, seine Macht ist dir nicht bekannt. Da sprach der Todesengel: Verstatte es mir, daß ich zu ihm hinabfahre und ihn greife. Der Herr erwiderte: Du darfst das tun.

Und der Würgengel fuhr hinab. Wie ihn Elia aber erblickte, zwang er ihn unter seine Fußsohlen. Er gedachte, ihn von der Welt zu vertreiben, aber das ward ihm nicht erlaubt. So zwang er den Todesengel unter sich, schwang sich selbst in die Höhe und flog in den Himmel.

ELIA IST IN DEN HIMMEL gefahren, und keinem Menschen ward ähnliches zuteil.

Du wirst in der ganzen Schrift vergeblich suchen nach dem Namen des Vaters oder der Mutter Elias; denn nirgends wird gesagt, von wo er herstammt, stets nur heißt er Elia der Thisbiter, von der Stadt Thisbe in Gilead. Der Grund ist, daß Elia, bevor er auf die Erde kam, gleichfalls im Himmel gewohnt hat: er kam aus dem Himmel, blieb auf der Erde und fuhr in den Himmel zurück.

Jeremias Berufung

ALS JEREMIA auf die Welt gekommen war, erhob er ein lautes Geschrei, als wäre er ein Erwachsener, und rief: Oh, ihr Eingeweide, wie zittere ich! Wie ist es mir angst um meines Herzens Wände, meine Glieder beben an mir! Bruch über Bruch! Ich bin es, der die ganze Welt zerschmettert hat.

Und er öffnete seinen Mund und hielt eine Strafrede wider seine Mutter. Er sprach zu ihr: Mutter, Mutter, du hast mich nicht empfangen nach der Frauen Art, du hast mich nicht geboren nach der Weise aller Mütter. Vielleicht war dein Weg der Weg derer, die die Ehe brechen; vielleicht hast du deine Augen zu einem andern erhoben? Warum trinkst du nicht das bittere Wasser, das die Treue der Frauen prüft?

Als seine Mutter diese Worte vernahm, sprach sie: Was mag dieser geschaut haben, daß er so zu mir redet, wo ich doch ohne Sünde bin? Da öffnete der Knabe wieder den Mund und sprach: Nicht dich meine ich mit meinen Worten, Mutter, nicht über dich weissage ich; ich spreche von Zion und von Jerusalem, welche ihre Töchter schmücken, sie in glänzendes Zeug hüllen und mit Gold krönen – die Räuber werden kommen und werden alles verwüsten.

Der Herr sprach zu Jeremia: Ehe ich dich im Mutterleib bereitet, ehe ich dich in deiner Mutter Schoß gebildet habe, habe ich dich dazu ausersehen, daß du ein Prophet seist unter meinem Volk. Da erwiderte Jeremia: Herr der Welt! Ich mag nicht Künder deines Wortes sein unter ihnen. Wo ist ein Prophet, der aus ihrer Mitte hervorgegangen wäre und wider den sie sich nicht erhoben hätten, ihn zu töten? Sie hatten Mose und Aaron – wollten sie die nicht steinigen? Du hast Elia unter ihnen erstehen lassen, den Mann mit den langen Locken, da verlachten und verhöhnten sie ihn und nannten ihn den, der seine Haare kräuselt. Du sandtest ihnen den Elisa, und da riefen sie: Komm herauf, du Kahlkopf! – Ich mag diesem Volk nicht Wegweiser sein.

Da sprach der Herr zu ihm: Nimm diesen Kelch und labe die Völker. Jeremia empfing den Becher und sprach: Wem soll ich zuerst zu trinken geben? Welches Land willst du als erstes erquicken? Der Herr antwortete: Jeru-

salem und die Städte Judas sollst du zuallererst tränken, denn sie sind das Haupt aller Reiche. Wie Jeremia diese Worte vernahm, öffnete er seinen Mund und verfluchte den Tag seiner Geburt.
Zwei haben den Tag verflucht, an dem sie auf die Welt gekommen sind: Hiob und Jeremia. Hiob sprach: Ausgemerzt werde der Tag, an dem ich geboren bin. Jeremia wiederum sagte: Verflucht der Tag, an dem ich geboren bin. Jeremia sprach: Laßt mich euch sagen, wem ich gleich bin. Einen Hohenpriester traf es einst, daß er einer Ehebrecherin den bitteren Trank reichen sollte; er deckte ihr Haupt auf und zerzauste ihr Haar, danach reichte er ihr den Kelch mit dem Aschenwasser. Wie er aber ihr Antlitz betrachtete, sah er, daß die Sünderin seine Mutter war. Da heulte er und schrie: Wehe mir, Mutter; der dich ehren sollte, muß dich schmähen! Ebenso rief Jeremia: Weh über dich, du Mutter Zion! Ich gedachte dir Gutes zu verkünden und Trost zu spenden; nun muß ich dir Böses prophezeien und Unglück weissagen.

DIE WEISEN ERZÄHLEN:
Jeremia ward geboren am neunten Aw, dem Tage, an dem der Tempel verbrannt werden sollte.

Jerusalems Belagerung und Fall

ALS DIE KINDER ISRAEL zum ersten Mal ihren Tempel betraten, da sprachen sie in ihrem Übermut: Kein Feind und kein Widersacher kann uns etwas anhaben!
Was tat der Herr? Er sandte Nebukadnezar den Gottlosen, der ihr Feind und Widersacher war und ihnen beikam mit

der Schärfe des Geistes, damit kundgetan werde, daß Körperkraft allein noch nicht zum Siege führt.

Das spricht der Herr, der Gott Israels: ›Siehe, ich will die Waffen umwenden, die ihr in euren Händen habt.‹
Was waren das für Waffen, die die Kinder Israel in Händen hielten? Der unverstellte Name Gottes war es, der sie schützte; sie zogen in den Kampf, brauchten aber nicht zu streiten, denn der Feind sank von selbst hin. Wie aber ihrer Sünden viele wurden, ward das heilige Haus zerstört, und die Juden unterlagen ihren Feinden. Engel kamen herzu und lösten von den Israeliten den heiligen Namen ab, der sie schützte; andre meinen, von selbst wäre der Name abgefallen, die Kinder Israel schutzlos dem Schwert des Widersachers preisgebend.

Und das Brot ging aus in Jerusalem. Zu Anfang erhielt man für eine Schüssel voll Gold eine Schüssel Weizenkörner. Hernach gab es für die Schüssel Gold nur noch eine Schüssel Roggen, hernach nur noch eine Schüssel Gerste und zuletzt nur noch eine Schüssel Stroh. Sie kochten das Stroh und tranken die Brühe.

Und der Hunger nahm überhand in der Stadt. Die Töchter Zion zeigten sich auf den Märkten, und eine sprach zur anderen: Wie kommt es, daß man dich auf dem Markte sieht? Man ist dir doch sonst hier niemals begegnet. Die Angeredete erwiderte: Soll ich's dir verhehlen? Furchtbar ist die Strafe des Hungers; ich kann es nicht mehr tragen. Und sie faßten einander an und wollten ins Innere der Stadt zurück, konnten aber den Weg nicht finden. Sie umklammerten die Säulen und fielen tot hin an den Ecken der Stadt.

Ihre Kinder aber hängten sich den Müttern an die Hände und die Füße. Die Mutter hob ihr Kind, und dieses ergriff die Brust, wähnend, es würde Milch aus ihr saugen können. Allein es kam kein Tropfen Nahrung, die Kinder verfielen in Krämpfe und starben auf dem Schoß ihrer Mütter.

ALS DER TEMPEL zum ersten Mal verbrannt wurde, da versammelten sich Scharen der Priesterjugend, die die Schlüssel in der Hand hielten; sie stiegen auf das Dach des Hauses und riefen: Herr der Welt! Wir waren nicht würdig, das Amt zu verwalten; so mögen denn die Schlüssel wieder in deine Hand kommen! Und sie warfen sie hoch gen Himmel. Da erschien es vom Himmel wie eine hohle Hand, und die ergriff die Schlüssel. Die Priester aber sprangen in das lodernde Feuer. Um sie klagt Jesaja und spricht: ›Dies ist die Last über das Tal des Schauens: was ist euch, daß ihr so über die Dächer lauft?‹

SOLANGE Nebukadnezar am Leben war, spielte kein Lachen um die Lippen der Menschen.

Gottes Trauer um sein Volk

ALS GOTT DARAN GING, den Tempel zerstören zu lassen, sprach er bei sich selbst: Solange ich an der Stätte weile, haben die Völker keine Macht über sie. So will ich denn mein Auge davon abwenden, ich will schwören, daß ich sie nicht mehr berühre, und die Feinde werden kommen und ihr Zerstörungswerk vollbringen. Und der Herr zog seine Rechte zurück, und die Feinde kamen und verbrannten den Tempel.

Wie aber der Tempel in Asche lag, sprach der Herr: Nun habe ich keine Stätte auf Erden, da ich weilen könnte; die Erde ist nicht mein, ich will meine Majestät von hier wegnehmen. Und Gott, der Herr aller Dinge, weinte und sprach: Was hab' ich getan, daß ich meine Herrlichkeit Israel zulieb da unten habe weilen lassen! Nun sie gesündigt haben, will ich in meine frühere Wohnstätte zurückkehren; das sei ferne von mir, daß ich mich zum Gespött der Völker mache und mich ihrem Hohn ausliefere. In dieser Stunde erschien Metatron vor dem Herrn und sprach: Ich will weinen, denn dir steht es nicht an zu weinen. Der Herr aber erwiderte: Ich will ein Reich aufsuchen, da du nicht hinkommen darfst, und will da für mich weinen.

Und der Herr sprach zu den diensttuenden Engeln: Laßt uns hingehen, wo mein Haus gestanden hat, und laßt uns sehen, was die Feinde angerichtet haben. Und er zog mit den Engeln an die Stätte, und Jeremia ging ihnen voran. Wie nun der Herr sein Heiligtum zertrümmert und verwüstet sah, rief er aus: Dies war mein Haus und meine Ruhestätte; nun sind Fremde gekommen, haben hier gehaust und ihren Mutwillen getrieben. Und er jammerte und schrie: Ihr meine Kinder, wo seid ihr? Ihr meine Priester und Leviten, wo seid ihr? Was fang ich nun an? Warnte ich euch nicht und bat ich euch nicht, Buße zu tun – aber ihr wolltet mir nicht gehorchen. Danach sprach der Herr zu Jeremia: Ich bin einem Vater zu vergleichen, der einen einzigen Sohn hatte, der während der Trauung starb. Rufe mir Abraham, Isaak und Jakob und Mose her, welche alle vier zu weinen verstehen. Jeremia antwortete: Herr der Welt! Wo finde ich sie nur? Wie soll ich wissen, wo Mose begraben ist? Der Herr sprach: Geh an die zwiefache Höhle und rufe die Väter an; sodann geh an das Ufer des Jordans und rufe laut: Du Sohn Amrams, du Sohn Amrams! Sieh deine Herde an, die der Feind verschlungen hat.

Alsbald ging Jeremia an die zwiefache Höhle, wo die Erzväter ruhen, und sprach zu ihnen: Wacht auf, ihr Frommen, der Tag ist da, an dem ihr vor den Herrn gefordert werdet. Die Väter erwiderten: Womit ist dieser Tag anders als die vorigen? Jeremia stammelte zur Antwort: Ich weiß es nicht. Er fürchtete sich zu sagen, daß der Tempel dahin sei, worauf sie geantwortet hätten: Zu deiner Zeit ist dies geschehen, nicht zu unserer Zeit.

Jeremia verließ die Erzväter und begab sich an das Ufer des Jordans. Hier rief er aus: Du Sohn Amrams, du Sohn Amrams! Der Tag ist gekommen, an dem du vor den Herrn beschieden werden sollst. Auch Mose fragte: Womit ist dieser Tag anders als die Tage vorher? Und auch ihm wagte Jeremia nicht die Wahrheit zu bekennen.

Mose aber gab sich nicht zufrieden und ging zu den diensttuenden Engeln, die er von der Zeit seines Weilens auf dem Sinai her kannte. Er sprach zu ihnen: Ihr Diener des Höchsten, sagt an: weswegen wohl bin ich vor den Herrn gerufen worden? Die Engel erwiderten: Du Sohn Amrams, weißt du es nicht, daß ein Tempel gestanden hat? Nun ist er verbrannt, und du hast zu weinen und zu klagen darum. Sogleich zerriß Mose die Kleider, in die ihn der Herr gehüllt hatte, faßte sich an den Kopf, weinte und schrie und begab sich zu den Vätern. Sie sprachen zu ihm: Mose, du Hirte Israels, du Treuer und Demütiger, womit ist der heutige Tag anders, als die Tage bisher waren? Er antwortete: Ihr Väter, wißt ihr denn nicht, daß der Tempel zertrümmert und Israel unter die Völker verbannt worden ist? Da zerrissen auch sie ihre Gewänder, rauften sich die Haare, weinten und schrien und wandten sich, zu gehen bis an die Tore des Tempels.

Wie sie hier ankamen, und der Herr selbst stand in Trauer da, da jammerten sie ob des Anblicks und liefen von Tor zu Tor, wie ein Mensch, vor dem sein Liebstes tot daliegt, und der Herr wehklagte und rief: Wehe dem König, dem das Glück erst hold ist und den es nachher verläßt! Wehe dem Greis, der auf die alten Tage das Dach über dem Kopfe verliert! Abraham aber sprach: Herr der Welt! Wo sind meine Kinder hin? Und er sprach weiter: Hast du mir doch, als ich hundert Jahre alt war, einen Sohn geschenkt, und wie habe ich mich über ihn gefreut! Als du mir aber sagtest, ich solle ihn als Brandopfer darbringen, da war ich gleichfalls voller Freude und versagte ihn dir nicht. Nun willst du mir dessen nicht gedenken und dich deiner Kinder nicht annehmen? Da antwortete der Herr: ›Ach, daß ich den Kopf voll Wasser hätte und weinen könnte ohne Unterlaß!‹

Danach sprach Isaak vor dem Herrn: Gebieter der Welt! Wo sind meine Kinder hin? Gott erwiderte ihm: Sie sind den Feinden ausgeliefert worden, wie Schafe dem Schlächter. Isaak sagte: Herr der Welt! Als mein Vater zu mir sagte, ich solle mich auf den Altar legen, da tat ich dies williglich, und dies magst du mir nicht anrechnen und magst dich meiner Kinder nicht erbarmen? Der Herr erwiderte: ›Ich höre es, und mein Leib bebt; auf die Stimme hin zittern meine Lippen.‹

Darauf sprach Jakob: Herr der Welt! Wo sind meine Kinder hin? Der Herr erwiderte: ›Schneller als die Adler unter dem Himmel waren unsere Feinde.‹ Nunmehr sprach Mose: Herr der Welt! Sollte ich umsonst vor ihnen hergerannt sein? Sollte ich umsonst für sie mein Leben hingegeben haben? Und er rief aus: ›Oh, hätte ich Flügel wie eine Taube, daß ich flöge und irgendwo bliebe!‹ Und alle Hirten Israels samt dem Herrn standen da in einer Reihe und weinten.

Hiernach sprach der Herr: Ihr Väter der Welt! Wißt ihr eine Antwort, wenn ich folgendes sage: Wehe dem Greis, der in der Jugend Glück hatte und dann nicht mehr! Wehe dem König, dessen Volk bei seinen Lebzeiten verbannt worden ist, und er konnte es nicht erretten! Wehe dem Herrscher, der allen Völkern zum Gespött geworden ist! Sie sprachen: Sollte den Kindern keine Rückkehr mehr möglich sein? Gott antwortete: Sprecht nicht also! Kommt ein Geschlecht, das der Herrschaft Gottes harrt, so wird es alsbald erlöst, denn es heißt: ›Hoffnung blüht deinen Nachfahren, und sie sollen wieder in ihre Grenze kommen.‹

Nachbemerkung

›Die Sagen der Juden‹, denen später ›Der Born Judas‹ folgen sollte, waren das erste Werk, mit dem *Micha Josef bin Gorion* (1865–1921), Klassiker der neuhebräischen Literatur und Erforscher des Judentums, im Abendland bekannt geworden ist. Aus dem von ihm begründeten handschriftlichen Legenden-Archiv, in dem er Tausende von Texten der rabbinischen Literatur des frühen wie auch des späteren Mittelalters zusammengetragen hat, gewann er der Weltliteratur verschüttete Denkmale des jüdischen Volksgeistes zurück, die jahrhundertelang apokryph geblieben waren – eine editorische Tat, mit der er den Vorbildern der Brüder Grimm oder eines Elias Lönnrot gefolgt ist. Seine Frau, Rahel bin Gorion (1879–1955), die ihm bei seinen vielfältigen Arbeiten zur Seite stand und diese nach seinem frühen Tode fortführte, hat diese Sammlungen ins Deutsche übertragen – die ›glorreiche Übersetzerin‹, wie sie genannt worden ist.

Die Sagen der Juden begleiten auslegend, ausschmückend und zugleich ergänzend, gelegentlich auch berichtigend oder sogar widersprechend, die Geschichten der hebräischen Bibel, als auf welcher im Grunde das ganze nachbiblische Schrifttum der Juden beruht und um die es immer wieder kreist. In ihnen hat auch der in der Bibel nur unterschwellig spürbare und von dem strengen Monotheismus der Synagoge bekämpfte altjüdische Mythos eine Zuflucht gefunden. Es ist ein Mosaik von Fragmenten, deren Definition als ›Sagen‹ eine Vielfalt poetischer und gedanklicher Ausdrucksformen umfaßt, an denen der Glaube und die Spekulation, einfältige Aussage wie ausschweifende Phantasie gleicherweise ihren Anteil haben.

Die Gestalten der Bibel selbst erscheinen hier einmal erdhaft und greifbar, ein andermal verklärt und zum Gleichnis erhoben – und immer gegenwärtig.
Für den literarisch Interessierten ist hier ein Schatz dichterischer Werte vergraben, die sich den erhabenen Zeugnissen der religiösen Weisheit des Ostens zur Seite stellen – zugleich eine Fundgrube für den Forscher, vor allem dem Theologen, Religionswissenschaftler und Folkloristen. Der Sammler selbst, Dichter und Denker, hat sich jahrzehntelang mit dem biblischen Schrifttum auch vergleichend und kritisch beschäftigt und ist in seinen nachgelassenen Forschungen zur Frühgeschichte des Judentums und Christentums (›Sinai und Garizim‹, ›Jesus der Sohn Ananos‹, ›Saulus und Paulus‹) bisher hintergründig gebliebenen Zusammenhängen nachgegangen.
Der erste Band der ›Sagen der Juden zur Bibel‹ wurde 1912 in Frankfurt gedruckt. 1927 erst wurde das Werk mit dem fünften Bande abgeschlossen. Ein Kompendium erschien zu Beginn der Verfolgungszeit in Berlin 1935, in einem innerjüdischen Verlage. Die Insel-Ausgabe, der die hier vereinigten Stücke entnommen sind, erschien zuerst im Jahre 1962 und und ist mehrfach neu aufgelegt worden. In die vorliegende Auswahl wurde, an entsprechender Stelle, erstmals auch eine besondere Publikation des Sammlers eingebaut, der seit fast fünfzig Jahren vergriffene altjüdische Roman von Joseph und seinen Brüdern – eine anonyme hebräische Bearbeitung – aus dem 10. Jahrhundert – des unsterblichen epischen Stoffes, der von der Genesis, über den Koran, die persischen Epen von Firdusi und Dschami, bis zu Goethes verschollenem Jugendwerk und Thomas Manns Tetralogie führt.
Eine Stimme von vielen und gewichtigen, mit denen das

Sagenwerk M. J. bin Gorions vor nunmehr zwei Menschenaltern begrüßt wurde: »In dieser Sammlung strömt das Alte Testament etwas wie eine über alle Länder und Zeiten hingeisternde Gloriole aus ... Gott geht als unsichtbarer Riese durch das Buch.« (Oskar Loerke)

Holon, Israel, August 1979. *Emanuel bin Gorion*

Wo im Text eine neue Quelle beginnt, ist dies durch den Druck (große Buchstaben) gekennzeichnet; Bibelzitate sind, wo nicht in die Darstellung als solche verwoben, durch Anführungszeichen hervorgehoben.

Inhalt

Die ersten Menschen und Tiere

Von der Urzeit	11
Von dem Reich der Tiere	15
Die vier Weltwächter	21
Das vollendete Werk	23
Die Zweiheit und die Einheit	25
Von der Erschaffung Adams	27
Einer war der Mensch, viele kommen von ihm	29
Der Lehrmeister	30
Der Schlaf	32
Adam und Eva	32
Der Sündenfall	34
Die erste Nacht	41
Der Vogel Milcham	42
Der Fuchs und Leviathan	43
Hund und Katze	47
Der Brudermord	49
Die Raben	52
Lamech	53
Das Geschlecht der Sintflut	55
Noah	58
Die Arche	60
Die Katze und die Maus	65
Das Gericht	67
Eine Parabel und drei Gleichnisse	70
Der Rabe, die Taube und der Adler	73
Der Wein und der Satan	75

Abraham, Isaak und Jakob

Recht und Milde	79
Die zehn Könige	80
Nimrod	81
Der Turm	83
Der Stern Abrahams	86
Wer ist der Herr des Hauses?	90
Der Bilderstürmer	92
Der Scheiterhaufen	96
Die Berufung Adams	99
Der Gaukler Rakion	101
Ein Elamiter in Sodom	104
Pelotit	107
Die Vertilgung Sodoms	108
Abraham besucht Ismael in der Wüste	110
Von der Opferung Isaaks	113
Der Widder	121
Vom Ergrauen	123
Die Freiung Rebekkas	124
Die ungleichen Brüder	125
Die Erblindung Isaaks	127
Die Himmelsleiter	128
Lea und Rahel	130

Joseph und seine Brüder

Die Verkaufung Josephs	137
Im Hause Potiphars	152
Joseph im Gefängnis	163
Josephs Erhöhung	166
Josephs Brüder kommen nach Ägypten	176

Die zweite Fahrt der Kinder Jakobs nach Ägypten   186
Jakobs freudiger Lebensabend   200

Mose, der Mann Gottes

Die Fron.   209
Der Traum Pharaos   211
Die Kohle   214
Bei Jetro.   216
Am Berge Horeb   219
Das Siegeslied   221
Die Zehn Gebote   223
Das Lager   226
Der Mirjam-Brunnen   229
Der Aufstand Korahs   231
Der Riese Og   234
Der Tod Moses'   236

Juda und Israel

Von Josua   249
Jephtahs Tochter   252
Simson   254
Von Saul   256
Der fromme David   260
Schamir und Asmodäus   262
Salomos Weisheit.   267
Von Elia   270
Jeremias Berufung.   272
Jerusalems Belagerung und Fall   274
Gottes Trauer um sein Volk   276
Nachbemerkung   281

Anthologien, Märchen, Sagen

Aladin und die Wunderlampe
Aus dem Arabischen von Enno Littmann. Mit Illustrationen einer französischen Ausgabe von 1865/66. it 199

Ali Baba und die vierzig Räuber
und die Geschichten von den nächtlichen Abenteuern des Kalifen aus 1001 Nacht. Aus dem Arabischen von Enno Littmann. Mit Illustrationen einer französischen Ausgabe von 1865/66. it 163

Allgemeines deutsches Reimlexikon
Herausgegeben von Peregrinus Syntax. Mit einer Gebrauchsanleitung von Hans Magnus Enzensberger. Zwei Bände. it 674

Alt-Prager Geschichten
Gesammelt von Peter Demetz. Mit Illustrationen von Hugo Steiner-Prag. it 613

Hans Christian Andersen. Märchen
Mit Illustrationen von Vilhelm-Pedersen und Lorenz Frølich. Aus dem Dänischen von Eva-Maria Bluhm. Drei Bände in Kassette. it 133
– Märchen meines Lebens. Eine Skizze.
Mit Porträts des Dichters. it 356
– Glückspeter
Mit Scherenschnitten von Alfred Thon. it 643

Das Anekdotenbuch
Mit zeitgenössischen Illustrationen. Herausgegeben von Willi Pumin. it 708

Giovanni Battista Basile. Das Pentameron
Das Märchen aller Märchen. Deutsch von Felix Liebknecht. Herausgegeben von Walter Boelich. it 345

Micha Josef bin Gorion. Born Judas
Altjüdische Legenden und Volkserzählungen. Aus dem Hebräischen von Rahel bin Gorion. Auswahl und Nachwort von Emanuel bin Gorion. it 529

Elisabeth Borchers. Das Adventbuch
it 449

Anthologien, Märchen, Sagen

Elisabeth Borchers/Louise Brierley. Der König der Tiere und seine Freunde
it 622

Clemens Brentano. Gockel, Hinkel und Gackeleia
Nach der Frankfurter Erstausgabe von 1838. Mit den Initialen und Lithographien von Caspar Braun nach Entwürfen von Clemens Brentano. it 47
– Italienische Märchen. Mit einem Nachwort von Maria Dessauer. it 695

Das Buch der Liebe
Gedichte und Lieder, ausgewählt von Elisabeth Borchers. it 82

Chinesische Volkserzählungen. Ausgewählt und mit einem Nachwort versehen von Kuan Yu-Chien. Mit Illustrationen von I-Ching Cheng. it 522

Die großen Detektive
Detektivgeschichten mit Auguste Dupin, Sherlock Holmes und Pater Brown. Herausgegeben und mit einem Nachwort von Werner Berthel. Mit Illustrationen von George Hutchinson. it 101
– Die großen Detektive II
Nick Carter, Nat Pinkerton, Sherlock Holmes, Percy Stuart. Herausgegeben von Werner Berthel. it 368

Deutsche Heldensagen
Nacherzählt von Gretel und Wolfgang Hecht. it 345

Deutsche Sagen
Herausgegeben von den Brüdern Grimm. Mit Illustrationen von Otto Ubbelohde. it 481

Günter Eich/Edda Köchl. Der 29. Februar
Ein Märchen von Günter Eich mit Bildern von Edda Köchl. it 616

Die Eisenbahn
Gedichte. Prosa. Bilder. Herausgegeben von Wolfgang Minaty. it 676

Erotische Geschichten aus den 1001 Nächten
Aus dem arab. Urtext übertragen und herausgegeben von Felix Tauer. it 704

Anthologien, Märchen, Sagen

Die Erzählungen aus den Tausendundein Nächten
Einleitung von Hugo von Hofmannsthal. Vollständige deutsche Ausgabe in zwölf Bänden. Nach dem arabischen Urtext der Calcuttaer Ausgabe aus dem Jahre 1839. Übertragen von Enno Littmann. Mit farbigen Minaturen. In farbiger Schmuckkassette. it 224

Der Familienschatz
Mit Holzschnitten und Zeichnungen von Ludwig Richter. it 34

Gebete der Menschheit
Religiöse Zeugnisse aller Zeiten und Völker. Herausgegeben von Alfonso M. di Nola. Zusammenstellung und Einleitung der deutschen Ausgabe von Ernst Wilhelm Eschmann. it 238

Das Geburtstagsbuch für Kinder
Geschmückt mit Bildern von László Varvasovsky. Und mit Versen, Geschichten, Glückwünschen und Ermahnungen, ausgewählt von Elisabeth Borchers. it 664

Geschichten aus dem Mittelalter
Herausgegeben von Hermann Hesse. Aus dem Lateinischen übersetzt von Hermann Hesse und J. G. Th. Graesse. it 161

Geschichten der Liebe aus den 1001 Nächten
Aus dem arabischen Urtext übertragen von Enno Littmann. Mit acht farbigen Miniaturen. it 38

Geschichten vom Buch. Herausgegeben von Klaus Schöffling. Mit Illustrationen von Hugo Steiner-Prag. it 772

Gesta Romanorum. Das älteste Märchen- und Legendenbuch des christlichen Mittelalters
Herausgegeben und eingeleitet von Hermann Hesse. it 315

Jacob und Wilhelm Grimm. Deutsche Sagen
Mit Illustrationen von Otto Ubbelohde. Zwei Bände. it 481

Wilhelm Hauff. Märchen
Zwei Bände. Herausgegeben von Bernhard Zeller. Mit Illustrationen von Theodor Weber, Theodor Hosemann und Ludwig Burger.
it 216/217

Anthologien, Märchen, Sagen

Johann Peter Hebel. Kalendergeschichten. Ausgewählt und mit einem Nachwort versehen von Ernst Bloch. Mit 19 Holzschnitten von Ludwig Richter. it 17
– Das Schatzkästlein des rheinischen Hausfreundes. Herausgegeben und mit einem Nachwort versehen von Jan Knopf. it 719

Das Herbstbuch
Gedichte und Prosa. Herausgegeben von Hans Bender. it 657

Das kalte Herz. Texte der Romantik
Ausgewählt und interpretiert von Manfred Frank. it 330

Hermann Hesse. Der Zwerg
Ein Märchen. Mit Illustrationen von Rolf Köhler. it 636
– Kindheit des Zauberers
Ein autobiographisches Märchen. Handgeschrieben, illustriert und mit einer Nachbemerkung versehen von Peter Weiss. it 67
– Piktors Verwandlungen
Ein Liebesmärchen, vom Autor handgeschrieben und illustriert. Mit ausgewählten Gedichten. Nachwort von Volker Michels. it 122

E.T.A. Hoffmann. Meister Floh
Ein Märchen in sieben Abenteuern zweier Freunde. Mit Illustrationen. it 503

Die Insel. Monatsschrift mit Buchschmuck und Illustrationen
Herausgegeben von Otto Julius Bierbaum, Alfred Walter Heymel und Rudolf Alexander Schröder. Faksimile der von Oktober 1899 bis September 1902 erschienenen Zeitschrift. Mit einem Begleitband »Die ersten Jahre des Insel Verlags« von Klaus Schöffling. 12 Quartalsbände. it 578

Das Katzenbuch. Von Katzen und ihren Freunden
Geschichten, Gedichte, Bilder. Gesammelt von Hans Bender und Hans Georg Schwark. it 567

Kinder- und Hausmärchen, gesammelt durch die Brüder Grimm
Mit den Zeichnungen von Otto Ubbelohde und einem Vorwort von Ingeborg Weber-Kellermann. Drei Bände. it 112/113/114

Märchen der Romantik
Mit zeitgenössischen Illustrationen. Herausgegeben von Maria Dessauer. Zwei Bände. it 285

Anthologien, Märchen, Sagen

Märchen deutscher Dichter
Ausgewählt von Elisabeth Borchers. it 13

Der magische Spiegel. Märchen deutscher Dichter aus zwei Jahrhunderten
Herausgegeben von Paul Wolfgang Wührl. Bd. II. it 558

Mittelalter. Geschichten aus dem Mittelalter
Herausgegeben und übersetzt von Hermann Hesse. Mit Holzschnitten. it 161

Moritatenbuch
In Zusammenarbeit mit Mia Gmeiner-Stangier herausgegeben von Karl Riha. Mit zahlreichen Illustrationen. it 559

Johann Karl August Musäus. Rübezahl
Für die Jugend von Christian Morgenstern. Mit Illustrationen von Max Slevogt. it 73

Liebe Mutter
Eine Sammlung von Elisabeth Borchers. it 230

Die Nibelungen
In der Wiedergabe von Franz Keim. Mit den berühmten farbigen Jugendstilillustrationen von Carl Otto Czeschka. Mit ein Vor- und Nachwort von Helmut Brackert. Im Anhang die Nacherzählung »Die Nibelungen« von Gretel und Wolfgang Hecht. it 14

Das Papageienbuch Tuti-Nameh
Eine Sammlung orientalischer Erzählungen, übersetzt von Georg Rosen. it 424

Alexander Puschkin/Ivan Bilibin. Das Märchen vom Zaren Saltan und das Märchen vom goldenen Hahn
Mit Bildern von Ivan Bilibin. Nacherzählt von Elisabeth Borchers. it 2002

Römische Sagen
Geschichten und Geschichte aus der Frühzeit Roms. Nacherzählt von W. Fietz. it 466

Anthologien, Märchen, Sagen

Sagen der Juden
Aus dem Hebräischen von Rahel bin Gorion. Auswahl und Nachbemerkung von Emanuel bin Gorion. it 420

Wolfgang Schadewaldt. Sternsagen
Mit Illustrationen aus dem 18. Jahrhundert. it 234
– Homer, Ilias
Mit 12 Bildtafeln. it 153

Skaldensagas
Aus dem Altisländischen, eingeleitet und erläutert von Franz Seewald. it 576

Sternzeichen aus einem alten Schicksalsbuch
Mit 34 Miniaturen pro Zeichen. Herausgegeben und erläutert von Bernhard D. Haage. Mit einer Einleitung von Christiane von Wiese.
Skorpion: it 601 · Schütze: it 602 · Steinbock: it 603 · Wassermann: it 604 · Fische: it 605 · Widder: it 606 · Stier: it 607 · Zwillinge: it 608 · Krebs: it 609 · Löwe: it 610 · Jungfrau: it 611 · Waage: it 612

Jerko V. Tognola/Adelki. Das Eselchen und der Wolf
Sechs Fabeln. Aus dem Italienischen von Martin Roda Becher. it 2001

Urgroßmutters Hausmittel
Aus dem Hausbuch der Frau Rath Schlosser. Herausgegeben von Alexander von Bernus und mit einem Nachwort von Elmar Mittler. it 561

László Varvasovsky. Die Bremer Stadtmusikanten
Ein Märchen der Brüder Grimm, illustriert und für ein Schattentheater eingerichtet. Mit einer Anleitung zum Selberbasteln. Vierfarbendruck. it 658

Lieber Vater
Eine Sammlung von Gottfried Honnefelder. it 231

Jan Wahl/Barton Byron. Vom kleinen klugen Enterich
Erzählt nach einem alten französischen Volksmärchen. Mit Bildern von Barton Byron. Aus dem Amerikanischen von Ingrid Westerhoff. it 593

Das Weihnachtsbuch für Kinder
Mit Geschichten, Versen und vielen Bildern. Ausgewählt von Elisabeth Borchers. it 156

Anthologien, Märchen, Sagen

Die Insel-Weihnachtskassette
Alle Insel-Weihnachtsbücher in einer illustrierten Geschenkkassette.
it 46, it 156, it 157

Wie man lebt und denkt. Ein Lesebuch zum Denken
Herausgegeben von Horst Günther. Mit Kupferstichen von Giovanni Batista Bracelli. it 333

Das Winterbuch. Gedichte und Prosa
Herausgegeben von Hans Bender und Hans Georg Schwark. it 728

insel taschenbücher
Alphabetisches Verzeichnis

Aladin und die Wunderlampe 199
Ali Baba und die vierzig Räuber 163
Allerleirauh 115
Alte und neue Lieder 59
Alt-Kräuterbüchlein 456
Alt-Prager Geschichten 613
Amman: Frauentrachtenbuch 717
Andersen: Glückspeter 643
Andersen: Märchen (3 Bände in Kassette) 133
Andersen: Märchen meines Lebens 356
Andreas-Salomé, Lou: Lebensrückblick 54
Anekdotenbuch 708
Appetit-Lexikon 651
Apulejus: Der goldene Esel 146
Arcimboldo: Figurinen 680
Arnim, Bettina von: Armenbuch 541
Arnim, Bettina von: Aus meinem Leben 642
Arnim, Bettina von: Dies Buch gehört dem König 666
Arnim, Bettina von: Die Günderode 702
Arnim/Brentano: Des Knaben Wunderhorn 85
Artmann: Christopher und Peregrin 488
Austen: Emma 511
Balzac: Die Frau von dreißig Jahren 460
Balzac: Das Mädchen mit den Goldaugen 60
Balzac: Über die Liebe 715
Basile: Das Märchen aller Märchen »Der Pentamerone« 354
Baudelaire: Blumen des Bösen 120
Bayley: Reise der beiden Tiger 493
Bayley: 77 Tiere und ein Ochse 451
Beaumarchais: Figaros Hochzeit 228
Bédier: Der Roman von Tristan und Isolde 387
Beecher-Stowe: Onkel Toms Hütte 272
Beisner: Adreßbuch 294
Beisner: Das Sternbilderbuch 587
Bender: Herbstbuch 657
Bender: Katzenbuch 567
Bender: Winterbuch 728
Berg. Leben und Werk 194

Bierce: Mein Lieblingsmord 39
Bierce: Wörterbuch des Teufels 440
Bilibin: Märchen vom Herrlichen Falken 487
Bilibin: Wassilissa 451
Bin Gorion: Born Judas 533
Blake: Lieder der Unschuld 116
Blei: Das Bestiarium der modernen Literatur 660
Die Blümlein des heiligen Franziskus 48
Blumenschatten hinter dem Vorhang 744
Boccaccio: Das Dekameron (2 Bände) 7/8
Borchers: Das Adventbuch 449
Borchers/Brierley: Der König der Tiere und seine Freunde 622
Borchers/Schlote: Briefe an Sarah 568
Borchers/Schlote: Heute wünsch ich mir ein Nilpferd 629
Bornkamm: Jahrhundert der Reformation 713
Borst: Alltagsleben im Mittelalter 513
Bote: Eulenspiegel 336
Brandenberg/Aliki: Alle Mann fertig? 646
Brantôme: Das Leben der galanten Damen 586
Brecht: Bertolt Brechts Hauspostille 617
Brecht. Leben und Werk 406
Brentano: Gedichte, Erzählungen, Briefe 557
Brentano: Gockel Hinkel Gackeleia 47
Brentano: Italienische Märchen 695
Brillat-Savarin: Physiologie des guten Geschmacks 423
Brontë: Die Sturmhöhe 141
Bruno: Das Aschermittwochsmahl 548
Das Buch der Liebe 82
Das Buch vom Tee 412
Büchner: Der Hessische Landbote 51
Büchner: Lenz 429
Büchner: Leonce und Lena 594
Bürger: Münchhausen 207
Bürgers Liebe 564

Busch: Kritisch-Allzukritisches 52
Busch: Sämtliche Bilderbogen 620
Carossa: Erinnerungen an Padua und Ravenna 581
Carossa: Kindheit 295
Carossa: Leben und Werk 348
Carossa: Verwandlungen 296
Carroll: Alice hinter den Spiegeln 97
Carroll: Alice im Wunderland 42
Carroll: Briefe an kleine Mädchen 172
Carroll: Geschichten mit Knoten 302
Carroll: Die Jagd nach dem Schnark 598
Las Casas: Bericht von der Verwüstung der Westindischen Länder 553
Cervantes: Don Quixote (3 Bände) 109
Chamisso: Peter Schlemihl 27
Chinesische Liebesgedichte 442
Chinesische Volkserzählungen 522
Claudius: Wandsbecker Bote 130
Columbus: Das Bordbuch 476
Cooper: Der Lederstrumpf (5 Bände in Kassette) 760
Cortez: Die Eroberung Mexikos 393
Dante: Die Göttliche Komödie (2 Bände) 94
Daudet: Briefe aus meiner Mühle 446
Daudet: Montagsgeschichten 649
Daudet: Tartarin von Tarascon 84
Daumier: Antike Geschichte 560
Defoe: Moll Flanders 707
Defoe: Robinson Crusoe 41
Deutsche Heldensagen 345
Deutsche Künstlernovellen des 19. Jahrhunderts 656
Deutsche Sagen (2 Bände) 481
Deutsche Volksbücher (3 Bände) 380
Dickens: David Copperfield 468
Dickens: Große Erwartungen 667
Dickens: Oliver Twist 242
Dickens: Der Raritätenladen 716
Dickens: Weihnachtserzählungen 358
Diderot: Erzählungen und Gespräche 554
Diderot: Die Nonne 31
Dostojewski: Der Idiot 740
Dostojewski: Schuld und Sühne 673
Dostojewski: Der Spieler 515
Die drei Reiche 585
Droste-Hülshoff: Bei uns zulande auf dem Lande 697

Droste-Hülshoff: Die Judenbuche 399
Dumas: Der Graf von Monte Christo (2 Bände) 266
Dumas: Die Kamliendame 546
Dumas: König Nußknacker 291
Eastman: Ohijesa 519
Ebeling: Martin Luthers Weg und Wort 439
Eckermann: Gespräche mit Goethe 500
Eich/Köchl: Der 29. Februar 616
Eichendorff: Aus dem Leben eines Taugenichts 202
Eichendorff: Gedichte 255
Eichendorff: Novellen und Gedichte 360
Ein Mann wie Lessing täte uns not 537
Die Eisenbahn 676
Eisherz und Edeljaspis 123
Enzensberger: Edward Lears kompletter Nonsens I 480
Enzensberger: Edward Lears kompletter Nonsens II 502
Erasmus von Rotterdam: Lob der Torheit 369
Ernst, Paul: Der Mann mit dem tötenden Blick 434
Erotische Geschichten aus 1001 Nächten 704
Die Erzählungen aus den Tausendundein Nächten (12 Bände in Kassette) 224
Europa 638
Faber: Denk ich an Deutschland... 628
Der Familienschatz 34
Feuerbach: Merkwürdige Verbrechen 512
Fielding: Die Geschichte des Tom Jones, eines Findlings 504
Ein Fisch mit Namen Fasch 222
Flach: Minestra 552
Flaubert: Bouvard und Pécuchet 373
Flaubert: Drei Erzählungen/Trois Contes 571
Flaubert: Lehrjahre des Gefühls 276
Flaubert: Madame Bovary 167
Flaubert: November 411
Flaubert: Salammbô 342
Flaubert: Die Versuchung des heiligen Antonius 432
Florenz 633

Fontane: Allerlei Glück 641
Fontane: Cécile 689
Fontane: Effi Briest 138
Fontane: Ein Leben in Briefen 540
Fontane: Frau Jenny Treibel 746
Fontane: Kinderjahre 705
Fontane: Der Stechlin 152
Fontane: Unwiederbringlich 286
Fontane: Vor dem Sturm 583
Forster: Reise um die Welt 757
le Fort. Leben und Werk 195
France: Blaubarts Frauen 510
Frank: Das kalte Herz 330
Frauenbriefe der Romantik 545
Friedrich, C.D.: Auge und Landschaft 62
Gage/Hafner: Mathilde und das Gespenst 640
Gasser: Kräutergarten 377
Gasser: Spaziergang durch Italiens Küchen 391
Gasser: Tante Melanie 192
Gassers Köchel-Verzeichnis 96
Gebete der Menschheit 238
Das Geburtstagsbuch für Kinder 664
Geistliche Gedichte 668
Gernhardt: Ein gutes Schwein 2012
Gernhardt: Mit dir sind wir vier 2003
Gernhardt, R. u. a.: Was für ein Tag 544
Geschichten der Liebe aus 1001 Nächten 38
Geschichten vom Buch 722
Gesta Romanorum 315
Goethe: Anschauendes Denken 550
Goethe: Dichtung und Wahrheit (3 Bände) 149–151
Goethe: Erfahrung der Geschichte 650
Goethe: Die erste Schweizer Reise 300
Goethe: Faust (2 Bände in Kassette) 50
Goethe: Frühes Theater 675
Goethe: Gedichte in zeitlicher Folge (2 Bände) 350
Goethe: Gespräche mit Eckermann (2 Bände) 500
Goethe: Hermann und Dorothea 225
Goethe: Italienische Reise 175
Goethe: Klassisches Theater 700
Goethe: Das Leben des Benvenuto Cellini 525
Goethe: Die Leiden des jungen Werther 25

Goethe: Liebesgedichte 275
Goethe: Maximen und Reflexionen 200
Goethe: Novellen 425
Goethe: Reineke Fuchs 125
Goethe: Das römische Carneval 750
Goethe/Schiller: Briefwechsel (2 Bände) 250
Goethe: Tagebuch der italienischen Reise 176
Goethe: Trostbüchlein 400
Goethe: Über die Deutschen 325
Goethe: Wahlverwandtschaften 1
Goethe – warum? 759
Goethe: West-östlicher Divan 75
Goethe: Wilhelm Meisters Lehrjahre 475
Goethe: Wilhelm Meisters theatralische Sendung 725
Goethe: Wilhelm Meisters Wanderjahre oder die Entsagenden 575
Goethes letzte Schweizer Reise 375
Gogh: Briefe 177
Gogol: Der Mantel 241
Gogol: Die Nacht vor Weihnachten 584
Goncourt: Tagebücher 692
Gontscharow: Oblomow 472
Gorki: Der Landstreicher und andere Erzählungen 749
Grandville: Beseelte Blumen 524
Greenaway: Mutter Gans 28
Griechisches Theater 721
Grillparzer: Der arme Spielmann 690
Grimmelshausen: Courasche 211
Grimmelshausen: Simplicissimus 739
Grimm: Deutsche Sagen (2 Bände) 481
Grimms Märchen (3 Bände) 112/113/114
Die großen Detektive Bd. 1 101
Die großen Detektive Bd. 2 368
Das große Lalula 91
Günther: Ein Mann wie Lessing täte uns not 537
Gundert: Marie Hesse 261
Gundlach: Der andere Strindberg 229
Hauff-Märchen (2 Bände) 216/217
Hausmann: Der Hüttenfuchs 730
Hawthorne: Der scharlachrote Buchstabe 436
Hebel: Kalendergeschichten 17

Hebel: Schatzkästlein des rheinischen Hausfreundes 719
Heine: Atta Troll 748
Heine: Buch der Lieder 33
Heine: Deutschland. Ein Wintermärchen 723
Heine. Leben und Werk 615
Heine: Memoiren des Herren von Schnabelewopski 189
Heine: Reisebilder 444
Heine: Romanzero 538
Heine: Shakespeares Mädchen 331
Das Herbstbuch 657
Heseler: Ich schenk' Dir was 556
Heseler: Das liebe lange Jahr 2008
Hesse: Bäume 455
Hesse: Dank an Goethe 129
Hesse: Geschichten aus dem Mittelalter 161
Hesse: Hermann Lauscher 206
Hesse: Kindheit des Zauberers 67
Hesse: Knulp 394
Hesse. Leben und Werk 36
Hesse: Magie der Farben 482
Hesse: Meisterbuch 310
Hesse: Piktors Verwandlungen 122
Hesse: Schmetterlinge 385
Hesse: Der Zwerg 636
Hesse/Schmögner: Die Stadt 236
Hesse/Weiss: Der verbannte Ehemann 260
Hildesheimer: Waschbären 415
Hitzig: E.T.A. Hoffmanns Leben und Nachlaß 755
Hölderlin-Chronik 83
Hölderlin: Dokumente seines Lebens 221
Hölderlin: Hyperion 365
Hölderlins Diotima Susette Gontard 447
E.T.A. Hoffmann: Elementargeist 706
E.T.A. Hoffmann: Elixiere des Teufels 304
E.T.A. Hoffmann: Das Fräulein von Scuderi 410
E.T.A. Hoffmann: Der goldne Topf 570
E.T.A. Hoffmann: Kater Murr 168
E.T.A. Hoffmann: Meister Floh 503
E.T.A. Hoffmann: Nachtstücke 589
E.T.A. Hoffmann: Prinzessin Brambilla 418

E.T.A. Hoffmann: Die Serapionsbrüder (4 Bände in Kassette) 631
E.T.A. Hoffmann: Der unheimliche Gast 245
Das Hohe Lied 600
Homer: Ilias 153
Horváth. Leben und Werk 237
Huch, Ricarda: Der Dreißigjährige Krieg (2 Bände) 22/23
Hugo: Notre-Dame von Paris 298
Ibsen: Nora 323
Idyllen der Deutschen 551
Immermann: Münchhausen 747
Indische Liebeslyrik 431
Die Insel 578
Irving: Dietrich Knickerbockers humoristische Geschichte der Stadt 592
Isle-Adam: Grausame Geschichten 303
Istanbul 530
Jacobsen: Die Pest in Bergamo 265
Jacobsen: Niels Lyhne 44
Jan: Batu-Khan 462
Jan: Zum letzten Meer 463
Jean Paul: Der ewige Frühling 262
Jean Paul: Des Luftschiffers Gianozzo Seebuch 144
Jean Paul: Titan 671
Johnson: Reisen nach den westlichen Inseln bei Schottland 663
Jung-Stilling: Lebensgeschichte 709
Kästner: Griechische Inseln 118
Kästner: Kreta 117
Kästner: Leben und Werk 386
Kästner: Die Lerchenschule 57
Kästner: Ölberge, Weinberge 55
Kästner: Die Stundentrommel vom heiligen Berg Athos 56
Kairo 696
Kang: Die schwarze Reiterin 474
Kant-Brevier 61
Kaschnitz: Beschreibung eines Dorfes 665
Kaschnitz: Courbet 327
Kaschnitz: Eisbären 4
Kasperletheater für Erwachsene 339
Das Katzenbuch 567
Keller: Der grüne Heinrich (2 Bände) 335
Keller: Romeo und Julia auf dem Dorfe 756

Keller: Das Sinngedicht 632
Keller: Züricher Novellen 201
Keller, Harald: Kunstlandschaften Italiens (2 Bände in Kassette) 627
Kessler, Harry Graf: Tagebücher 1918–1937 659
Kierkegaard: Briefe 727
Kierkegaard: Tagebuch des Verführers 405
Kin Ping Meh 253
Kleist: Erzählungen 247
Kleist: Geschichte meiner Seele 281
Kleist. Leben und Werk 371
Kleist: Die Marquise von O. 299
Kleist: Der zerbrochene Krug 171
Klingemann: Nachtwachen von Bonaventura 89
Knigge: Über den Umgang mit Menschen 273
Kolumbus: Bordbuch 476
Kühn: Liederbuch für Neidhart 742
Kühn: Ich Wolkenstein 497
Laclos: Schlimme Liebschaften 12
Lamb: Shakespeare Novellen 268
Lange: Edith Piaf 516
Lear: Edward Lears kompletter Nonsens (2 Bände) 502
Lessing: Dramen 714
Lévi-Strauss: Weg der Masken 288
Liselotte von der Pfalz 428
Literarischer Führer durch Deutschland 527
Liebe Mutter 230
Lieber Vater 231
Lichtenberg: Aphorismen 165
Linné: Lappländische Reise 102
Lobel: Maus im Suppentopf 383
Lobel: Mäusegeschichten 173
Der Löwe und die Maus 187
London 322
London, Jack: Ruf der Wildnis 352
London, Jack: Die Goldschlucht 407
Longus: Daphnis und Chloe 136
Lorca: Die dramatischen Dichtungen 3
Luther: Jona und Habakuk 688
Luther: Vorreden zur Bibel 677
Luther im Gespräch 670
Märchen der Romantik (2 Bände) 285
Märchen deutscher Dichter 13
Malkowski/Köhler: Die Nase 549

Malory: König Artus (3 Bände) 239
Marc Aurel: Wege zu sich selbst 190
Masereel: Die Idee 591
Maupassant: Bel-Ami 280
Maupassant: Die Brüder 712
Maupassant: Das Haus Tellier 248
Maupassant: Pariser Abenteuer 106
Maupassant: Unser einsames Herz 357
Mayröcker/Eberle: Sinclair Sofokles 652
Meckel: Allgemeine Erklärung der Menschenrechte 682
Melville: Benito Cereno 644
Melville: Israel Potter 517
Melville: Moby Dick 233
Die Memoiren des Robert-Houdin 506
Mercier: Mein Bild von Paris 374
Mérimée: Carmen 361
Merkbuch für Geburtstage 155
Metken: Reisen als schöne Kunst betrachtet 639
Michelangelo. Leben und Werk 148
Michelangelo: Zeichnungen und Dichtungen 147
Michelet: Frauen der Revolution 726
Minnesinger 88
Mirabeau: Der gelüftete Vorhang 32
Mörike: Alte unnennbare Tage 246
Mörike: Die Historie von der schönen Lau 72
Mörike: Maler Nolten 404
Mörike: Mozart auf der Reise nach Prag 376
Molière: Der Menschenfeind 401
Montaigne: Essays 220
Montesquieu: Persische Briefe 458
Mordillo: Crazy Cowboy 2004
Mordillo: Crazy Crazy 2009
Mordillo: Das Giraffenbuch 37
Mordillo: Das Giraffenbuch II 71
Mordillo: Träumereien 108
Morgenländische Erzählungen 409
Morgenstern: Alle Galgenlieder 6
Morgenstern/Heseler: Schnauz und Miez 2006
Morier: Die Abenteuer des Hadji Baba 523
Das Moritatenbuch 559
Moritz: Anton Reiser 433
Moskau 467
Mozart: Briefe 128

Musäus: Rübezahl 73
Die Nase 549
Nestroy: Lumpazivagabundus und andere Komödien 710
Nestroy: Stich- und Schlagworte 270
Die Nibelungen 14
New York 592
Nietzsche: Ecce Homo 290
Nietzsche: Der Fall Wagner 686
Nietzsche: Die fröhliche Wissenschaft »La gaya scienza« 635
Nietzsche: Menschliches, Allzumenschliches 614
Nietzsche: Morgenröte 678
Nietzsche: Unzeitgemäße Betrachtungen 509
Nietzsche: Zarathustra 145
Nijinsky: Nijinsky. Der Gott des Tanzes 566
Nossack/Heras: Der König geht ins Kino 599
Novalis. Dokumente seines Lebens 178
Novalis: Heinrich von Ofterdingen 596
Offenbach: Pariser Leben 543
Okakura: Das Buch vom Tee 412
Orbis Pictus 9
Ovid: Ars Amatoria 164
Das Papageienbuch 424
Paris 389
Pascal: Größe und Elend des Menschen 441
Penzoldt. Leben und Werk 547
Pepys: Das geheime Tagebuch 637
Petrarca: Dichtungen, Briefe, Schriften 486
Phaïcon I 69
Phaïcon II 154
Platon: Phaidon 379
Platon: Symposion oder Über den Eros 681
Platon: Theaitet 289
Poe: Grube und Pendel 362
Polaris III 134
Poesie-Album 414
Polnische Volkskunst 448
Pontoppidan: Hans im Glück (2 Bände) 569
Potocki: Die Handschrift von Saragossa (2 Bände) 139

Prévert/Henriquez: Weihnachtsgäste 577
Prévost: Manon Lescaut 518
Proust/Atget: Ein Bild von Paris 669
Puschkin/Bilibin: Das Märchen vom Zaren Saltan und Das Märchen vom goldenen Hahn 2002
Quincey: Der Mord als eine schöne Kunst betrachtet 258
Raabe: Die Chronik der Sperlingsgasse 370
Raabe: Hastenbeck 563
Rabelais: Gargantua und Pantagruel (2 Bände) 77
Die Räuber vom Liang Schan Moor (2 Bände) 191
Reden und Gleichnisse des Tschuang Tse 205
Reimlexikon (2 Bände) 674
Der Rhein 624
Richter: Familienschatz 34
Rilke: Die Aufzeichnungen des Malte Laurids Brigge 630
Rilke: Ausgesetzt auf den Bergen des Herzens 98
Rilke: Briefe über Cézanne 672
Rilke: Das Buch der Bilder 26
Rilke: Die drei Liebenden 355
Rilke: Duineser Elegien/Sonette an Orpheus 80
Rilke: Gedichte 701
Rilke: Geschichten vom lieben Gott 43
Rilke: Neue Gedichte 49
Rilke: Späte Erzählungen 340
Rilke: Das Stunden-Buch 2
Rilke: Wladimir, der Wolkenmaler 68
Rilke: Worpswede 539
Rilke: Zwei Prager Geschichten 235
Rilke. Leben und Werk 35
Robinson: Onkel Lubin 254
Römische Sagen 466
Rousseau: Zehn Botanische Lehrbriefe für Frauenzimmer 366
Rumohr: Geist der Kochkunst 326
Runge. Leben und Werk 316
Sacher-Masoch: Venus im Pelz 469
Der Sachsenspiegel 218
Sagen der Juden 420
Sagen der Römer 466
Sand: Geschichte meines Lebens 313
Sand: Indiana 711

Sand. Leben und Werk 565
Sand: Lélia 737
Sappho: Liebeslieder 309
Schadewaldt: Sternsagen 234
Scheerbart: Liebes- und Schmollbriefe 724
Schiller: Der Geisterseher 212
Schiller. Leben und Werk 226
Schiller/Goethe: Briefwechsel (2 Bände) 250
Schiller: Wallenstein 752
Schlegel: Theorie der Weiblichkeit 679
Schlote: Das Elefantenbuch 78
Schlote: Fenstergeschichten 103
Schlote: Geschichte vom offenen Fenster 287
Schmögner: Das Drachenbuch 10
Schmögner: Das Guten Tag Buch 496
Schmögner: Ein Gruß an Dich 232
Schmögner: Das neue Drachenbuch 2013
Schmögner: Das unendliche Buch 40
Schmögner/Heller: Vogels Neues Tierleben 698
Schneider. Leben und Werk 318
Schopenhauer: Aphorismen zur Lebensweisheit 223
Schopenhauer: Kopfverderber 661
Schwab: Sagen des klassischen Altertums (3 Bände) 127
Scott: Ivanhoe 751
Sealsfield: Kajütenbuch 392
Seneca: Von der Seelenruhe 743
Sévigné: Briefe 395
Shakespeare: Hamlet 364
Shaw-Brevier 159
Sindbad der Seefahrer 90
Skaldensagas 576
Sophokles: Antigone 70
Sophokles: König Ödipus 15
de Staël: Über Deutschland 623
Stendhal: Die Kartause von Parma 307
Stendhal: Lucien Leuwen 758
Stendhal: Rot und Schwarz 213
Stendhal: Über die Liebe 124
Sternberger: Über Jugendstil 274
Sterne: Das Leben und die Meinungen des Tristram Shandy 621
Sterne: Yoricks Reise 277

Sternzeichen aus einem alten Schicksalsbuch:
Skorpion 601
Schütze 602
Steinbock 603
Wassermann 604
Fische 605
Widder 606
Stier 607
Zwillinge 608
Krebs 609
Löwe 610
Jungfrau 611
Waage 612
Stevenson: Das Flaschenteufelchen 595
Stevenson: Dr. Jekyll und Mr. Hyde 572
Stevenson: Die Schatzinsel 65
Stifter: Bergkristall 438
Stifter: Der Nachsommer 653
Storm: Am Kamin 143
Storm: Der Schimmelreiter 305
Storm: Werke (6 Bände in Kassette) 731–736
Strindberg: Ein Puppenheim 282
Der andere Strindberg 229
Swift: Gullivers Reisen 58
Swift: Ausgewählte Werke in drei Bänden 654
Tacitus: Germania 471
Der tanzende Tod 647
Taschenspielerkunst 424
Teresa von Avila: Von der Liebe Gottes 741
Thackeray: Das Buch der Snobs 372
Thackeray: Jahrmarkt der Eitelkeit (2 Bände) 485
Timmermans: Dämmerungen des Todes 297
Timmermans: Franziskus 753
Tognola/Adelki: Das Eselchen und der Wolf 2001
Tolstoj: Anna Karenina (2 Bände) 308
Tolstoj: Die großen Erzählungen 18
Tolstoj: Kindheit, Knabenalter, Jünglingsjahre 203
Tolstoj: Krieg und Frieden (4 Bände in Kassette) 590
Tolstoj: Nach vierzig Jahren 691
Tolstoj: Rede gegen den Krieg 703
Tolstoj: Der Überfall 367

Traum der roten Kammer 292
Traxler: Es war einmal ein Mann 454
Traxler: Fünf Hunde erben 1 Million 562
Tschechow: Die Dame mit dem Hündchen 174
Tschechow: Das Duell 597
Tschechow: Der Fehltritt 396
Tschuang-Tse: Reden und Gleichnisse 205
Turgenjew: Erste Liebe 257
Turgenjew: Väter und Söhne 64
Der Turm der fegenden Wolken 162
Twain: Der gestohlene weiße Elefant 403
Twain: Huckleberry Finns Abenteuer 126
Twain: Leben auf dem Mississippi 252
Twain: Tom Sawyers Abenteuer 93
Urgroßmutters Heilmittel 561
Urgroßmutters Kochbuch 457
Varvasovsky: Die Bremer Stadtmusikanten 658
Varvasovsky: Schneebärenbuch 381
Venedig 626
Voltaire: Candide 11
Voltaire: Sämtliche Romane und Erzählungen (2 Bände) 209/210
Voltaire: Zadig 121
Vom Essen und Trinken 293
Vulpius: Rinaldo Rinaldini 426
Wagner: Ausgewählte Schriften 66
Wagner: Die Feen 580
Wagner. Leben und Werk 334
Wagner: Lohengrin 445
Wagner: Die Meistersinger 579
Wagner: Parsifal 684
Wagner-Parodien 687

Wagner: Tannhäuser 378
Wahl/Barton: Vom kleinen klugen Enterich 593
Die Wahrheiten des G.G. Belli 754
Walser, Robert: Fritz Kochers Aufsätze 63
Walser, Robert. Leben und Werk 264
Walser, Robert: Liebesgeschichten 263
Walser/Ficus: Heimatlob 645
Wedekind: Ich hab meine Tante geschlachtet 655
Das Weihnachtsbuch 46
Das Weihnachtsbuch der Lieder 157
Das Weihnachtsbuch für Kinder 156
Wie ein Mann ein fromm Weib soll machen 745
Wieland: Aristipp 718
Wieland-Lesebuch 729
Wie man lebt und denkt 333
Weng Kang: Die schwarze Reiterin 474
Wilde: Die Erzählungen und Märchen 5
Wilde: Gesammelte Werke in zehn Bänden 582
Wilde/Oski: Das Gespenst von Canterville 344
Wilde: Salome 107
Wilde. Leben und Werk 158
Winter: Kinderbahnhof Lokomotive 662
Das Winterbuch 728
Wührl: Magische Spiegel 347
Wogatzki: Der ungezogene Vater 634
Zimmer: Yoga und Buddhismus 45
Zimmermann: Reise um die Welt mit Captain Cook 555
Zola: Germinal 720
Zola: Nana 398
Zweig. Leben und Werk 528